企业高技能人才职业培训系列教材

变电检修工(城轨)
BIANDIAN JIANXIUGONG(CHENGGUI)(二级)

编审委员会

主　任	张　岚　魏丽君
副主任	叶华平　杜晓红
委　员	顾卫东　葛恒双　孙兴旺　张　伟　李　晔　刘汉成
执行委员	李　晔　瞿伟洁　夏　莹　林　宏　李　缨　王炜民
主　编	徐　凯
编　者	(按姓氏笔画排序)
	甘侠峰　叶祎骏　包于顺　刘志云　严羽婕　苏医音
	李　巍　张　磊　施　晶　徐　凯　董之杨　蒋　浩
主　审	达世鹏

中国劳动社会保障出版社

图书在版编目(CIP)数据

变电检修工.城轨：二级/人力资源社会保障部教材办公室等组织编写. -- 北京：中国劳动社会保障出版社，2020

企业高技能人才职业培训系列教材

ISBN 978 – 7 – 5167 – 4505 – 2

Ⅰ.①变… Ⅱ.①人… Ⅲ.①城市铁路-变电所-检修-职业培训-教材 Ⅳ.①U239.5

中国版本图书馆 CIP 数据核字(2020)第 123450 号

中国劳动社会保障出版社出版发行

(北京市惠新东街1号　邮政编码：100029)

*

三河市华骏印务包装有限公司印刷装订　新华书店经销
787 毫米×1092 毫米　16 开本　14.25 印张　241 千字
2020 年 11 月第 1 版　2020 年 11 月第 1 次印刷
定价：42.00 元

读者服务部电话：(010) 64929211/84209101/64921644
营销中心电话：(010) 64962347
出版社网址：http://www.class.com.cn

版权专有　　侵权必究

如有印装差错，请与本社联系调换：(010) 81211666
我社将与版权执法机关配合，大力打击盗印、销售和使用盗版图书活动，敬请广大读者协助举报，经查实将给予举报者奖励。
举报电话：(010) 64954652

内容简介

本教材由人力资源社会保障部教材办公室、中国就业培训技术指导中心上海分中心、上海市职业技能鉴定中心、上海申通地铁集团有限公司轨道交通培训中心依据变电检修工（城轨）（二级）职业技能鉴定细目组织编写。教材从强化培养操作技能，掌握实用技术的角度出发，较好地体现了当前最新的实用知识与操作技术，对于从业人员提高基本素质、掌握变电检修工（城轨）（二级）的核心知识与技能有较好的帮助和指导作用。

本教材既注重理论知识的掌握，又突出操作技能的培养，实现了培训教育与职业技能鉴定考核的有效对接，形成一套完整的变电检修工（城轨）培训体系。本教材内容共分为3章，主要包括城轨变电设备、变电设备分析及试验、综合素质等。

本教材可作为变电检修工（城轨）（二级）职业技能培训与鉴定考核教材，也可供本职业从业人员培训使用，全国中、高等职业技术院校相关专业师生也可以参考使用。

企业技能人才是我国人才队伍的重要组成部分,是推动经济社会发展的重要力量。加强企业技能人才队伍建设,是增强企业核心竞争力、推动产业转型升级和提升企业创新能力的内在要求,是加快经济发展方式转变、促进产业结构调整的有效手段,是劳动者实现素质就业、稳定就业、体面就业的重要途径,也是深入实施人才强国战略和科教兴国战略、建设人力资源强国的重要内容。

国务院办公厅在《关于加强企业技能人才队伍建设的意见》中指出,当前和今后一个时期,企业技能人才队伍建设的主要任务是:充分发挥企业主体作用,健全企业职工培训制度,完善企业技能人才培养、评价和激励的政策措施,建设技能精湛、素质优良、结构合理的企业技能人才队伍,在企业中初步形成初级、中级、高级技能劳动者队伍梯次发展和比例结构基本合理的格局,使技能人才规模、结构、素质更好地满足产业结构优化升级和企业发展需求。

高技能人才是企业技术工人队伍的核心骨干和优秀代表,在加快产业优化升级、推动技术创新和科技成果转化等方面具有不可替代的重要作用。为促进高技能人才培训、评价、使用、激励等各项工作的开展,上海市人力资源和社会保障局在推进企业高技能人才培训资源优化配置、完善高技能人才考核评价体系等方面做了积极的探索和尝试,积累了丰富而宝贵的经验。企业高技能人才培养的主要目标是三级(高级)、二级(技师)、一级(高级技师)等,考虑到企业高技能人才培养的实际情况,除一部分在岗培养并已达到高技能人才水平的人员外,还有较大一批人员需要从基础技能水平培养起。为此,上海市将企业特有职业的五级(初级)、四级(中级)作为高技能人才培养的基础阶段一并列入企业高技能人才培养评价工作的总体框架内,以此进一步加大企业高技能人才培养工作力度,增强企业高技能人才培养效果，更好地实现高技能人才培养的总体目标。

　　为配合上海市企业高技能人才培养评价工作的开展，人力资源社会保障部教材办公室、中国就业培训技术指导中心上海分中心、上海市职业技能鉴定中心联合组织有关行业和企业的专家、技术人员，共同编写了企业高技能人才职业培训系列教材。本教材是系列教材中的一种，由上海申通地铁集团有限公司轨道交通培训中心负责具体编写工作。

　　企业高技能人才职业培训系列教材聘请上海市相关行业和企业的专家参与教材编审工作，以"能力本位"为指导思想，以先进性、实用性、适用性为编写原则，内容涵盖该职业的职业功能、工作内容的技能要求和专业知识要求，并结合企业生产和技能人才培养的实际需求，充分反映了当前从事职业活动所需要的核心知识与技能。教材可为全国其他省、自治区、直辖市开展企业高技能人才培养工作，以及相关职业培训和鉴定考核提供借鉴或参考。

　　新教材的编写是一项探索性工作，由于时间紧迫，不足之处在所难免，欢迎各使用单位及个人对教材提出宝贵意见和建议，以便教材修订时补充更正。

企业高技能人才职业培训系列教材
编审委员会

第1章 城轨变电设备

知识要求 ………………………………………………………………………… 3
1.1 断路器 …………………………………………………………………… 3
　　1.1.1 断路器简介 ……………………………………………………… 3
　　1.1.2 35 kV 断路器 …………………………………………………… 4
　　1.1.3 1 500 V 直流断路器 …………………………………………… 7
　　1.1.4 400 V 断路器 …………………………………………………… 11
1.2 远动系统 ………………………………………………………………… 13
　　1.2.1 远动系统简介 …………………………………………………… 13
　　1.2.2 通信与网络技术 ………………………………………………… 17
　　1.2.3 I/O 接口技术 …………………………………………………… 20
　　1.2.4 远动系统的设计与调试 ………………………………………… 22
1.3 杂散电流 ………………………………………………………………… 26
　　1.3.1 单向导通装置 …………………………………………………… 26
　　1.3.2 排流柜 …………………………………………………………… 27
　　1.3.3 杂散电流防护 …………………………………………………… 28
1.4 变电所交直流系统 ……………………………………………………… 32
　　1.4.1 变电所智能高频直流电源系统 ………………………………… 32
　　1.4.2 免维护阀控铅酸蓄电池 ………………………………………… 39
　　1.4.3 磷酸铁锂蓄电池 ………………………………………………… 45
技能要求 ………………………………………………………………………… 48
　　直流屏交流两路切换回路设计及排故 ………………………………… 48
思考题 …………………………………………………………………………… 51

第2章 变电设备分析及试验

PAGE 53

知识要求 ……………………………………………………………………… 55
2.1 继电保护 …………………………………………………………………… 55
 2.1.1 电网相间短路的电流保护 ……………………………………………… 55
 2.1.2 零序保护 ………………………………………………………………… 73
 2.1.3 线路差动保护 …………………………………………………………… 84
2.2 变压器保护 ………………………………………………………………… 91
 2.2.1 变压器的种类 …………………………………………………………… 91
 2.2.2 变压器的瓦斯保护 ……………………………………………………… 92
 2.2.3 变压器的纵联差动保护 ………………………………………………… 95
 2.2.4 变压器的电流保护与过负荷保护 …………………………………… 102
 2.2.5 变压器的接地保护 …………………………………………………… 105
2.3 400 V 供电系统 …………………………………………………………… 108
 2.3.1 400 V 供电负荷分类 ………………………………………………… 108
 2.3.2 400 V 供电运行方式 ………………………………………………… 110
 2.3.3 MT 断路器 …………………………………………………………… 112
 2.3.4 400 V 系统自投/自切应用 …………………………………………… 116
 2.3.5 PLC 在 400 V 系统的应用 …………………………………………… 119
2.4 牵引供电系统保护 ………………………………………………………… 123
 2.4.1 牵引供电模式 ………………………………………………………… 123
 2.4.2 35 kV 整流器组和整流柜保护 ……………………………………… 124
 2.4.3 直流高速断路器保护 ………………………………………………… 127
2.5 电气试验 …………………………………………………………………… 137
 2.5.1 电力变压器试验 ……………………………………………………… 137
 2.5.2 互感器试验 …………………………………………………………… 145
 2.5.3 断路器试验 …………………………………………………………… 149
 2.5.4 电力电缆线路试验 …………………………………………………… 152
 2.5.5 金属氧化物避雷器试验 ……………………………………………… 154

技能要求 ……………………………………………………………… 156
  35 kV 进线断路器控制回路排故 ……………………………… 156
思考题 …………………………………………………………………… 157

第 3 章　综合素质　　　　　　　　　　　　　　　　　　PAGE 159

知识要求 ………………………………………………………………… 161
 3.1　上海地铁企业文化 ……………………………………………… 161
  3.1.1　企业文化基础知识 ………………………………………… 161
  3.1.2　上海地铁企业文化的发展与建设 ………………………… 163
  3.1.3　上海地铁企业文化的氛围营造 …………………………… 168
 3.2　技师论文 ………………………………………………………… 170
  3.2.1　撰写技师论文的意义 ……………………………………… 170
  3.2.2　撰写技师论文的目的 ……………………………………… 171
  3.2.3　技师论文的基本体例格式 ………………………………… 171
  3.2.4　技师论文的层次编排格式 ………………………………… 172
  3.2.5　技师论文基本要素的写作要求 …………………………… 173
  3.2.6　技师总结与技师论文的区别 ……………………………… 181
  3.2.7　技师论文答辩 ……………………………………………… 182
 3.3　计算机 …………………………………………………………… 189
  3.3.1　微电子技术 ………………………………………………… 189
  3.3.2　计算机工作原理 …………………………………………… 192
  3.3.3　计算机软件系统 …………………………………………… 194
  3.3.4　计算机分类 ………………………………………………… 194
 3.4　Technicians English（技师英语）……………………………… 196
  3.4.1　Daily English（日常基础英语）………………………… 196
  3.4.2　Passenger Service English（客运服务英语）………… 201
  3.4.3　Maintenance Professional English（维保专业英语）… 203
思考题 …………………………………………………………………… 204

操作技能考核模拟试卷 ……………………………………………………… 205

第 1 章

城轨变电设备

- 1.1 断路器
- 1.2 远动系统
- 1.3 杂散电流
- 1.4 变电所交直流系统

知识要求

1.1 断路器

学习目标

掌握各类断路器的原理

掌握各类断路器的常见故障及处理方法

1.1.1 断路器简介

1. 断路器的作用

断路器是发电厂、变电所主要的电力控制设备，断路器工作状态的好坏直接影响电力系统能否安全运行。在电网中，断路器的作用主要有以下两个方面。

一方面是控制作用。即根据现有电力系统运行的需要，投入或者切除线路上的电力设备。

另一方面是保护作用。即当线路上的电力设备发生短路或其他故障时，通过继电保护装置及自动装置使断路器发挥保护作用，将故障部分从电网中迅速切除，以保证电网非故障部分的正常运行。

2. 断路器的分类

断路器按其使用范围分为高压断路器和低压断路器。

高压断路器能可靠地切断空载电流、负载电流和短路电流，是高压系统的主要断路器。

低压断路器又称自动断路器（空气断路器），它是一种既能手动操作，又能自动进行失电压保护、欠电压保护、过载保护和短路保护的电器。用它来分配电能，不需要频繁地启动异步电动机就能对电源线路及电动机等进行保护。当它发生严重的过载或者短路、欠电压等故障时能自动切断电路，而且在分断故障电流后一般不需要变更零部件，因此它广泛地应用在低压系统中。

1.1.2　35 kV 断路器

1. SF_6 的特性

气体绝缘断路器柜的高压带电部分安装在密封的六氟化硫气体（SF_6）中，SF_6 本身具备足够的绝缘强度，可以有效隔离来自外界的潮气、异物，排除了外界环境条件的其他有害影响，以保证设备长期稳定工作。

纯净的 SF_6 是无色、无臭、不易燃的气体，它属于极其稳定的惰性气体，它的密度是空气的 5.1 倍。在电力系统中，SF_6 主要充当绝缘和灭弧介质。在断路器分断操作过程中，SF_6 受电弧、电晕、火花放电和局部放电、高温等因素的影响会分解，其分解物遇水会变成具有腐蚀性的电解质。某些高毒性分解物会刺激皮肤、眼睛、呼吸道黏膜，如果吸入量过大还会引起头晕和肺水肿，甚至致人死亡。在密闭空间中，空气流通缓慢，分解物在室内累积不易排出，从而对变电检修工的健康和生命安全造成极大的危害。SF_6 装置室发生气体泄漏时极有可能造成恶性事故。

为了防止气体泄漏，每一充气隔室内均设置气体压力检测装置（见图 1-1），当充气隔室内压力低于允许最低气体压力或高于允许最高气体压力时，压力检测装置会相应报警。

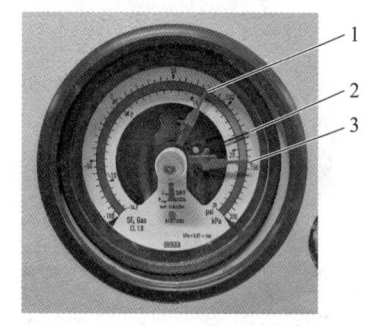

图 1-1　气体压力检测装置
1—允许最低气体压力　2—实际气体压力
3—允许最高气体压力

2. 常用 35 kV SF_6 断路器的结构

断路器安装在金属筒体内，U、V、W 三相分相安装。金属筒体内充有 SF_6 作为导体与筒体之间的绝缘材料。断路器操作机构安装于断路器柜的正前方，带动断路器的动触点分合。操作机构由一个储能电动机进行合闸操作储能，合闸弹簧的能量释放使断路器的合闸速度得到提高。在直流操作电源失去时或者检修停电时，可以使用操作手柄进行手动储能。

三位置隔离开关安装于母线气室，通过位置指示器可以观察三位置隔离开关的位置。三位置隔离开关可处于合闸、分闸或者接地位置，其结构如图 1-2 所示。三位置隔离开关与断路器之间存在机械闭锁。当断路器合闸时，三位置隔离开关的操作孔会被铁片挡住，无法操作；只有当断路器分闸时，才能将操作手柄（外部）插入操作孔，对三位置隔离开关进行操作。

图 1-2　三位置隔离开关结构

1—辅助触点 S1　2—ON（开）按钮　3—合闸线圈　4—分励脱扣器　5—OFF（关）按钮　6—断路器的操作轴　7—分闸弹簧　8—操作计数器　9—断路器的位置指示器　10—"合闸弹簧储能/未储能"指示器　11—辅助触点　12—合闸弹簧　13—带手动曲柄连接器的结构　14—铭牌

3. 35 kV 断路器的常见故障及处理方法

（1）西门子 35 kV 断路器接地开关操作孔无法打开故障。故障原因有开关机构闭锁线圈烧毁、继电器发生故障、来电显示装置发生故障等。故障处理方法如下。

1）打开操作面板，拉开闭锁线圈连接插件，检查线圈是否烧毁。

2）线圈的电源由对应的继电器控制，找到相应的继电器，检查其常开触点接触是否良好，继电器线圈是否烧毁。

3）继电器的电源由来电显示装置内部节点控制，需要检查来电显示装置是否完好。在更换闭锁线圈的时候需要注意其铁芯的位置（见图 1-3），将其调节至当断路器合闸时，三位置隔离开关操作孔被铁片挡住即可。

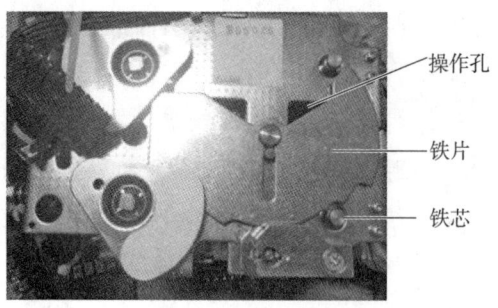

图1-3 闭锁线圈

（2）西门子35 kV断路器无法分合闸故障。故障原因有分合闸线圈铁芯卡死、分合闸线圈发生故障等。故障处理方法是打开断路器操作机构箱（见图1-4）面板，拆下左侧合闸线圈（Y9）和右侧分闸线圈（Y1），检查线圈是否烧毁；若线圈正常，则检查线圈内部铁芯抽动是否正常。

图1-4 断路器操作机构箱

（3）阿海珐35 kV断路器母线开关无法合闸故障。故障原因有接线端子与断路器本体接线端接触不正常、电动机发生故障等。故障处理方法如下。

1）查看母线开关电动机对应的插件是否紧固。

2）如果电动机烧毁则需要更换。在拆卸电动机时，应避免固定在电动机底板上的三个内六角螺钉脱落，如图1-5所示。

图1-5 母线开关电动机内部结构

1.1.3 1 500 V 直流断路器

1. 直流断路器的特点

直流断路器根据开断器件不同可以分为机械式直流断路器、全固态式直流断路器和混合式直流断路器。

机械式直流断路器是通过改造交流断路器开断技术而形成的。直流系统的电流不存在自然过零点，因此需要通过提高电弧电压采用磁吹的方式把电弧引入灭弧室，在绝缘介质的冷却和去游离作用下进行限流、熄弧，或者在断路器上产生高频反向电流形成"人工电流零点"。

20 世纪 80 年代，随着半导体功率器件的量产，固态式直流断路器也得到了迅速发展。这类直流断路器主要应用于容量大的高压直流系统，不过结构复杂、造价较贵等不利因素也限制了其发展。

20 世纪 90 年代，出现了将机械式断路器与电力电子器件相结合的混合式断路器。这类断路器综合了机械式断路器与固态式断路器的特点，在提高断路器开断速度的同时降低了通态损耗，主要适用于直流配电网络。

目前，国内城市轨道交通采用直流供电的方式，其中，北京城市轨道交通主要采用 DC 750 V 第三轨供电，而上海城市轨道交通则主要采用 DC 1 500 V 接触网供电。在早期供电阶段，因为尚无交流电动机调速技术，所以只能使用直流电动机，通过直流电动机串联、并联的切换来进行调速。采用直流供电的方式能够更加平稳地启动城轨列车，且提供更大的牵引力。城轨列车中主要使用机械式直流断路器，主要因为它的价格低、结构相对简单，但是其灭弧方式上存在的一些不足需要不断改进。

2. 常用的直流断路器

（1）Secheron（赛雪龙）直流断路器。上海城市轨道交通采用的 Secheron 直流断路器型号主要有 UR36 和 UR40 两种，它们属于限流快速空气断路器。它们的设计保证了在检测出短路故障时可以实现自动跳闸（快速断开主触点），在整个分断过程中通过产生持续的过电压来实现快速灭弧。Secheron UR 系列断路器结构如图 1-6 所示。

1）UR 系列断路器合闸过程。先通过合闸装置驱动线圈通电，然后驱动拨叉单元向前推动，动触点在拨叉单元的推动下与静触点接触合闸。推动器由动触点推动，驱动辅助触点，剩余的合闸能量由阻尼器吸收。当主触点闭合后，接触压力将由合闸装置保持，而合闸装置中的线圈需要稳定的电流才能使断路器保持在闭合位置，如果二次回路控制电源失电，会引起直流断路器跳闸，造成牵引供电系统的不可靠运行。

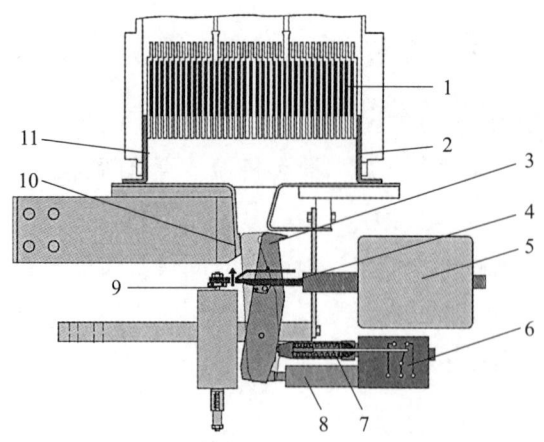

图1-6 Secheron UR系列断路器结构

1—灭弧隔板 2—灭弧角 3—动触点 4—拨叉单元 5—合闸装置 6—辅助触点箱
7—推动器 8—阻尼器 9—跳闸装置杆 10—静触点 11—灭弧罩

2）UR系列断路器分闸过程。当接收到过电流跳闸信号时，将使跳闸装置杆向上移动，提升拨叉单元，从而释放动触点；当接收到正确的分闸命令时，合闸装置内的复位弹簧会使拨叉单元退回，同时推动器内推动机构带动动触点分闸。在动触点和静触点之间产生的电弧将向上移动至灭弧罩内的灭弧角之间，被灭弧隔板隔断。

（2）GE（通用）直流断路器。上海城市轨道交通采用的GE直流断路器型号主要有4207和2607两种。该系列断路器具有很高的分断能力和限流特性，且拥有紧密封闭的结构，所有部件都安装在壁厚、不易碎、防火的绝缘板上。GE系列断路器主要由合闸电磁驱动装置、控制箱、主触点、引弧触点、OCT（大电流脱扣）装置、ED（快速电动脱扣）线圈、分闸线圈等构成，如图1-7所示。

1）GE系列断路器合闸过程。当合闸电磁驱动装置通电时，操作机构轴向前推动驱动杆，从而使可移动主触臂移动到合闸位置。合闸后，合闸线圈不通电，"慢闭锁"机构会向下压缩分闸弹簧，为下一次断路器分闸操作储备能量。

2）GE系列断路器分闸过程。当接收到过电流跳闸信号时，ED线圈通电，向上推动"快闭锁"机构使主触臂与机构分开，从而将动触点与静触点分离；当接收到正确的分闸命令时，将会启动分励脱扣器或者失压脱扣器，通过弹簧的反作用力来推动"慢闭锁"机构，从而带动动触点分闸，如图1-8所示。

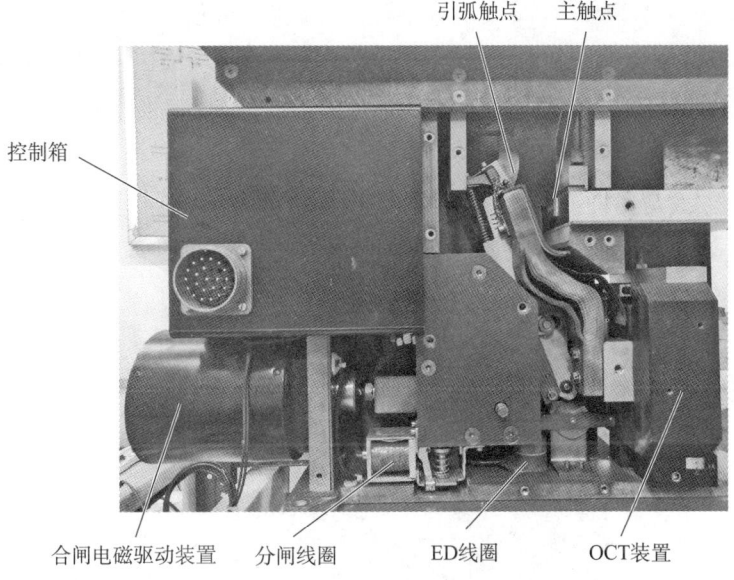

图1-7 GE系列断路器实物图

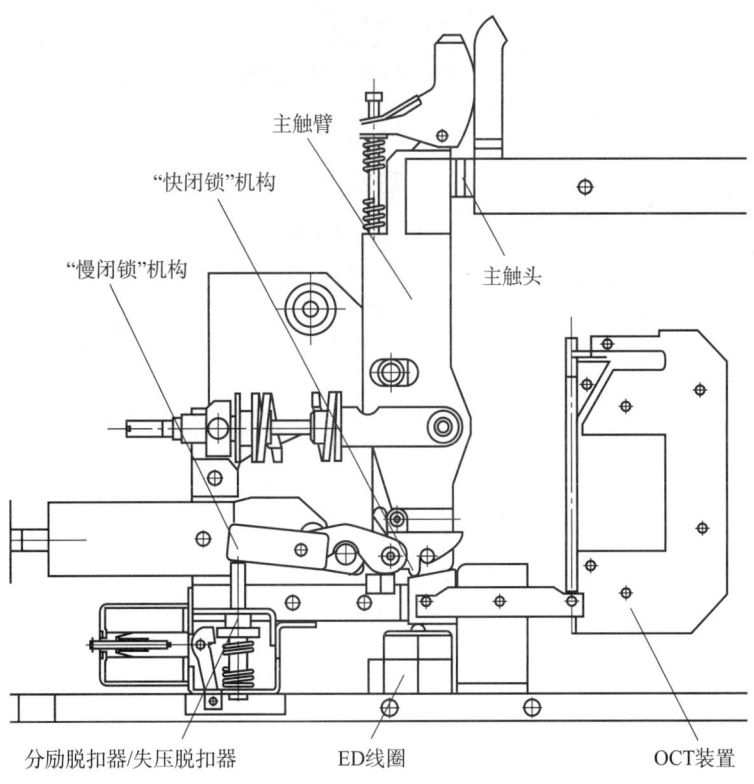

图1-8 GE系列断路器结构

3. 直流断路器的常见故障及处理方法

(1) GE 直流断路器脱扣后，电动和手动操作断路器均无法合闸的故障。故障原因是机构内的缓冲圈碎裂。此种情况出现会导致机构底部固定卡钩脱扣，可移动主触臂处于松脱状态，此时直流断路器无法正常合闸。

故障处理方法是先将机构外侧的绝缘盖板（外盖板）卸下，然后把机构侧板（侧盖板）拆下，清理缓冲圈（见图 1-9），注意不要将缓冲圈碎片遗留在本体机构内。重新安装新的缓冲圈、侧盖板，最后安装外盖板即可。

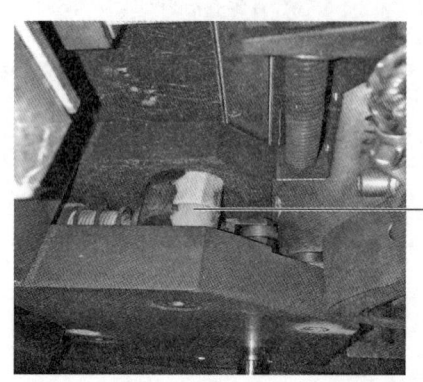

图 1-9　缓冲圈

(2) GE 直流断路器直接合闸后无法保持合闸状态的故障。故障原因是失压线圈中的衔铁卡死，当线圈通电时其衔铁卡扣无法压住弹簧机构，造成断路器合闸后即跳闸。

故障处理方法是先拆除失压线圈，此时需要将绝缘盖板、定位板，以及连接到分闸板上的两根电源线一并拆除；在安装新的失压线圈后，还需要对断路器进行基本的分合闸试验，确保断路器合闸成功。

(3) Secheron 直流断路器在使用紧急脱扣连杆后无法分闸的故障。故障原因是脱扣连杆与分闸翻板连接处松动，翻板转动角度不足；或者脱扣连杆与传动部件处松脱。故障处理方法如下。

一是通过图 1-10 中轴终端对翻板角度进行调整，调整至合适位置后对紧固螺母进行紧固。

二是对脱扣连杆终端的螺母进行紧固、调节，但注意不可紧固过度，否则电磁铁无法驱动连杆，致使断路器无法分合闸。

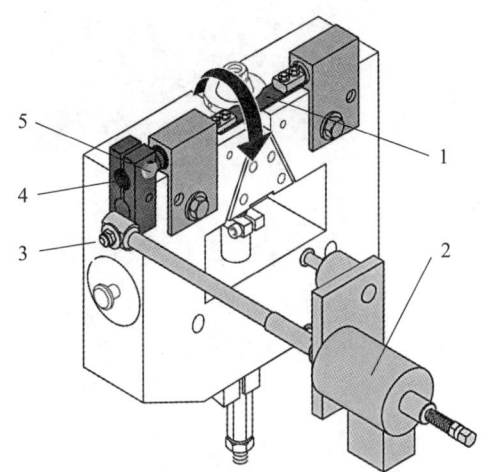

图 1-10 Secheron 直流断路器紧急脱扣连杆
1—翻板 2—电磁铁 3—脱扣连杆终端的螺母 4—轴终端 5—紧固螺母

1.1.4　400 V 断路器

1. 400 V 断路器的特点

随着电力技术的发展，低压断路器的作用已不仅仅是为线路或设备提供单纯的过载和短路保护，而是为工程提供完善的管理方案，以便满足不同场合对断路器的不同需求，如实现基本保护、高级保护、测量、记录、通信、配置、现场升级等功能。400 V 断路器是整个城轨低压供电系统中最重要的组成部分，具有以下特点。

（1）由于优化了断路器柜的设计，因此断路器本身体积不大。

（2）装备的控制单元能计算及储存数据、记录事件、发出报警信号，为断路器提供了更强的控制功能，增加了整个系统的稳定性和可靠性。

（3）良好的人机界面（HMI）和模块化的结构便于安装及维护。

2. 常用的 400 V 断路器

（1）ABB 断路器。上海城市轨道交通供电系统采用的 ABB 断路器型号主要是 SACE Emax 系列，如图 1-11 所示。该系列断路器一般是抽出式断路器，具有金属的框架结构，里面安装操作机构、触点、辅助配件，以及带有电源接线端子的固定部分。断路器的每一相彼此分离。断路器闭合时可以断开，但闭合操作必须在储能弹簧储能后才可以进行。如果分闸线圈长期与电源连接，在向合闸线圈发出命令前要等至少 30 ms。当电源电压下降很多或电源发生故障时，欠电压脱扣器断开断路器。

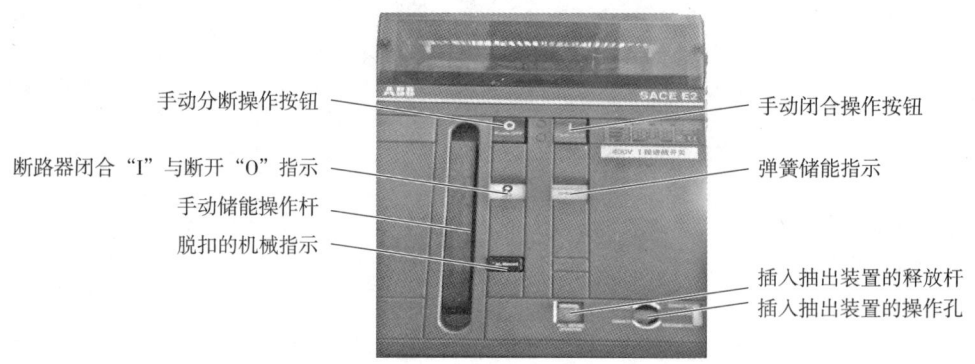

图1-11 ABB断路器

（2）Schneider（施耐德）断路器。上海城市轨道交通供电系统采用的Schneider断路器（见图1-12）主要是MT系列，有MT06、MT08、MT10、MT16等。该系列断路器一般由控制单元、辅助电路、指示触点、储能电动机、电子脱扣装置、电流互感器、动静触点等组成。断路器中有两种保护方式，即分励脱扣和失压脱扣。其中，分励脱扣是靠外部驱动命令使分励线圈通电，使断路器跳闸；失压脱扣是靠内部驱动命令，一般是断路器供电电源消失而跳闸的目的。

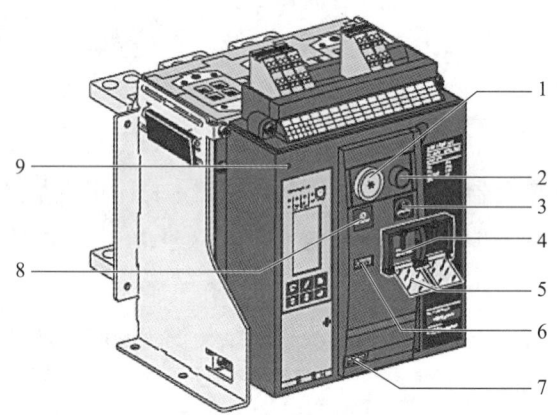

图1-12 Schneider断路器
1—OFF位置锁 2—电气合闸按钮 3—ON按钮 4—弹簧储能指示 5—按钮锁定
6—触点位置指示 7—计数器 8—OFF按钮 9—机械跳闸显示复位按钮

3. 400 V断路器的常见故障及处理方法

（1）Schneider断路器不能通过分合闸线圈分合断路器的故障。故障原因有断路器无法储能、断路器跳闸后没有复位、分合闸线圈发生故障等。故障处理方法如下：

1）查看本体面板前的弹簧储能指示是否到位。

2）查看机械跳闸显示复位按钮是否弹出，如若弹出则检查综合保护装置是否存在故障信号。

3）在断路器分合闸线圈中的 A3 和 C3 接通工作电源的条件下检查该线圈是否正常通电。

（2）OFF 按钮不能正确指示断路器位置的故障。故障原因有接线端子发生故障、机构连杆发生故障等。故障处理方法如下。

1）检查接线端子是否压接良好、是否损坏。

2）检查 OFF 按钮和断路器机构之间的连杆是否变形、是否脱落。

1.2 远动系统

学习目标

掌握远动系统的原理

熟悉通信与网络技术、I/O 接口技术的原理及应用

1.2.1 远动系统简介

1. 远动系统的概念

SCADA 是英文"supervisory control and data acquisition"的简称，中文释义是"监控与数据采集"，是轨道交通系统中主要应用于电力调度自动化的远动系统。从名称可以看出，该系统包含两个层次的基本功能，即信息监控和数据采集。

一般来讲，SCADA 系统特指分布式计算机测控系统，主要用于对测控点分散分布的生产过程或设备进行监控。通常情况下，测控现场无人或少人值守。SCADA 系统在控制层面上至少具有两层结构以及连接两个控制层的通信网络。SCADA 系统的设备包括处于测控现场的数据采集与控制终端设备（下位机，slave computer）和位于中控室的集中管理和远程监控计算机（上位机，master computer）。综合参考国内外的一些文献，给出一个 SCADA 系统的定义：SCADA 系统是一类功能强大的计算机远程监督控制与数据采集系统，它综合利用了计算机技术、控制技术、通信与网络技术，实现对测控点分散的各种过程或设备的实时数据采集、本地或远程的自动控制，以及生产过程的全面实时监控，并为安全生产、调度、管理、优化和故障诊断提供了必要和完整的

数据及技术支持。

随着网络技术、通信技术特别是无线通信技术的发展，SCADA系统在结构上更加分散，在通信方式上更加多样。该系统结构从C/S（客户机/服务器）结构向B/S（浏览器/服务器）与C/S混合的方向发展，各种通信技术如数传电台、GPRS（通用分组无线业务）、PSTN（公众电话交换网）、VPN（虚拟专用网）、卫星通信等得到更加广泛的应用。

2. 远动系统的组成

SCADA系统包含三个部分：第一个是分布式的数据采集系统，即下位机；第二个是过程监控与管理系统，即上位机；第三个是数据通信网络，包括上位机网络、下位机网络以及将上位机、下位机连接起来的通信网络。三个组成部分有效集成则构成了功能强大的SCADA系统，完成了对整个过程的有效监控。典型的SCADA系统结构如图1-13所示，其中PLC是可编程逻辑控制器，RTU是远程终端单元。SCADA系统广泛采用"管理集中、控制分散"的集散控制思想。因此，即使上位机、下位机通信中断，现场的测控装置仍然能正常工作，确保系统的安全和可靠运行。

3. 远动系统的典型结构

由于SCADA系统的规模可以从几百点达到几万点，而用户对SCADA系统的需求是多样的，因此对其系统结构提出了很高的要求。其系统结构应能灵活构建，可以适应单网单机、多网多机等。最简单的SCADA系统为单网单机，即一台计算机可以完成所有的功能。比较复杂的系统是多网多机，这样既可以完成所有的SCADA功能，又可以保障其可靠性、容错性。

SCADA系统的发展经历了集中式SCADA系统、分布式SCADA系统和网络式SCADA系统三个阶段。集中式SCADA系统的所有监控功能依赖于一台主机，采用广域网连接现场RTU和主机，网络协议比较简单、开放性差、功能较弱。分布式SCADA系统充分利用了局域网技术和主机计算机化的成果，可以配置专门的通信服务器、SCADA服务器和操作站（采用组态软件开发人机界面）。网络式SCADA系统以各种网络技术为基础，控制结构更分散、信息管理更集中。网络式SCADA系统普遍以C/S和B/S为基础，多数系统包含这两个结构但以C/S结构为主（B/S结构主要是为了支持互联网应用以满足远程监控的需要）。与第二代SCADA系统相比，第三代SCADA系统在结构上更加开放，兼容性更好，可以无缝集成到全厂综合自动化系统中。

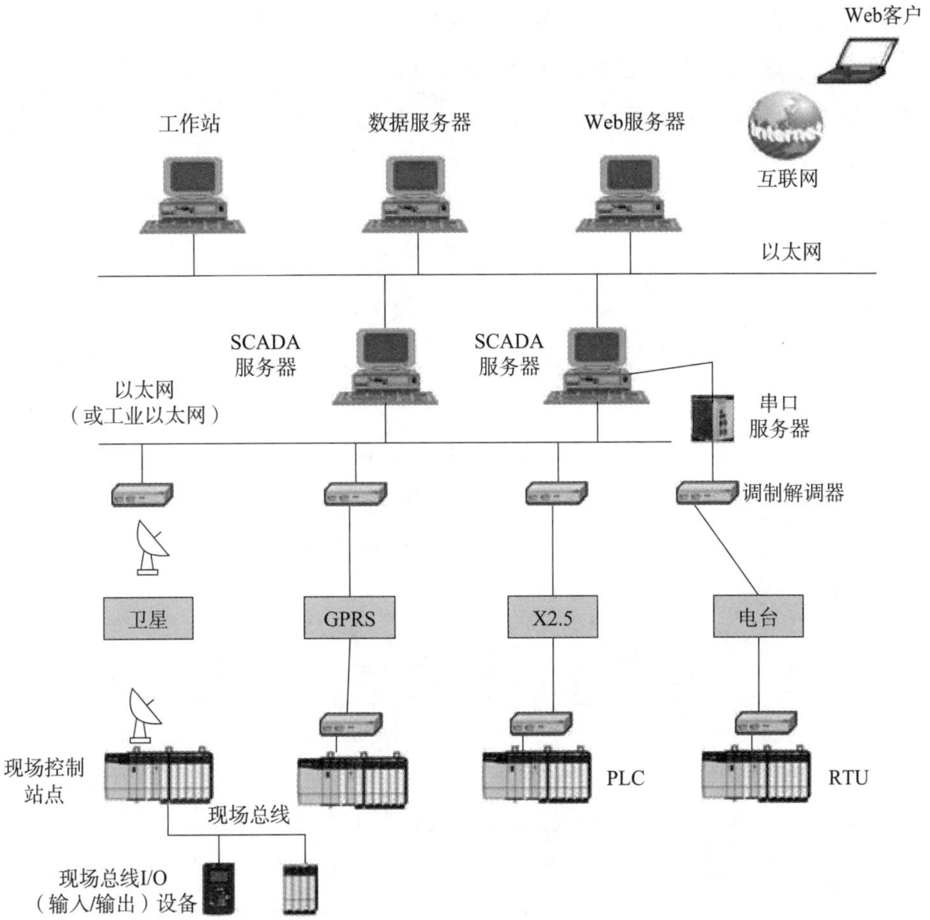

图 1-13 典型的 SCADA 系统结构

相关链接

在典型的分布式计算机应用系统中,体系结构是最本质的东西。良好的体系结构意味着普适、高效和稳定。同时,体系结构在一定时间内可以保持稳定。当需求发生变化时,程序员可以不用修改系统的体系结构。

(1) C/S 结构。在 C/S 结构中,客户机与服务器之间的通信以"请求—响应"的方式进行。客户机先向服务器发出请求,服务器再响应这个请求,如图 1-14 所示。

C/S 结构最重要的特征:它不是一个主从环境,而是一个平等的环境,即 C/S 结构中各计算机在不同

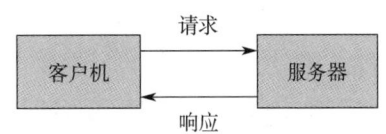

图 1-14 客户机/服务器结构

的场合既可能是客户机也可能是服务器。在 C/S 应用中，用户只关心自己的问题如何解决，而不关心这些问题由系统中哪台或哪几台计算机来处理。能为应用提供服务的计算机，当其被请求服务时就成为服务器。一台计算机可能提供多种服务，一种服务也可能要由多台计算机提供。与服务器相对应，提出服务请求的计算机就是客户机。从用户应用的角度来看，应用的一部分工作在客户机上完成，其他部分的工作则在（一台或多台）服务器上完成。例如在 SCADA 系统中，当 SCADA 服务器向 PLC 请求数据时，它是客户机；而当其他操作站向 SCADA 服务器请求服务时，它就是服务器。显然，这种结构可以充分利用两端硬件环境的优势将任务合理分配到客户端和服务器端，降低了系统的通信开销。

（2）B/S 结构。随着互联网的普及和发展，以往的主机/终端和 C/S 结构都无法满足当前的全球网络开放互联、信息随处可见和信息共享的新要求，于是就出现了 B/S 结构，如图 1-15 所示，其中 HTTP 是指超文本传输协议。

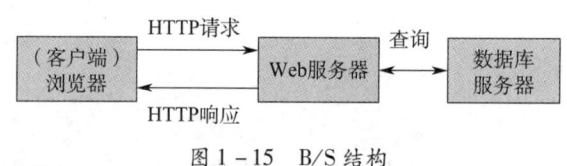

图 1-15 B/S 结构

采用 B/S 结构时，用户可以通过浏览器去访问互联网上的文本、数据、图像、动画、视频、声音等信息。这些信息都是由许许多多的万维网服务器产生的，而每一个万维网服务器又可以通过各种方式与数据库服务器连接，大量的数据实际存放在数据库服务器中。这种结构的最大优点是客户端统一采用浏览器，这不仅便于用户使用，而且使客户端不存在维护的问题。当然，软件开发和维护的工作不是自动消失了，而是转移到了万维网服务器。可以采用基于 socket（套接字）的 ActiveX 控件或 Java Applet 程序两种方式实现客户端与远程服务器之间的动态数据交换。ActiveX 控件和 Java Applet 都驻留在万维网服务器上，用户登录服务器后将其下载到客户端。万维网服务器在响应客户程序过程中，若遇到与数据库有关的指令，则将其交给数据库服务器来解释执行，并将执行结果经万维网服务器返回至浏览器。在这种结构中，将许许多多的网络连接到一起，形成一个巨大的网络，即全球网络。而各个企业可以在此结构的基础上建立自己的互联网。对于大型分布式 SCADA 系统而言，B/S 的引入有利于解决远程监控中存在的问题，已经得到主流的 SCADA 系统供应商的支持。

4. 远动系统的国际标准

IEEE（电气电子工程师学会）在 1994 年编制 SCADA 和自动化系统国际标准 IEEE C37.1，并于 2007 年对该标准进行了修订。该标准对子站 SCADA 和自动化系统的要求进行了定义，对子站自动化的基础子站集成过程设计标准进行了定义，提出了系统的智能电子装置 IED（intelligent electronic devices）功能和环境要求。该标准不适用于电力系统装置的自动保护。

虽然该标准主要用于电力系统的 SCADA 和自动化系统，但是对于其他行业的 SCADA 系统设计还是有一定参考意义的。

1.2.2 通信与网络技术

1. 数据与数据通信系统

数据是指对数字、字母以及其组合意义的一种表达。在 SCADA 系统中，通信数据与监控系统的各种信息紧密相关。例如，用数字 1 表示电动机处于工作状态，用数字 0 表示电动机处于停止状态。对于温度、压力、物位、流量、电流、电压等变量，可以用一定的数值范围来描述。

数据通信系统是指以计算机为中心，通过数据传输信道将分布在各处的数据终端设备连接起来，以实现数据通信的系统。实际的数据通信系统是千差万别的，可以是两台计算机点对点的近距离数据传输，可以是工业现场智能设备与控制器之间的数据通信，也可以是分布在各地的数百台甚至更多的计算机互相传送数据。

数据通信系统由数据信息的发送设备、接收设备、传输介质、传输报文、通信协议等组成。以香农定义为例，广义通信系统模型如图 1-16 所示。信源为待传输数据信息的产生者。信道是指发送器与接收器之间用于传输信号的物理介质，又称传输介质。发送器将信息变换为适合在信道上传输的信号，而信宿的作用与之相反。信号经过传输，被接收器收到后变为信息。通信传输过程会受到噪声的干扰，而噪声往往会影响接收器正确地接收和理解所收到的信息。为了把接收到的信息还原为原有信息，并为接收器所理解，需要一套实现约定的协议。协议是数据通信规则的集合。如果没有协议，两台设备即使连接也无法通信。

发送设备、接收设备和传输介质是通信系统的硬件。发送设备用于匹配信息源和传输介质，即将信息源产生的数据进行编码，将其变换为信号送往传输介质。接收设备则需要完成发送设备的反变换，即从被干扰的信号中正确恢复出原有信号，并进行解码、解密等操作。

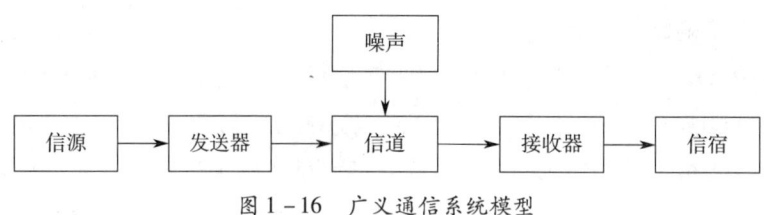

图 1-16 广义通信系统模型

在 SCADA 系统中,由于越来越多的设备更智能化、数字化,数字通信能力也越来越强大,因此许多设备既是发送设备也是接收设备。例如,下位机与上位机通信时,当下位机向上位机传送现场仪表参数时,下位机是发送设备,上位机是接收设备;而当下位机接收上位机的控制指令,如开启某台设备或修改下位机参数时,下位机是接收设备,而上位机是发送设备。

传输信道可以是简单的两条导线,也可以是由传输介质、数据中继设备、交换设备、存储设备、管理设备构成的网络。传输信道是为收发两地的数据流提供传输的信道。传输信道由两部分组成,一部分是传输介质,另一部分是其他数据处理设备。传输介质分为有线介质和无线介质两种:有线介质如双绞线、同轴电缆、光纤等;无线介质如微波、红外线、激光等。由双绞线、同轴电缆、光纤等有线介质构成的是有线线路;而采用微波接力或卫星中继等方式通过大气层传输的则构成无线通信。有线通信具有性能稳定、受外界干扰少、维护方便、保密性强等优点,但其敷设工程量大,一次性投资也大;而无线通信利用无线电磁波在空气中传输信号,无须敷设有形介质,一次性投资相对较少,通信建立较灵活,但受空气环境影响较大,保密性较差。

2. 远动系统的数据通信

数据通信是完成数据编码、传输、转换、存储、处理的过程,是计算机技术与通信技术相结合的产物。测控现场的仪表、控制装置与上位机、下位机的数据通信是确保系统安全运行的重要保证和先决条件。与一般的控制系统相比,SCADA 系统固有的测控点分散、测控范围广的特点决定了整个通信子系统在运行过程中起到了更加重要的作用。

在 SCADA 系统中,通常包含以下几种数据通信过程。

(1)现场测控站点仪表、执行机构与下位机的通信。传统做法是现场仪表及各种其他类型的测控设备与下位机的通信采用平行接线方式,即把每个测控点连接到控制系统的 I/O 设备上。这种点对点的布线方式在现场总线技术出现后显得落后,特别是当测控点十分分散时。目前,多数 SCADA 系统的现场测控站多采用现场总线与平行接线混合的方式。下位机系统配置现场总线接口，在测控点相对集中的设备附近设置现场 I/O 站，现场 I/O 站与下位机系统采用现场总线进行通信，在一些布线不方便的地方，也会采用短程无线通信技术。

（2）下位机系统与 SCADA 服务器（上位机）的远程通信。在 SCADA 系统的通信子系统中，上位机与下位机之间的通信最复杂，这主要是因为下位机数量较多、结构与型号多样化。此外，上位机与下位机的距离通常较大，从几百米、几千米到上百千米甚至更远。通常在一个大型的 SCADA 系统中，上位机与下位机的通信形式十分多样，从通信介质看，既有有线通信，也有无线通信，其中以无线通信为主、有线通信为辅。无线通信中包括数传电台、微波、GPRS、卫星等。

（3）监控中心不同功能计算机之间的通信。在 SCADA 系统监控中心配置各种功能的计算机和服务器，它们各自承担一定的作用，同时进行快速数据交换和信息共享。为了实现这个目的，监控中心的计算机普遍采用以太网连接，采用高速交换机以及带宽可高达 100 M 甚至更高的传输介质。在过去，以太网的主要缺点是其采用的 CSMA/CD（带冲突检测的载波监听多路访问）规范并不能满足严格的时间确定性需求。近年来，一些新技术已经较好地解决了将以太网应用于工业通信时所存在的问题，工业化以太网的应用得到很大发展。

（4）监控中心万维网服务器与远程客户端的通信。由于互联网的普及、发展以及 B/S 结构在远程服务方面的优势，基于互联网的远程监控应用也越来越多，因此在上位机监控中心要配置万维网服务器以响应远程客户端的用户访问。

3. 远动系统的无线通信技术

无线通信系统根据业务需求不同，可以分为无线计算机局域网和无线遥控遥测系统。其中，无线计算机局域网具有点对多点结构，支持 TCP/IP（传输控制协议/互联网协议），提供以太网接口。

无线通信技术最早采用短波、超短波等电台加调制解调器方式，用于气象、海关、民航等专用部门的 CRT（阴极射线管）数据终端间的数据收发，数据量小，数据传输速率在 2 400 bit/s 以下。随着计算机的普及和自动化领域的拓宽，无线通信技术因设备安装、使用灵活方便而得到越来越广泛的应用。下面介绍几种常用的无线通信技术。

（1）无线电台。无线电台工作频段是 230 MHz，受寻呼台等干扰源、建筑物及地形影响，通信质量较差，且固定发射台、天线及其他设备覆盖范围较小，必须建设较多的中继站，难以满足实时监控的需要。相对于架设专用电缆（或光缆）、租用电信专线等方式，用无线电台实现远程数据采集、监控的方式具有造价低廉、施工快捷、运行可靠、维护简单等优点。

（2）800 MHz 无线集群。800 MHz 无线集群主要用于专网通信，在电力、铁路、公安等系统应用广泛。其优势是无须重新组网；其劣势是网络组建太久、设备老化严重、新采购设备较难、价格较高、通信速率不高、通信质量较差。

（3）GSM。GSM 的英文全称是 global system for mobile communications，即全球移动通信系统，俗称"全球通"。GSM 是欧洲开发的数字移动电话网络标准，其开发目的是让全球各地共同使用一个移动电话网络标准，让用户使用一部手机就能通遍全球。GSM 系统的频段有 900 MHz、1 800 MHz、1 900 MHz 等。

（4）CDMA。CDMA 的英文全称是 code – division multiple access，即码分多址技术。CDMA 技术的原理是基于扩频技术，即将需要传送的具有一定信号带宽的信息数据用一个带宽远大于信号带宽的高速伪随机码进行调制，使原数据信号的带宽被扩展，再经载波调制并发送出去。接收端使用完全相同的伪随机码，对接收的带宽信号做相关处理，把带宽信号转换成原信息数据的窄带信号即解扩，以实现信息通信。

（5）GPRS。GPRS 的英文全称是 general packet radio service，即通用分组无线业务。GPRS 是 GSM 演变过程中新推出的一项高速数据通信服务业务。它将移动通信技术和互联网技术有机结合，组成了移动互联网，可与高速发展的固定互联网实现无缝连接，为用户提供数据、语音、图像等多媒体业务。该网络不仅可以支持 TCP/IP 传输协议，而且也支持 X.25 协议。

1.2.3 I/O 接口技术

1. 远动系统 I/O 接口

过程输入/输出通道是 SCADA 系统上位机、下位机与被控过程现场测控设备之间的物理信息通道。过程输入/输出通道除了有 A/D（模数转换）、D/A（数模转换）、DI（数字量输入）、DO（数字量输出）等 I/O 设备外，通常还包括一些辅助部件，如多路转换断路器、放大器、采样保持器、热电偶冷端温度补偿装置等。这些辅助部件既可以部分地与 I/O 设备做在一起构成相对独立的数据采集设备；也可以做成独立的卡件（如端子板）后通过电缆与 I/O 设备连接，构成输入/输出通道。数据采集系统的过程通道如图 1 – 17 所示，在该系统中，就有多种类型的输入和输出通道，其中 T/C 是指定时器/计数器。在 SCADA 系统中，现场的各种参数由输入通道进入计算机；而 SCADA 系统的各种控制命令则通过输出通道传递给执行机构，进而实现对被控对象的控制。SCADA 系统的输入/输出通道有时又称计算机接口（interface），在本书中称为 I/O 接口。由于输入/输出通道是 SCADA 系统与外界联系的桥梁，SCADA 系统的测量、控制精度与通道的性能密切相关，因此设计者应根据 SCADA 系统的技术要求合理选择通道的类型、参数及数量。

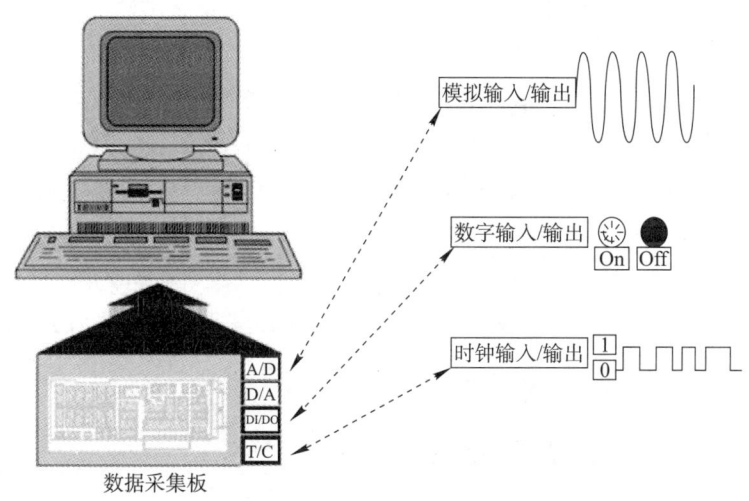

图 1-17　数据采集系统的过程通道

SCADA 系统的 I/O 接口不仅实现了计算机与监控过程的信号传输，还解决了计算机与外部设备连接时存在的各种矛盾，如输入信号与输出信号类型的不同、速度的不匹配、串联与并联转换、信号隔离等。I/O 接口的功能归纳起来主要有以下几点。

（1）数据缓冲功能。计算机的工作速度快，而外部设备的工作速度比较慢，为了避免因速度不一致导致的数据丢失，接口中一般都设置数据寄存器或锁存器。

（2）信号转换功能。由于外部设备所需要的控制信号和所能提供的状态信号与计算机能识别的信号往往是不一致的，特别是连接不同公司生产的设备时，因此进行信号之间的转换是不可避免的。信号的转换包括时序的配合、电平的转换、信号类型的转换、数据宽度的转换（并行变串行或串行变并行）等。

（3）驱动功能。由于计算机总线的信号驱动能力有限，当要连接多台外部设备时，总线可能会不堪重负，因此可以通过扩展的接口来连接多台外部设备。

（4）中断管理功能。当外部设备需要及时得到计算机的服务时，就要求接口设备具有中断控制管理功能。

（5）隔离功能。接口上的光电隔离或电气隔离等各种隔离措施可以确保计算机系统的安全。

虽然在选择 SCADA 系统的 I/O 设备时并不需要深入研究各种 I/O 通道的组成、工作原理和实现过程，但对 SCADA 系统的设计人员来说，了解相关 I/O 通道的组成、电路、典型芯片及其编程方法有助于设计和开发高质量的数据采集系统。

2. 过程 I/O 接口

模拟量输入通道（以下简称模入通道）的作用是将从现场检测到的模拟信号转变成数字信号送给计算机。模入通道包括传感器、多路转换断路器、放大器、信号调理电路、采样保持电路（sample and hold circuit）、A/D 转换器等。其中，A/D 转换器是模/数转换的主要器件。当然，不同类型的模入通道其组成部件也不一样。如果模入通道的输入信号为较高电平，如输入信号来自温度、压力等参数的变送器，就不必使用放大器；如果输入信号的变化速度比 A/D 转换速率慢得多，则可以省去 S/H（采样/保持电路）。总体而言，在模入通道中，除了 A/D 转换器外，是否需要使用放大器等部件取决于输入信号的类型、范围和通道的结构形式。

1.2.4 远动系统的设计与调试

1. 远动系统的设计

控制技术的发展使 SCADA 系统具有方案多选性特征，这些方案各有特点，很难说哪个更好。为此，在设计时，必须依据一定原则与要求选取一个综合指标好的方案。当然，不同时期、不同用户对这些指标的认同程度可能是不一样的，甚至用户会根据其特殊需求提出一些其他方面的性能指标，这些因素都会影响系统的最终设计。一般而言，以下几点是设计 SCADA 系统时要重点考虑的。

（1）可靠性。在 SCADA 系统中，下位机的工作环境往往比较恶劣，存在各种干扰因素，而且它所承担的控制任务对运行要求很高，不允许它发生异常现象，因此，在设计时必须确保系统长期、可靠和稳定运行。因为一旦控制系统出现故障，轻者影响生产，重者造成事故，甚至导致人员伤亡，所以在设计系统过程中，要把系统的可靠性放在首位。

系统的可靠性是指系统在规定的条件下和规定的时间内完成规定功能的能力。在 SCADA 系统中，可靠性指标一般用系统的平均无故障时间 MTBF 和平均维修时间 MTTR 来表示。MTBF 表示系统可靠工作的能力，MTTR 表示系统出现故障后立即恢复工作的能力。一般希望 MTBF 要大于某个规定值，而 MTTR 越小越好。

为了提高系统的可靠性，需要从硬件、软件等方面着手。首先要选用高性能的上位机、下位机和通信设备，保证系统在恶劣的工业环境下仍能正常运行。其次是设计可靠的控制方案，并采取各种安全保护措施，如报警、事故预测、事故处理等。

对于特别重要的监控过程或控制回路，可以进行冗余设计。对于一般的控制回路，选用手动操作设备作为后备；对于重要的控制回路，选用常规控制仪表作为后备。对于监控主机，可以进行冷备份或热备份。这样，一旦一台主机出现故障，后备主机可以立即投入运行，确保系统安全。当然，冗余是多层次的，包括 I/O 设备、电源、通信网络、主机等。冗余设计可以提高系统可靠性，但成本也会显著增加。

（2）先进性。在满足可靠性的情况下，要设计出技术先进的 SCADA 系统。先进的 SCADA 系统不仅具有强大的功能，可以满足生产过程的各种要求和性能指标，而且对于生产过程的优化运行和实施其他综合自动化措施都是有好处的。先进的 SCADA 系统通常都符合许多行业标准，采用更为先进的设计理念与设备，因此可以确保系统在较长时间内稳定、可靠地工作。当然，也不能片面追求系统的先进性而忽视系统开发、应用及维护的成本和实现上的技术风险。

（3）实时性。SCADA 系统的实时性表现在对内部和外部事件能快速、及时地响应，并做出相应处理，不丢失信息，不延误操作。计算机处理的事件一般分为两类：一类是定时事件，如数据的定时采集、运算、调度、控制等；另一类是随机事件，如事故、报警等。对于定时事件，系统设置查询时钟，保证定时处理；对于随机事件，系统设置中断，并根据故障的轻重缓急预先分配中断级别，一旦事故发生，保证优先处理紧急故障。

在 SCADA 系统中，不同的监控层面对实时性的要求是不一样的，下位机系统对实时性的要求最高，而监控层对实时性的要求较低。在设计 SCADA 系统时，要合理确定系统的实时性要求，分配相应的资源来处理实时性事件，既要保证实时性要求高的任务得以执行，又要确保系统的其他任务及时执行。

（4）开放性。由于 SCADA 系统多是采用系统集成的办法实现的，即系统的软件、硬件是不同厂家的产品，因此首先要保证所选用的设备具有较好的开放性以方便系统的集成。

其次，SCADA 系统作为企业综合自动化系统的最低层，既要向上层 MES（制造执行系统）或 ERP（企业资源计划）系统提供数据，也要接受这些系统的调度。因此，SCADA 系统整体也必须是开放的。

开放性是实现系统功能扩展和升级的重要基础。

（5）经济性。在满足上述性能指标的前提下，要尽可能地降低成本以保证 SCADA

系具有较高的性价比。此外,还要尽可能地提高系统投运后的产出,即为企业创造一定的经济效益和社会效益。

(6) 可操作性与可维护性。可操作性表现为操作简单、直观形象和便于掌握,操作工不必熟练掌握计算机知识即能操作。对于一些系统的升级设计,要兼顾原有的操作习惯。

可维护性体现在维修方便、易于查找和排除故障。系统应多采用标准的功能模块式结构,便于更换故障模块,并在功能模块上安装工作状态指示灯和监测点,便于变电检修工检查。另外,有条件的话,配置故障检测与诊断程序,用来发现和查找故障。

在设计系统时,坚持以人为本是确保系统具有可操作性和可维护性的重要原则。

2. 远动系统的调试

SCADA 系统的调试从内容上看可以分为上位机调试、下位机调试和通信调试;从项目进程上看可以分为离线仿真调试、现场离线调试、在线调试和试运行调试。离线仿真调试一般在实验室或非工业现场进行,而现场离线调试、在线调试与试运行调试都在工业现场进行。当在线调试、试运行调试一段时间,确定系统满足设计要求后,就可正式交付并投入生产运行。

(1) 离线仿真调试。离线仿真调试流程如图 1-18 所示。离线仿真调试是指在实验室而不是在工业现场进行的仿真调试。进行离线仿真调试后,还要进行考机运行,考机的目的是在连续不停机的运行中暴露问题进而解决问题。

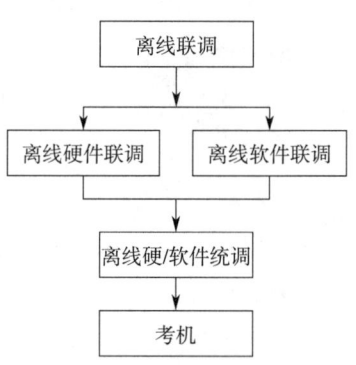

图 1-18 离线仿真调试流程

1) 硬件调试。对于 SCADA 系统中的各种硬件设备,包括下位机控制器、I/O 模块、通信模块及各种特殊功能模块,都要按照说明书检查其主要功能。例如,主机板(CPU 板,即中央处理器板)上 RAM (随机存取存储器) 区的读/写功能、ROM (只读存储器) 区的读出功能、复位电路、时钟电路等的正确性调试。对于各 I/O 模块,要认真校验每个通道工作是否正常、精度是否满足要求。对于上位机设备,包括主机、交换机、服务器、UPS (不间断电源) 等,要检查其工作是否正常。

硬件调试还包括现场仪表和执行机构的调试,如压力变送器、差压变送器、流量变送器、温度变送器和其他各种现场及控制室仪表、电动或气动执行器等,在安装前都要按说明书要求校验完毕。对于检测仪器与变送仪表要特别注意量程与订货要求是否一致。对于在硬件调试过程中发现的问题,要及时查找原因、尽早解决。

2）软件调试。软件调试的顺序是子程序、功能模块和主程序。有些程序的调试比较简单，利用开发装置、仿真软件或计算机提供的调试程序就可以进行调试。为了减少软件调试的工作量，要确保在编写软件时，所有的子程序、功能模块等都经过测试，满足应用要求。否则，在软件调试阶段会有较多问题，影响程序的总体调试。如果软件有很好的结构，且在软件开发过程中都经过了充分的调试，那么在软件联调过程中问题会较少。这时，调试的重点是模块之间参数传递、主程序与子程序调用等，主要观察系统联调后逻辑是否正确，能否完成预定的功能，而不是简单的语法检查等。

上位机的程序调试相对简单，因为在开发过程中，每个界面或功能是否符合要求可以通过把组态软件从开发环境切换到运行环境来观察功能的实现是否顺利。

3）系统仿真。在硬件和软件分别联调后，并不意味着系统的设计和离线调试已经结束，为此，必须再进行全系统的硬件、软件统调。这次统调试验就是通常所说的系统仿真（又称模拟调试）。系统仿真是指应用相似原理和类比关系来研究事物，也就是用模型来代替实际生产过程（即被控对象）进行试验和研究。系统仿真有全物理仿真（又称在模拟环境条件下的全实物仿真）、半物理仿真（又称硬件闭路动态试验）、数字仿真（又称计算机仿真）三种类型。

系统仿真尽量采用全物理仿真或半物理仿真。试验条件或工作状态越接近真实，其效果越好。对于纯数据采集系统，一般可做到全物理仿真；而对于控制系统，要做到全物理仿真几乎是不可能的，因此，只能做离线半物理仿真。

在系统仿真的基础上进行长时间的运行考验（考机），并根据实际运行环境的要求进行特殊运行条件的考验。

（2）现场离线调试。在离线仿真调试完成后，设备就要在现场进行安装。系统安装完成后，就可以进行现场离线调试。现场离线调试是指SCADA系统的所有设备安装完成后进行的调试。在这步调试中，最主要的工作是回路测试，测试时主要仪表和控制设备都带电，而一些可能影响现场装置的执行器或电器的主回路可以不上电。在调试中主要检查所有I/O信号连接和整个SCADA系统的通信。

例如，在现场有一台电动机，该电动机的监控有三个数字量输入信号和一个数字量输出控制信号，其中三个数字量输入信号是远程控制的。假设在现场设置过热继电器的故障，则要检查该信号在下位机、上位机与现场是否一致；或者在上位机中输出一个控制该电动机的信号，则要检查下位机是否接收到、现场设备端是否检测到、过热继电器是否动作。

（3）在线调试。在现场进行在线调试过程中，设计人员与用户要密切配合，在实际调试前确定一系列调试计划、实施方案、安全措施、分工合作细则等。现场调试过程是从小到大、从易到难、从手动到自动、从简单回路到复杂回路的逐步过渡。在进行现场安装及在线调试前先要进行硬件检查，经过检查并确认才可进行系统的投运和参数的整定。投运时应先切入手动，等系统运行接近于给定位时再切入自动，并进行参数的整定。

（4）试运行调试。尽管离线仿真调试工作非常认真、仔细，但进行试运行调试时仍可能出现问题，此时，必须认真分析、解决。待系统运行正常后，可以再试运行一段时间，之后组织验收。验收是整个项目最终完成的标志，应由甲方主持、乙方参加，双方协同验收，验收完毕形成验收文件存档。试运行调试流程可用图 1-19 来说明。

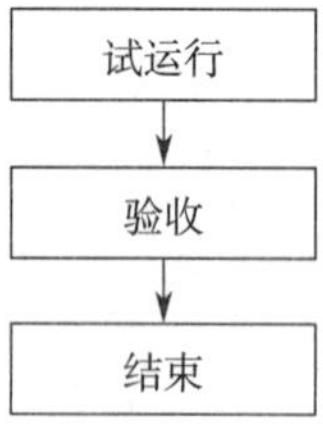

图 1-19　试运行调试流程

1.3　杂散电流

学习目标

掌握单向导通装置的原理及应用

掌握排流柜的原理及应用

掌握杂散电流防护的原理及应用

1.3.1　单向导通装置

1. 单向导通装置简介

在城市轨道交通系统中，车场、车辆段、隧道、高架桥等特殊地段的轨道上需要设置绝缘结，其目的是尽量减小杂散电流并缩小杂散电流影响的范围，从而减小杂散电流对钢筋结构的腐蚀。而在采用绝缘结的钢轨部位，当列车运行时，为了保证回流电流的正常流动，必须采用单向导通装置（用于连接绝缘结两端的钢轨）。

排流柜装置内设有隔离开关，用于在单向导通装置出现故障时连接绝缘结两端的钢轨，使列车能够正常运行。单向导通装置内设有消弧装置，避免产生电弧烧蚀轨道。

2. 单向导通装置的功能与原理

在车辆段，单向导通装置的正极接车库轨道、负极接正线轨道。单向导通装置示意如图 1-20 所示。其中正线交界处单向导通装置的功能是当列车正线运行时，不允许正线电流回流至车库内；而当列车出库时，允许电流通过单向导通装置回流至停车场牵引变电站。车库处单向导通装置的功能是仅允许库内电流留向库外，而不允许库外电流流回库内，从而保证作业人员的人身安全。

在正常情况下，隔离开关处于分闸位置，由于二极管的作用，电流只能流向规定的方向。当二极管发生反向击穿或电流超过预警时，则会向信号屏报警，以便及时合上高压隔离开关使绝缘结两端钢轨短接，保证列车的安全运行。

为了保证列车通过绝缘结时不产生电弧，应避免列车通过绝缘结的瞬间产生过大的电压差，故在单向导通装置内设有可控硅以起消弧的作用。带消弧功能的单向导通装置示意如图 1-21 所示。

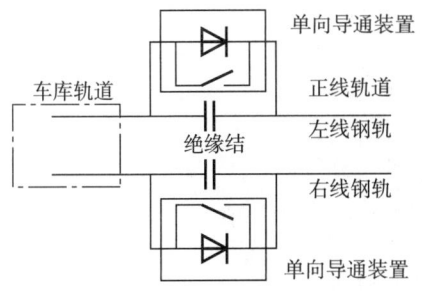

图 1-20 单向导通装置示意

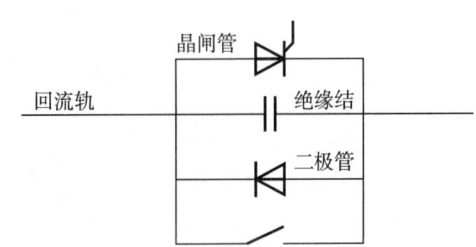

图 1-21 带消弧功能的单向导通装置示意

1.3.2 排流柜

1. 排流柜简介

杂散电流不仅会腐蚀城市轨道交通的钢筋结构，还会危害到沿线的金属管线、建筑物等设施，给城市轨道交通的安全运营带来隐患。而装设排流柜可以有效减少这种隐患。

排流柜安装于牵引变电所内。排流柜的一端接负极柜内的直流负母线，另一端接整体道床与轨壁的钢筋结构，使钢筋中的杂散电流可以单方向地回流至牵引变电所内的负极柜，防止杂散电流腐蚀结构钢筋。

2. 排流柜的结构

排流柜主要由负荷开关、熔断器、二极管、限流电阻、IGBT（绝缘栅双极型晶体管）控流单元、显示单元、保护单元等组成，如图 1-22 所示。

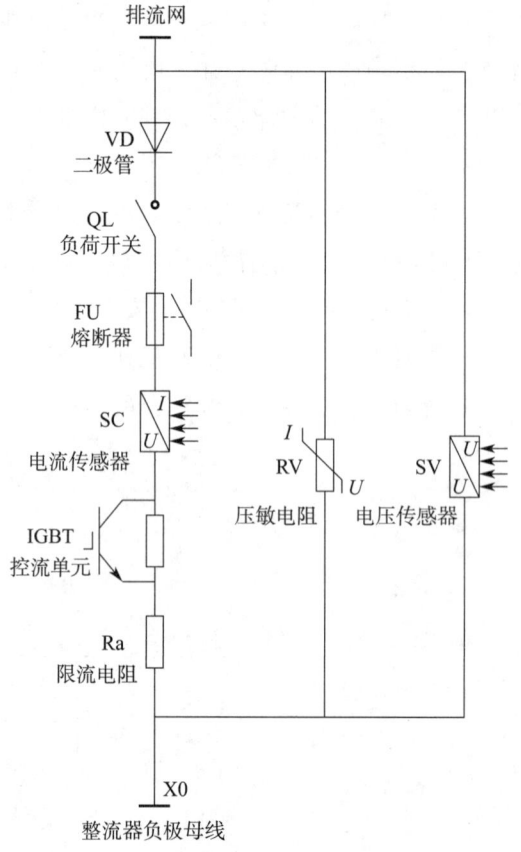

图1-22 排流柜示意

排流柜具有智能排流功能,能够自动调节电流,使排流一直处于理想状态。一般通过监测系统的监测数据制定相应的排流策略,由排流控制器自动调节脉冲占空比进而调节 IGBT 与电阻并联的导通角,合理控制排流电流,使排流柜实现智能排流。排流柜配有保护和监测电路,即使排流电流大于排流支路的最大排流电流,排流柜也不切断排流回路,以保证不损坏排流设备的同时继续排流,并上传报警信号。

1.3.3 杂散电流防护

1. 杂散电流的概念

在以走行轨为回流通路的直流牵引供电系统中,由于走行轨不可能完全绝缘于道床结构,因此钢轨不可避免地向道床及其他结构泄漏电流,这种电流就是杂散电流,又称地中迷流。

杂散电流对土建钢筋结构、设备金属外壳及其他地下金属管线产生的电化学腐蚀称为杂散电流腐蚀，又称迷流腐蚀。

2. 杂散电流的腐蚀机理

杂散电流产生电化学腐蚀，杂散电流腐蚀区如图 1-23 所示。当列车附近的杂散电流从走行轨流向金属体时，金属体对地电位形成阴极区；在变电所附近，杂散电流从金属体流回走行轨和变电所，金属体对地电位形成阳极区。在阳极区，杂散电流从金属体流出的地方将出现电解现象，这种电解现象导致金属体被腐蚀。金属管道和各种地下电缆或金属结构件在长期的电腐蚀作用下将受到严重的损坏。尤其是列车运行很多年后，走行轨与道床之间的绝缘扣件老化或者外表沾污使走行轨与排流网之间的过渡电阻变小，则杂散电流增大，日积月累会造成比较严重的腐蚀。

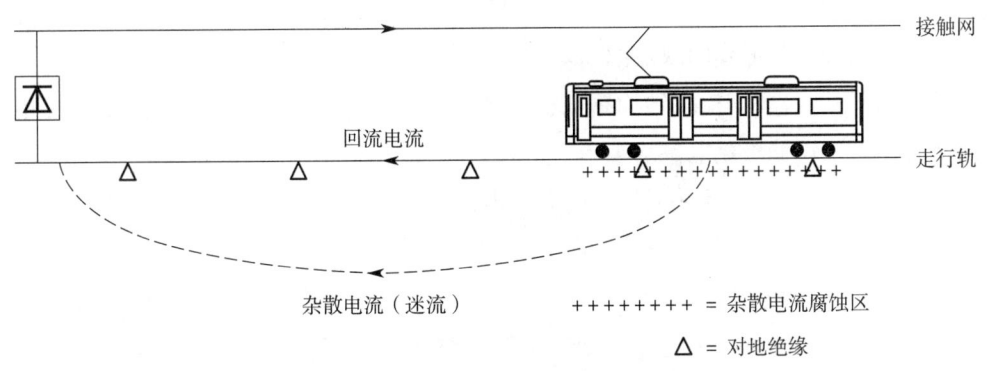

图 1-23 直流牵引系统的回流示意（地面）

若地下杂散电流流入电气接地装置，又将引起过高的接地电位，使某些设备无法正常工作。由此可知，杂散电流是需要高度重视的问题。

杂散电流的腐蚀危害性包括腐蚀走行轨及其附件、腐蚀钢筋混凝土的金属结构、腐蚀周围埋地管线，以及流入电气接地装置后导致某些设备无法正常工作。

3. 杂散电流监测系统的建立

（1）监测系统的元件。监测系统一般由参比电极、测量端子、智能传感器、传输信号电缆、数据处理单元等组成。下面介绍主要元件参比电极、智能传感器和数据处理单元的功能。

1）参比电极。参比电极埋入土壤或混凝土中，为测量的电参数提供一个稳定、统一的基准电位。一般采用铜/硫酸铜参比电极，为了进行对照，也可再设置一锌电极。

2）智能传感器。智能传感器是指以单片机为核心的智能数据采集装置，具有一定的存储容量。

3）数据处理单元。数据处理单元收集传感器信号，并通过光纤将信号输送至变电所综合自动化上位机。

(2) 监测点位置的确定

1）根据对走行轨阴极区、阳极区的分析，监测点应设于整流站的附近和供电区段中点。

2）根据杂散电流的普遍检测要求，监测点应沿线路均匀分布。

3）为了管理和维护方便，监测点应设于沿线车站，且首先应设于每个车站两端，并根据区间长短在区间设置一两处。

4. 杂散电流的监测方式

(1) 利用排流柜进行监测。排流柜安装在牵引变电所内，所采集的数据是回流点处的数据，这种监测方式的缺点如下。

1）判据不合理。回流点结构钢筋极化电位小于 0.5 V，并不能确保两牵引变电所之间所有的结构钢筋极化电位均小于 0.5 V。

2）功能单一。只能反映回流点的杂散电流情况，不能反映全线路的杂散电流分布情况及危害程度。

(2) 分散式杂散电流监测系统。分散式杂散电流监测系统如图 1-24 所示。分散式杂散电流监测系统由参比电极、结构钢筋测试端子、接线盒、测试电缆、变电所测试端子箱、可移动式综合测试装置等构成。可移动式综合测试装置包括计算机、数据采

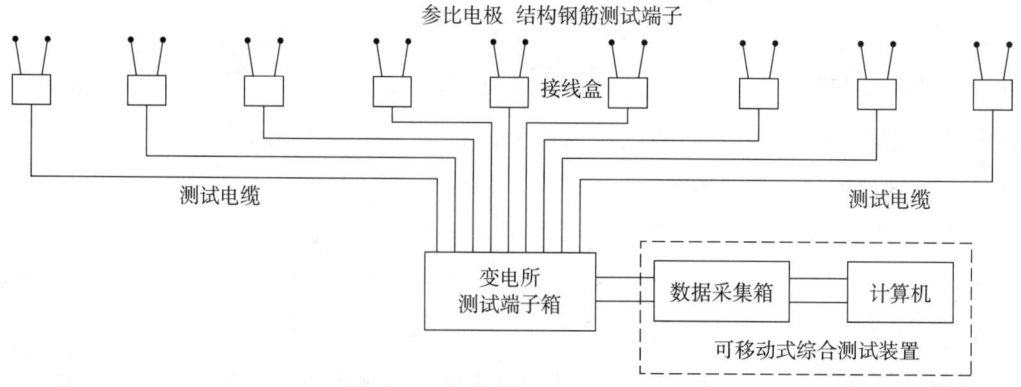

图 1-24 分散式杂散电流监测系统

集箱、连接线等。分散式杂散电流监测系统采用小分区监测方式，在每座车站变电所的控制室或检修室内安装一台测试端子箱，将该车站和车站两端附近的结构钢筋测试端子、参比电极接至接线盒，再由统一的测试电缆引至变电所测试端子箱，通过可移动式综合测试装置对各测试点参比电极电位和结构钢筋测试端子电位进行测试，由计算机将测试数据进行处理并形成各测试点的电位时间曲线显示在显示屏上，数据结果也可打印出来查看。

（3）集中式杂散电流监测系统。集中式杂散电流监测系统的监测装置对区段内上行、下行线路的所有智能传感器的信息进行收集，并将所收集的信息通过数据传输通道实时传送到杂散电流综合管理系统。杂散电流综合管理系统由计算机、管理软件、打印机、电源等组成，具有实时在线采集和存储数据、显示、查询、输出打印、自动报警等功能。

（4）分布式杂散电流监测系统。分布式杂散电流监测系统的监测装置实时收集本供电区段传感器采集的数据，按照监测模型，根据每个测试点的参比电极电位和接触电位计算出本区段内杂散电流的分布情况。

5. 各线路的杂散电流监测装置

杂散电流监测装置主要针对传感器收集到的监测数据进行管理，功能上是一个数据采集服务器，实现了杂散电流监测、自动报警等功能。变电检修工可以从人机界面上直接观察各采集点的数据状况并自行下载波形图或数据表。

杂散电流监测装置具备以下功能。

（1）每个整点与半点进行一次数据采集，收集每半小时内平均极化电位、平均轨构电位的监测数据，并存入数据库。

（2）每分钟采集七次传感器监测的瞬时值，同时更新传感器的状态，以及时发现存在故障的传感器。系统保存每个传感器 7 天内 24 小时的瞬时值数据。

（3）每天在夜间无列车时采集本体电位数据并存入数据库。

（4）自动向上位机传送监测数据。

（5）如果杂散电流监测装置接入排流柜，将每分钟采集十次排流柜状态，并将各熔断器状态直观显示在人机界面上。

（6）提供各传感器 24 小时的瞬时值数据显示功能，并可将数据及曲线图导出。

（7）系统自动统计各传感器 30 分钟监测数据（极化电位、轨构电位）平均值的历史最大值、过去 24 小时监测数据的最大值、30 天内监测数据的最大值，并提供数据查看功能。

1.4 变电所交直流系统

学习目标

掌握变电所直流电源系统的构成和原理
掌握免维护阀控铅酸蓄电池的构成和原理
掌握锂离子蓄电池的构成和原理

1.4.1 变电所智能高频直流电源系统

1. 系统构成

智能高频直流电源系统（见图1-25）由交流两路进线、人机界面、直流输出回路、电源模块、蓄电池组、控制装置、监察单元、自动调压装置、通信装置、数据和信息采集装置等组成。

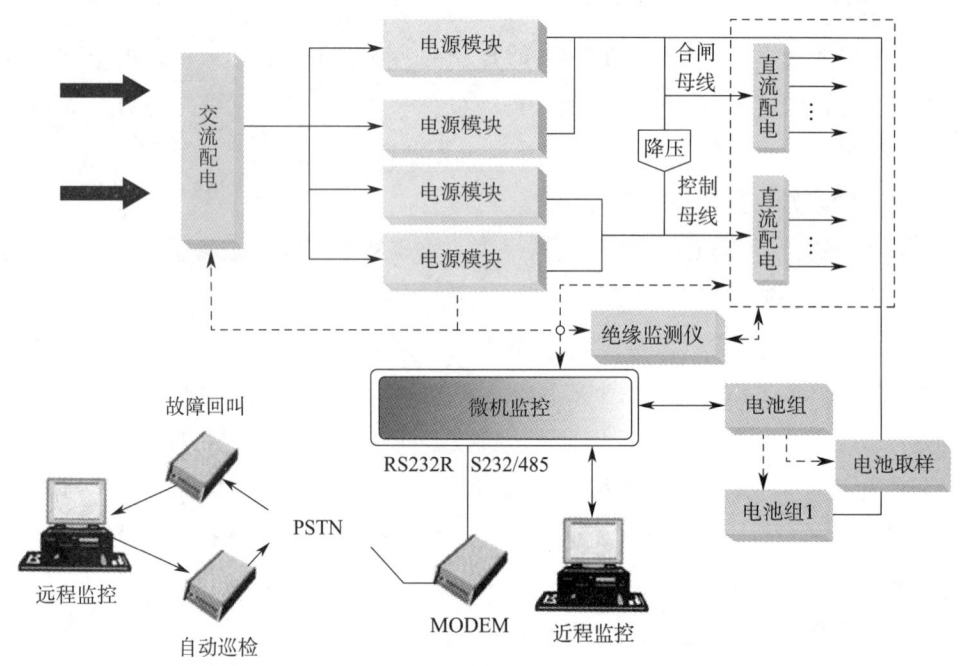

图1-25 智能高频直流电源系统

智能高频直流电源系统通过各种监察单元采集数据并汇总到控制装置 PLC 中，PLC 通过对各种数据进行比较来控制整套设备的工作，直流装置交流侧由降压变电所或独立蓄电池室内的 400 V 进线开关引入两路三相交流 AC 380 V 电源。正常供电时，充电单元对蓄电池组进行充电或浮充电，并向变电所内经常性直流负荷、冲击负荷供电。

（1）人机界面。智能高频直流电源系统的人机界面是通过触摸屏来实现设备控制和信息显示的。PLC 及各个功能模块的功能通过人性化设计的图形界面直观地显示出来，大幅降低了设备操作和使用的难度，提高了工作效率。人机界面的主画面如图 1-26 所示（WC 指控制母线、WO 指合闸母线、BAT 指蓄电池），系统设置界面如图 1-27 所示，故障报警界面如图 1-28 所示。

（2）交流两路进线。交流两路进线（见图 1-29）的作用是为充电单元提供交流输入电源。交流两路电源有一路优先和互为备用两种模式，并具有手动、自动投切功能以及过电流脱扣闭锁的备用自投功能。交流两路进线还配有防雷、缺相、失压等保护，报警和故障信号均可送到故障检测和智能监控单元。

（3）直流输出回路。直流输出回路（见图 1-30）采用进口直流专用断路器，其直流分断能力应满足系统短路要求，性能可靠，带有故障报警装置接点。

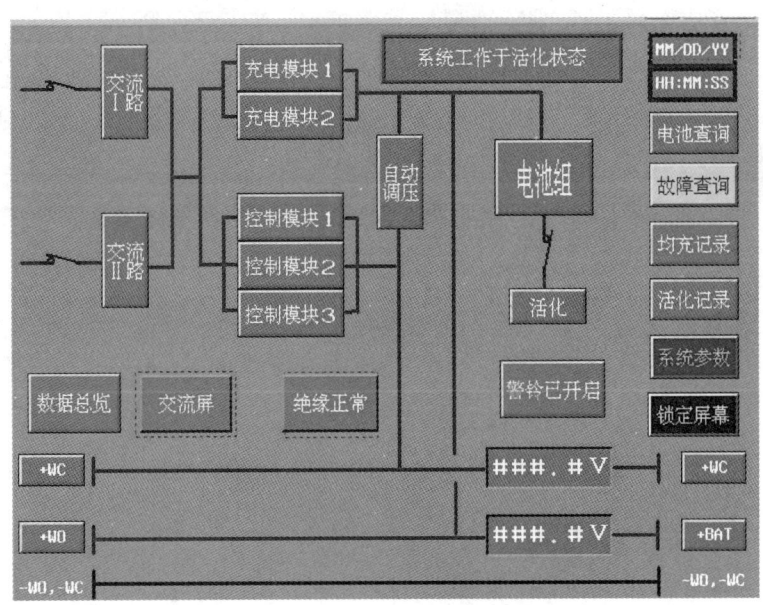

图 1-26　人机界面的主画面

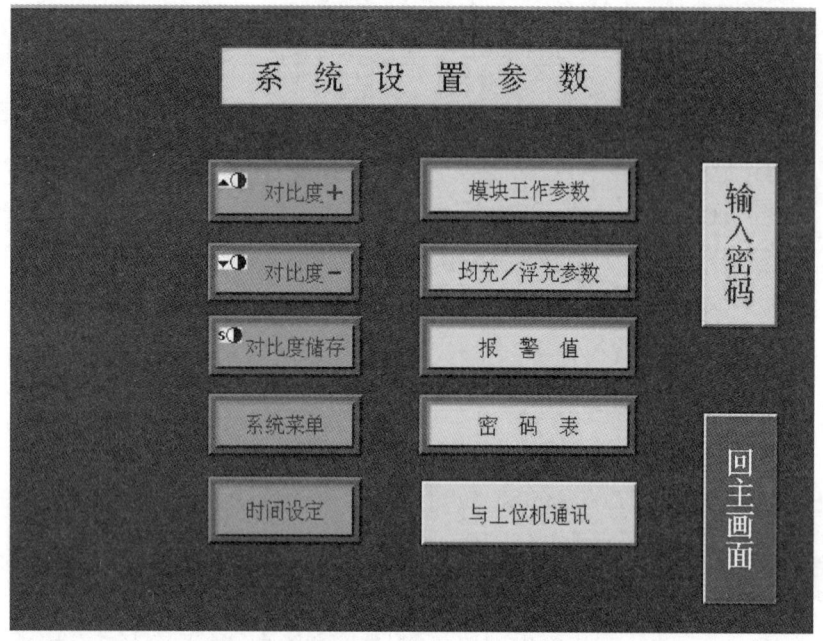

图1-27 系统设置界面

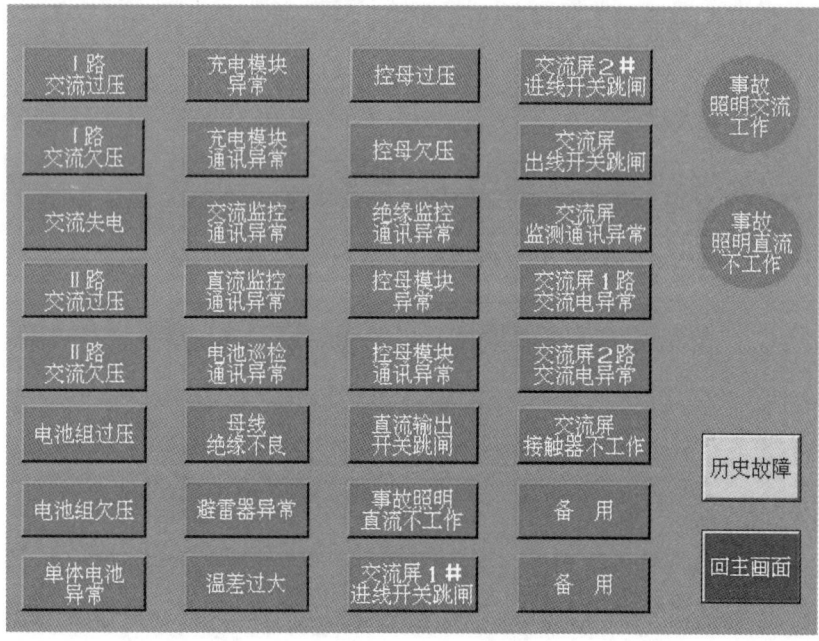

图1-28 故障报警界面

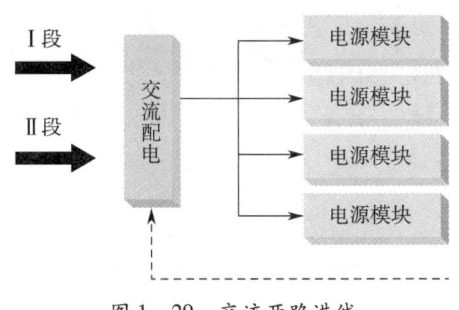

图 1-29 交流两路进线

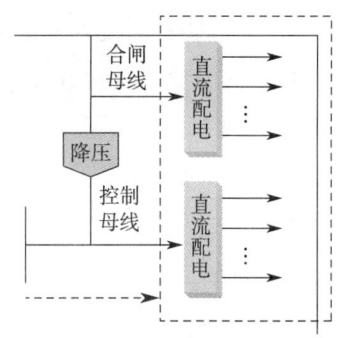

图 1-30 直流输出回路

（4）电源模块。电源模块选用高频开关电源采用 $N+1$ 热冗余方式（N 是指电源模块数量）关联组合供电，任何一个模块产生故障不应影响系统正常运行，如图 1-31 所示。

电源模块的容量应满足系统运行要求，如负载容量、蓄电池容量、后备时间等。同时，充电模块应具有以下功能。

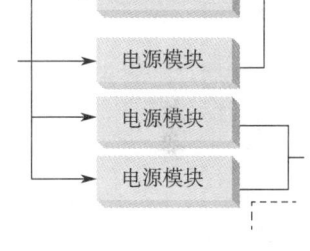

图 1-31 电源模块

1）可互换。

2）热插拔。

3）限流充电。

4）根据温度变化对电池容量进行补偿。

5）防止蓄电池过充过放。

6）短路保护、过电流保护等。

7）内置微处理器协调管理模块各项操作及保护动作，可脱离监控单元独立运行。

8）与监控单元通信，使充电模块具有遥控、遥信、遥测、遥调功能。

9）各模块并机工作时具有均流功能。

10）充电模块容量应满足蓄电池充放电特性要求，给蓄电池充电 4 h 即可充满。

2．运行原理

（1）控制逻辑

1）交流两路进线控制逻辑。交流两路进线的控制逻辑有两种：一种是"自投自复"，通常通过继电器回路来实现；另一种是"自投不自复"，通常通过双电源自动切换装置来实现。

"自投自复"是指交流进线有主备两路电源，主电源具有优先级。当主电源正常有电时,主电源自动投入,备用电源备用;当主电源发生故障或失电时,备用电源投入;当主电源恢复正常时,自动停用备用电源,再切换到主电源供电。

"自投不自复"是指交流进线的一路和二路之间没有优先级,两路电源之间可以互为备用,无论常用电源还是备用电源先有电,两路电源会自动切换到先送电正常的电源位。当在用的电源位发生故障后,在另外一路电源位保持正常的情况下,会自动切换到正常的电源位上。

2)蓄电池组充电控制逻辑。蓄电池组充电控制逻辑有三种,分别是浮充温度补偿、定期均充和限流充电。

由于铅酸蓄电池对于温度变化比较敏感,因此在充电控制逻辑中增加了浮充温度补偿功能。在蓄电池组温度升高时浮充电压下降,在蓄电池组温度降低时浮充电压上升,以保持蓄电池组在浮充状态下的容量。

定期均充是一种对蓄电池组浮充电的补充功能,设定为 2 160 h 一次,只要达到了计时要求,PLC 就会发出指令要求充电模块进入恒压源均充模式。

限流充电是指在蓄电池组发生过放电后进入的充电模式。当充电电流大于 0.1C 时,PLC 发出指令要求充电模块输出电流限制为 0.1C,以保护蓄电池组不会因为大电流充电而损坏。

3)直流自动调压控制逻辑。在自动状态下,硅链电压自动调压装置能精确地检测硅链输出电压(即控制母线电压)并与设定值比较。当控制母线电压高于(低于)设定值的上限(下限)时,控制器发出驱动信号,驱动大功率继电器或直流接触器(60 A 以上)分断或闭合来改变硅链输出电压,从而确保控制母线电压在标准范围之内。直流自动调压控制示意如图 1-32 所示。

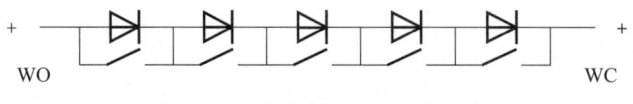

图 1-32 直流自动调压控制示意

在手动状态下,硅链电压自动调压装置通过外接手动转换断路器控制大电流继电器或直流接触器分断或闭合,使降压硅链分组投入或被短接,从而改变硅链输出电压。

(2)报警参数。除了各种运行逻辑外,系统还需配合各种报警值(见图 1-33)、运行参数进行控制。报警值的相关数据以系统电压等级为准。

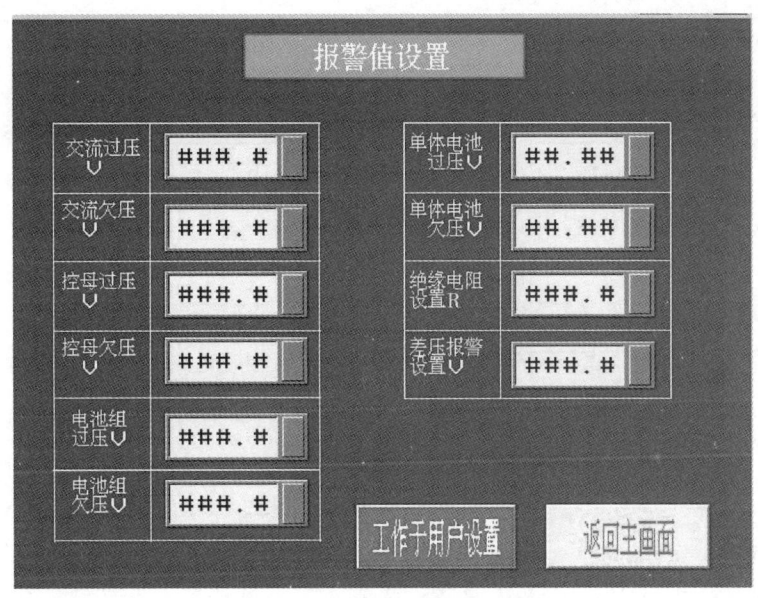

图 1-33 报警值

3. 主要控制模块

（1）监察单元。智能高频直流电源系统的监察单元主要有交流监察、直流监察、蓄电池监察和绝缘监察四种。

1）交流监察。交流监察的主要功能是检测交流两路输入的电压、电流情况，输入电压为 220 V（波动范围为 ±20%）或 380 V（波动范围为 ±20%）。

2）直流监察。直流监察的主要功能是检测充电模块和控制模块的输出电压、输出电流情况，并将数据反馈至 PLC 中，由 PLC 发出指令控制充电模块的输出电压和输出电流。控制母线电压为 220 V（波动范围为 ±10%）。

3）蓄电池监察。蓄电池监察的主要功能是检测整组蓄电池电压、单节蓄电池电压和蓄电池的充电电流，蓄电池组电压范围为 198~261 V，单节蓄电池电压范围为 10.8~15.5 V。

4）绝缘监察。绝缘监察的主要功能是检测直流绝缘电阻和监测各输出回路的接地电阻。

（2）绝缘系统。智能高频直流电源系统要求对地绝缘，其输出电压正负极对地均为 110 V，若发生直流接地则处于非正常运行状态。在发生一极接地时，由于没有构成接地电流的通路而不会引起任何危害；但是不允许一极长期接地工作，因为在同一极的另一地点又发生接地时，就可能造成信号装置、继电保护装置或控制回路的不正确动作。

发生一点接地后再发生另一极接地就可能造成直流短路。例如，直流正极接地有可能造成继电保护装置误动作的，因为一般跳闸线圈（如出口中间继电器线圈等）均接负极电源，若这些回路接地或绝缘不良就会引起继电保护装置误动作。与直流正极接地原理相同，直流负极接地时，若回路中再有一点接地，就可能造成继电保护装置拒动作，使事故越级扩大。

两极两点同时接地除了可能造成继电保护装置、信号装置、自动装置误动作或拒动作外，还可能使熔断器熔断、继电器触点烧坏，使继电保护装置、自动装置、控制回路失电。在复杂的保护回路中如果同极两点接地，还可能将某些继电器短接，使其不能动作跳闸，以致发生越级跳闸，造成事故的扩大。

在发生直流接地时，绝缘监测装置会对母线对地绝缘电阻及各馈线支路绝缘电阻进行测量、判断，超出正常范围时发出报警信号，并正确指示发生故障的馈线支路，相关信号可送至变电所综合自动化系统，确保在下级负载不失电的状态下检测接地支路，提高检修效率。

（3）自动调压装置。硅链电压自动调压装置适用于电力电源系统对直流控制母线电压的自动调节。自动调压装置由自动控制电路、调节断路器、大电流直流继电器、分组降压硅链等组成。当动力母线电压从最大值连续下降时，自动调压装置始终使控制母线上的电压保持在整定值；当动力母线电压从最小值逐渐上升到最大值时，自动调压装置也能使控制母线上的电压保持整定值。自动调压装置还设有手动调节功能，即动力母线电压值不变，每次手动调压一挡使控制母线电压变化一次，直至调整到控制母线电压与动力母线电压相等为止，也可进行逆向电压调节。自动调压装置具有自动调节和手动调节迅速、工作稳定可靠、质量轻、安装方便等优点。配置降压管芯的降压硅链具有 PN 结（P 型半导体）正向特性和一致性好、降压电压稳定、动态电阻小等优点。

4. 通信记录

（1）数据显示。智能高频直流电源系统通过人机界面的数据汇总菜单（见图 1-34）显示当前状态下，设备内部各主要元器件的电压、电流和温度参数，便于变电检修工了解设备目前的运行状况。

（2）信息记录。智能高频直流电源系统的人机界面可以对设备发生的故障和主要元器件变位的状态量进行记录，帮助变电检修工对故障进行分析和追溯，提高排除故障的效率。故障报文记录如图 1-35 所示。

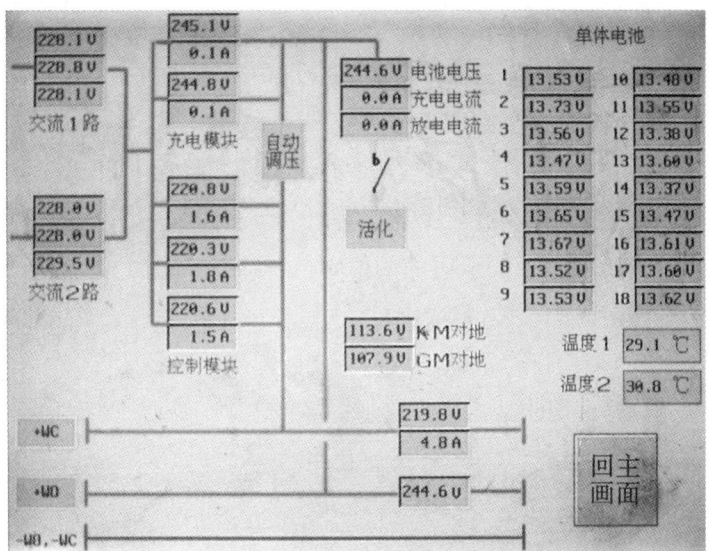

图 1-34 数据汇总菜单

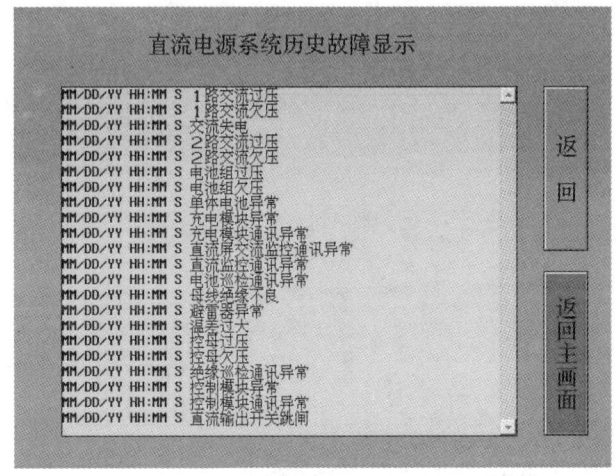

图 1-35 故障报文记录

1.4.2 免维护阀控铅酸蓄电池

1. 免维护阀控铅酸蓄电池的基础知识

（1）蓄电池结构。蓄电池结构如图 1-36 所示。

1）正极板（过氧化铅 PbO_2，又称二氧化铅）。正极板是活性物质，连接正极柱。

2）负极板（海绵状铅 Pb）。负极板是活性物质，连接负极柱。

3）电解液（稀硫酸，$H_2SO_4 + H_2O$）。电解液浸润隔膜。

4）隔膜。隔膜用于隔离正极板和负极板，防止蓄电池内部短路。

5）安全阀。安全阀的工作原理：电解液中的水被电离后产生氢气（H_2）和氧气（O_2），由于气体的体积大于液体的体积，就会在蓄电池内部产生压力；当压力大于安全阀的阈值时，安全阀打开，蓄电池内部的气体得到释放。

6）电池壳。电池壳是指将蓄电池内部的各部分包裹起来的壳体，采用防酸阻燃材料制造。

（2）电化学原理。铅酸蓄电池是一种利用可逆电化学反应原理，可反复充放电的直流电源设备。

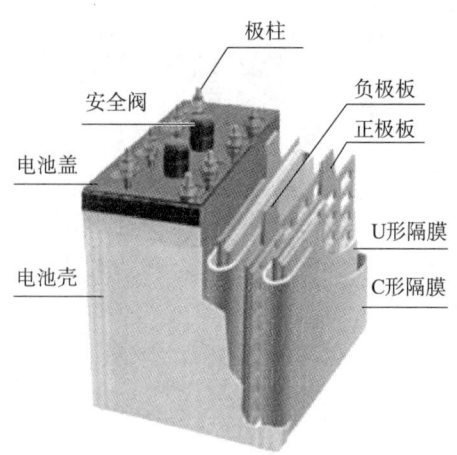

图1-36 蓄电池结构

铅酸蓄电池放电时，电解液中硫酸不断减少、水逐渐增多、硫酸铅增多，电解液密度下降，蓄电池内阻增大、端电压下降；铅酸蓄电池充电时，电解液中硫酸不断增多、水逐渐减少、硫酸铅减少，电解液密度上升，蓄电池内阻减小、端电压上升。因此，可以通过蓄电池的端电压和内阻变化来判断蓄电池的充放电程度。蓄电池电化学原理如图1-37所示。

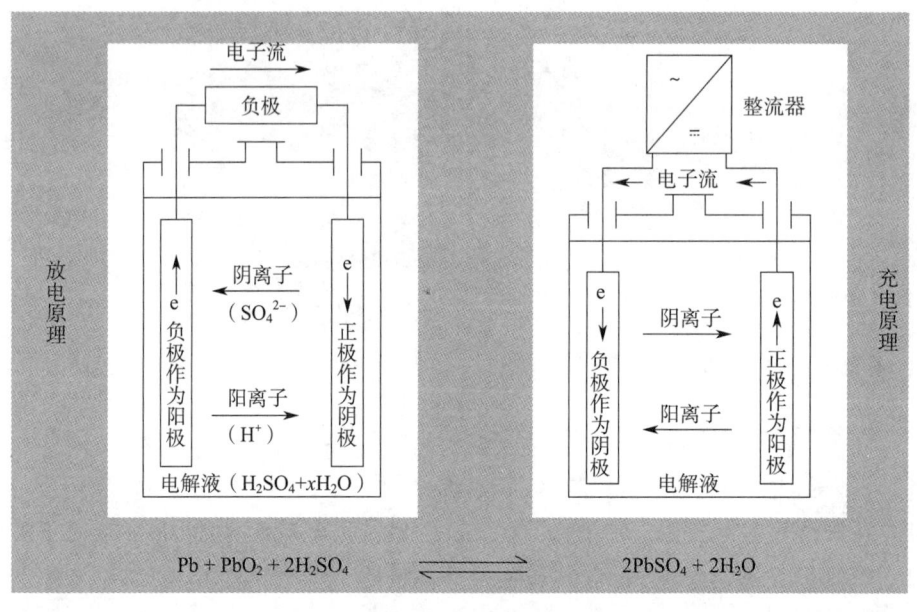

图1-37 蓄电池电化学原理

1）充电原理。充电时，应在蓄电池两端外接直流电源，使正极板、负极板的放电物质恢复成原来的活性物质，并把外界的电能转化为化学能储存起来。

在正极板上，在外界电流的作用下，硫酸铅被解离为二价铅离子（Pb^{2+}）和硫酸根负离子（SO_4^{2-}）；外电源不断地从正极板吸取电子，正极板四周游离的二价铅离子（Pb^{2+}）不断地放出两个电子从而变成四价铅离子（Pb^{4+}），并与水（H_2O）继续反应，最终在正极板上生成二氧化铅（PbO_2）。

在负极板上，在外界电流的作用下，硫酸铅被解离为二价铅离子（Pb^{2+}）和硫酸根离子（SO_4^{2-}）；负极板不断从外电源获得电子，其四周游离的二价铅离子（Pb^{2+}）被中和为铅（Pb），且以绒状铅的形式附在负极板上。

在电解液中，正极不断产生游离的氢离子（H^+）和硫酸根离子（SO_4^{2-}），负极不断产生硫酸根离子（SO_4^{2-}）；在电场的作用下，氢离子（H^+）向负极移动，硫酸根离子（SO_4^{2-}）向正极移动，形成电流。

充电后期，在外电流的作用下，溶液中还会发生水的电解反应。

2）放电原理。铅酸蓄电池放电时，在蓄电池的电位差作用下，负极板上的电子经负载进入正极板形成电流，同时在蓄电池内部发生化学反应。

负极板上每个铅原子放出两个电子后，生成的二价铅离子（Pb^{2+}）与电解液中的硫酸根离子（SO_4^{2-}）反应，在负极板上生成难溶的硫酸铅（$PbSO_4$）。

正极板上的二氧化铅（PbO_2）与硫酸溶液反应生成二价铅离子（Pb^{2+}），二价铅离子与电解液中的硫酸根离子（SO_4^{2-}）反应在正极板上生成难溶的硫酸铅（$PbSO_4$）。正极板水解出的氧离子（O^{2-}）与电解液中的氢离子（H^+）反应，生成稳定物质水（H_2O）。

电解液中存在的硫酸根离子（SO_4^{2-}）和氢离子（H^+）在电力场的作用下分别移向电池的正极和负极，在电池内部形成电流，蓄电池向外持续放电。

（3）运行要求。免维护阀控铅酸蓄电池是一种对温度很敏感的蓄电池，外界温度的变化会直接影响其充放电性能和使用寿命。低温会使该蓄电池容量降低、充电接收能力下降、充放电循环寿命下降；高温会使电解液中的水被大量分解，以致蓄电池失水，增加栅板的腐蚀程度。其具体运行要求如下。

1）蓄电池必须有专门的房间存放，无阳光照射。

2）蓄电池存放房间需要有良好的通风设备，确保每小时通风三次及以上；工作人员进入蓄电池房间工作前，应先通风 3 min。

3）蓄电池存放房间的环境温度控制为20~25℃，环境湿度控制为50%~70%。

4）蓄电池存放房间必须保持环境的整洁，防止短路和安全阀失效对蓄电池造成危害。

（4）充电方式。免维护阀控铅酸蓄电池的充电方式主要有三种：第一种是恒压浮充，第二种是恒压限流均充，第三种是恒压均充。

1）恒压浮充。恒压浮充的作用是补充免维护阀控铅酸蓄电池的自放电损耗，采用这种充电方式的蓄电池长期处于浮充状态。

2）恒压限流均充。恒压限流均充（见图1-38）又称三段式均充，这种充电方式只有在蓄电池组放电之后才会开启，通过不同阶段充电方式的配合可以快速、高效地恢复蓄电池组的容量。

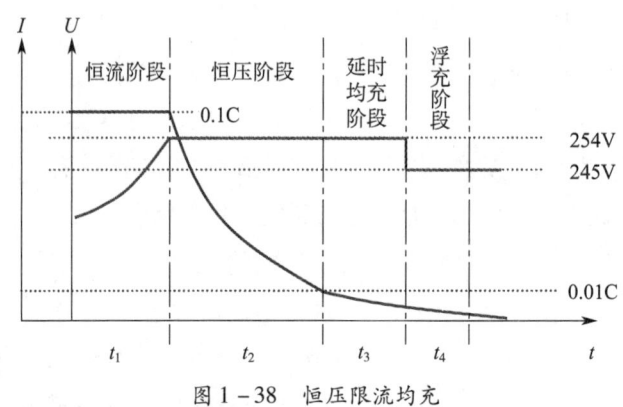

图1-38 恒压限流均充

3）恒压均充。恒压均充的作用是抬高蓄电池组的总电压，对电压落后的单节蓄电池进行充电，最终使蓄电池组中的单节蓄电池电压趋向一致，这种均充只有恒压阶段。

（5）维护方法。免维护阀控铅酸蓄电池虽然称为"免维护"，其实仅仅是免去了补充蒸馏水的工作而已，此外还有大量日常维护工作，具体维护项目如下。

1）检查单体和电池组的浮充电压和浮充电流。

2）检查电池壳或极柱的温度。

3）检查连接处是否松动。

4）检查电池是否漏液或溢酸，电池表面是否清洁。

5）检查电池壳体有无变形。

维护时使用的工具、材料必须干净、整洁，保存妥当不被污染。

（6）核容试验。免维护阀控铅酸蓄电池的核容试验是由"充电—放电—充电"这样一个循环组成的，蓄电池组的核容试验是检验蓄电池组剩余容量的唯一方法。

第一次充电的作用是补充蓄电池长期浮充运行后损失的容量，采用恒压均充的模式对蓄电池组进行充电，一般充电时间为 6 h。

放电是蓄电池组对外部负载释放能量的过程，蓄电池的放电能力决定了其最终性能。这里是采用 0.1C 倍率对蓄电池组进行放电，放电时间为 5 h，考核容量为 50%。以标称电压 12 V 的蓄电池为例，其终止电压为 10.8 V，考核电压为 12 V。

第二次充电是在蓄电池组放电结束后进行的，采用恒压限流的三段式均充方式对蓄电池组进行充电，用于快速补充其放电后的损耗。

（7）标准运行参数。免维护阀控铅酸蓄电池的电压参数主要有标称电压、浮充电压、均充电压、充电终止电压、放电终止电压等。具体参数见表 1-1。

表 1-1　　　　　　　　免维护阀控铅酸蓄电池电压参数　　　　　　　　　　　V

标称电压	浮充电压	均充电压	充电终止电压	放电终止电压
2	2.23 ~ 2.27	2.35	2.55	1.8
6	6.69 ~ 6.81	7.05	7.65	5.4
12	13.38 ~ 13.62	14.1	15.3	10.8

除了电压参数外，蓄电池组在运行期间还要关注其电流参数，如浮充电流、均充电流。以 100 Ah 的蓄电池为例，其浮充电流要小于 0.01 A，均充电流要小于 0.1 A。

（8）内阻。铅酸蓄电池的内阻是指蓄电池在工作时，电流流过蓄电池内部所受到的阻力。

蓄电池的内阻由欧姆极化电阻（导体电阻）、电化学极化电阻及浓差极化电阻三个部分组成。在充放电过程中，蓄电池的内阻是变化的。充电过程内阻由大变小，放电过程内阻由小变大。

温度对蓄电池内阻也颇有影响，低温状态如 0 ℃ 以下，温度每下降 10 ℃，内阻约增大 15%，其中硫酸溶液黏度变大从而增加了电阻率是重要的原因之一。当温度较高时，如 10 ℃ 以上，硫酸根离子的扩散速率提高了，浓差极化作用将明显减小，极化电阻下降，但导体电阻却随温度上升而增加，不过增加的速率较小。

蓄电池的内阻与放电电流的大小有关。瞬间的大电流放电使极板空隙内的硫酸溶液迅速稀释，而极板空隙外溶液中 90% 以上的硫酸根离子来不及扩散到极板空隙中。这样，极板空隙中溶液的电阻率增加，端电压明显下降。但停止放电后，随着浓度高的硫酸根离子向极板空隙中扩散，极板空隙中溶液的电阻率下降，端电压回升。

2. 免维护阀控铅酸蓄电池的异常状态和常见故障

（1）蓄电池组电压不均衡。蓄电池组电压不均衡表现在其充电和放电的过程中，单节蓄电池电压的离散性较大，超出了标准范围。这主要是由于单节蓄电池的内阻不同。蓄电池组电压长期不均衡会导致个别蓄电池过充电和过放电的情况发生，最终使整组蓄电池使用寿命减少。因此，在蓄电池组投用前，需要对蓄电池组进行内阻匹配，将相同内阻值的蓄电池放在同一组中。

（2）过充电和热失控。免维护阀控铅酸蓄电池是一种贫液式蓄电池，其内部的水分是吸附在隔膜中的，在长期过充电状态下，正极产生析氧反应消耗水，电解液中的氢离子浓度增加导致正极附近酸度增加，使栅板腐蚀加速，蓄电池容量降低。同时，水损耗的加剧使蓄电池有逐渐干涸的趋势，降低了蓄电池的散热能力，增加了蓄电池热失控的可能性，从而影响了蓄电池的使用寿命。

热失控是指免维护阀控铅酸蓄电池组在恒压充电时，其电流和温度发生一种积累性的增强作用，并逐步破坏蓄电池的内部结构，最终造成蓄电池温度过高、充电电流持续上升的情况。一旦蓄电池组发生热失控，将对蓄电池造成不可逆的损伤，严重时会造成整组蓄电池报废。

（3）欠充电和过放电。铅酸蓄电池内部的化学反应实质就是极板上的活性物质和稀硫酸电解液发生电化学反应，产生电流。这个电化学反应经常伴随"硫酸盐化"副反应，也就是铅和硫酸生成硫酸铅。硫酸铅是一种绝缘体，它的形成必将对蓄电池的充放电产生极不好的影响。因为在负极板上形成的硫酸盐越多，蓄电池的内阻越大，蓄电池的可充放电性能越差，负极板吸收不了正极产生的气体，久而久之蓄电池失效。而欠充电和过放电正是形成硫酸铅的主要原因，因此在铅酸蓄电池使用、存储的过程中，要避免欠充电和过放电。

（4）免维护阀控铅酸蓄电池开路、短路和老化。免维护阀控铅酸蓄电池开路是指蓄电池组中某一节或某几节蓄电池内部的电气连接中断。由于蓄电池组是串联运行的，只要其中一节蓄电池发生开路，则整组蓄电池都会失去作用，轻则造成二次回路元器件故障，重则造成电动列车停运。因此，蓄电池开路是必须避免的故障状态，通常通过定期的蓄电池放电，如交直流切换试验和核容试验来检验蓄电池组中是否存在开路的单节蓄电池。

免维护阀控铅酸蓄电池短路是指蓄电池中某一节或某几节蓄电池内部存在正负极短路的情况，这时，该节蓄电池的电压骤降，降低了蓄电池组的总电压和后备时间。

免维护阀控铅酸蓄电池的开路和短路通常出现在运行 5 年以上的蓄电池组中，这是蓄电池老化的一个明显信号。因此，一旦发现蓄电池组中出现了开路和短路的蓄电池，就必须立刻更换整组蓄电池，然后将有故障的蓄电池剔除，留下其余的蓄电池作为这批蓄电池的备用。

1.4.3 磷酸铁锂蓄电池

磷酸铁锂是蓄电池正极材料的名称，磷酸铁锂蓄电池本质上仍是锂离子蓄电池，只是用正极材料命名了而已。磷酸铁锂蓄电池材料更稳定、使用寿命更长，且不含钴、锰等重金属，比钴酸锂蓄电池、锰酸锂蓄电池更环保。

1. 磷酸铁锂蓄电池的结构

磷酸铁锂蓄电池结构如图 1-39 所示。

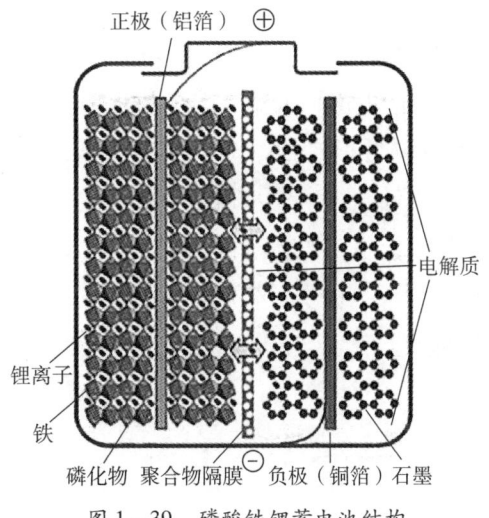

图 1-39 磷酸铁锂蓄电池结构

2. 磷酸铁锂蓄电池的原理

磷酸铁锂蓄电池的工作原理与普通的锂离子蓄电池相同，以石墨为负极，以含锂的化合物为正极，靠锂离子在正极和负极之间移动实现充放电。

3. 磷酸铁锂蓄电池的运行要求

（1）环境温度为 -25~55 ℃，月平均相对湿度不大于 90%。

（2）蓄电池组系统内各单体蓄电池应为同一厂家生产、结构相同、化学成分相同的产品，各单体蓄电池之间的最大静态开路电压偏差应不大于 0.05 V。

（3）蓄电池组系统必须配备蓄电池管理系统（BMS）。蓄电池管理系统应能检测单体蓄电池的热、电相关数据，并能对蓄电池组系统的荷电状态（SOC）进行实时估算，同时应具有安全控制管理功能。

（4）蓄电池组系统每年进行一次均衡维护，以确保蓄电池组电压的一致性。

（5）蓄电池组系统应远离发热和制冷器件，如无法避开时，应采取可靠的隔离措施。

（6）蓄电池组系统应远离易撞击、污染、暴晒、水浸的环境。

4. 磷酸铁锂蓄电池的充电方式

磷酸铁锂蓄电池是一种内阻非常小、自放电损耗极低的蓄电池，又由于属于锂离子蓄电池，长期充电可能导致安全问题。因此，磷酸铁锂蓄电池在充足电之后就应脱离充电回路而处于"热备用"的状态，一旦发生交流失电的情况，将由蓄电池对下级负载进行供电。以上功能是依靠BMS来实现的。

BMS由LECU（本地控制单元）、BMU（电池管理单元）和CAN（控制器局域网络）总线三部分组成，如图1-40所示。LECU安装在蓄电池壳体内，是一种模拟测量电路，实时测量蓄电池组系统的电压、电流、温度等参数，并通过CAN总线将数据汇总到BMU。BMU通过收集到的数据对蓄电池组进行控制，当蓄电池组系统发生过电流、过电压、欠电压、过温、低温、单体蓄电池间压差过大和温差过大、通信丢失等情况时，会及时通过数据总线上报。当达到故障阈值，蓄电池组系统状态仍没有缓解时，BMS将自动断开回路，为系统提供后备时间的估算。在浮充时，当蓄电池组系统出现过充情况时，BMS能够自动断开充电回路，但此时蓄电池组系统仍可进行放电，如图1-41所示。

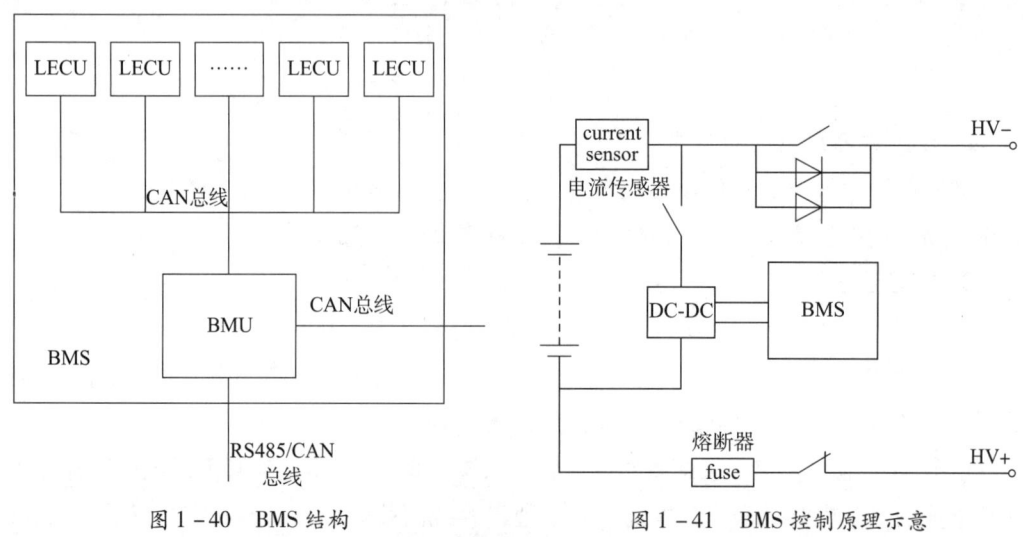

图1-40　BMS结构　　　　　　图1-41　BMS控制原理示意

5. 磷酸铁锂蓄电池的维护方法

磷酸铁锂蓄电池虽然是一种工作状态比较稳定的锂离子蓄电池，但其仍然需要 BMS 配合工作，且对通信要求较高，需要相应的日常维护来确保蓄电池组系统安全稳定的运行。磷酸铁锂蓄电池的日常维护项目如下。

（1）检查单体蓄电池的最高电压和最低电压。

（2）检查蓄电池组的总电压。

（3）检查蓄电池通信电缆是否有松动、脱落、断开等情况。

（4）检查连接处是否松动。

（5）检查电池壳体有无变形。

（6）检查 BMS 工作是否正常。

6. 磷酸铁锂蓄电池的核容试验

磷酸铁锂蓄电池的核容试验与免维护阀控铅酸蓄电池相同，也是由"充电—放电—充电"这样一个循环来进行的。

第一次充电的作用也是补充蓄电池长期浮充运行后损失的容量，采用恒压均充的模式对蓄电池组进行充电，但充电时间由 BMS 通过采集到的数据进行控制。

放电时采用 0.3C 倍率，放电时长为 100 min，考核容量为 50%。以标称电压 3.2 V 的蓄电池为例，其终止电压为 2.5 V，考核电压为 3.1 V。

第二次充电是在蓄电池组放电结束后进行的，采用 0.3C 倍率对蓄电池组进行充电，可以快速补充其放电后的损耗。

7. 磷酸铁锂蓄电池的运行参数

磷酸铁锂蓄电池的运行参数主要有标称电压、充电限制电压、放电终止电压等。磷酸铁锂蓄电池电压参数见表 1-2。

表 1-2　　　　　　　　磷酸铁锂蓄电池电压参数　　　　　　　　V

标称电压	充电限制电压	放电终止电压
3.2	3.65	2.5

8. 磷酸铁锂蓄电池的优缺点

（1）磷酸铁锂蓄电池的优点。磷酸铁锂蓄电池的充放电倍率高，可以在极短的时间内完成一次充放电的循环，以 0.3C 的标准充放电倍率、放电 50% 容量为例，其完成一次充放电循环的时间为 200 min，大幅提高了蓄电池的维护效率。

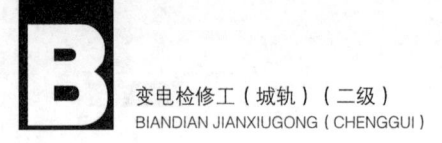

磷酸铁锂蓄电池对环境温度不敏感,可以在 -25~55 ℃环境温度下长期运行。

磷酸铁锂蓄电池体积小、质量轻,更换简便,施工工作量大幅降低。

(2)磷酸铁锂蓄电池的缺点。磷酸铁锂蓄电池组的组成材料复杂,很难保证反应的一致性,于是单节电池之间往往存在差异,最终造成某单节电池失效。

9. 磷酸铁锂蓄电池的运行安全

磷酸铁锂蓄电池是一种结构相对稳定的锂离子蓄电池,即便在高温或过充情况下,也不会像其他锂离子蓄电池一样发生结构崩塌、发热或形成强氧化性物质,因此安全性较好。在针刺或短路试验中,发现有小部分样品出现燃烧现象,但未出现一例爆炸事件;而在过充试验中使用大大超出自身放电电压的高电压进行充电,会有爆炸现象。因此,磷酸铁锂蓄电池在运行中时,要注意其最高单体电压和运行温度是否在可控范围内,以确保其运行的安全性。另外,BMS 是磷酸铁锂蓄电池组的组成部分,没有 BMS 对磷酸铁锂蓄电池进行监控,磷酸铁锂蓄电池就无法单独运行,因此,应防止 BMS 发生故障形成充电失控的情况。

技能要求

直流屏交流两路切换回路设计及排故

操作条件

1. 实训目的

通过专业实训,使学员了解牵引变电站直流屏装置的结构,熟悉交流回路设计,掌握故障排除的方法,能够做出准确判断并处理故障。

2. 实训设备及工具(见表 1-3)

表 1-3　　　　　　　　实训设备及工具

序号	名称	规格	单位	数量
1	直流屏	400 V	台	1
2	常用工器具	—	套	1
3	万用表	—	台	1
4	安全用具	—	件	若干
5	直流屏图样	—	套	1

3. 实训要求

（1）做好设计前的准备工作。

（2）按规定的步骤进行故障查找和处理。

（3）完成各项故障排查及检查项目。

操作步骤

步骤 1　直流屏交流两路切换回路设计

（1）设计一个交直流切换回路，实现交直流切换时负载不失电的功能。

（2）按图样接线并实现其功能；按图样接线时需要注意各元器件的电压等级，接线完成后，通电试验交流两路切换功能是否实现，交流一路是否能够优先工作。交流两路切换装置原理如图 1-42 所示。

步骤 2　故障查找

（1）故障一。交流一路失电，交流二路未投用。现象是当设备正常工作时，交流一路突然失电，交流二路也未投用，HP4 指示灯不亮（HR2 或 HP2 指示灯不亮）。

1）检查交流二路 K2 继电器是否工作，线圈电源是否得电。

2）检查交流二路 KM2 接触器是否工作，线圈电源是否得电。

3）检查交流二路 FU8 熔断器是否开路。

4）检查其他线路是否有开路的情况。

5）检查回路中各触点是否导通。

（2）故障二。交流二路工作时，交流一路恢复供电后未优先工作。现象是当交流二路投用时，交流一路恢复正常供电，但交流一路没有优先工作，HP3 指示灯不亮（HR1 或 HP1 指示灯不亮）。

1）检查交流一路 K1 继电器是否工作，线圈电源是否得电。

2）检查交流一路 KM1 接触器是否工作，线圈电源是否得电。

3）检查交流一路 FU7 熔断器是否开路。

4）检查线路是否有开路的情况。

5）检查回路中各触点是否导通。

步骤 3　故障处理

（1）观察故障现象。

（2）逐渐缩小故障范围。

（3）确定故障点后进行故障处理。

（4）检修完成后进行切换试验。

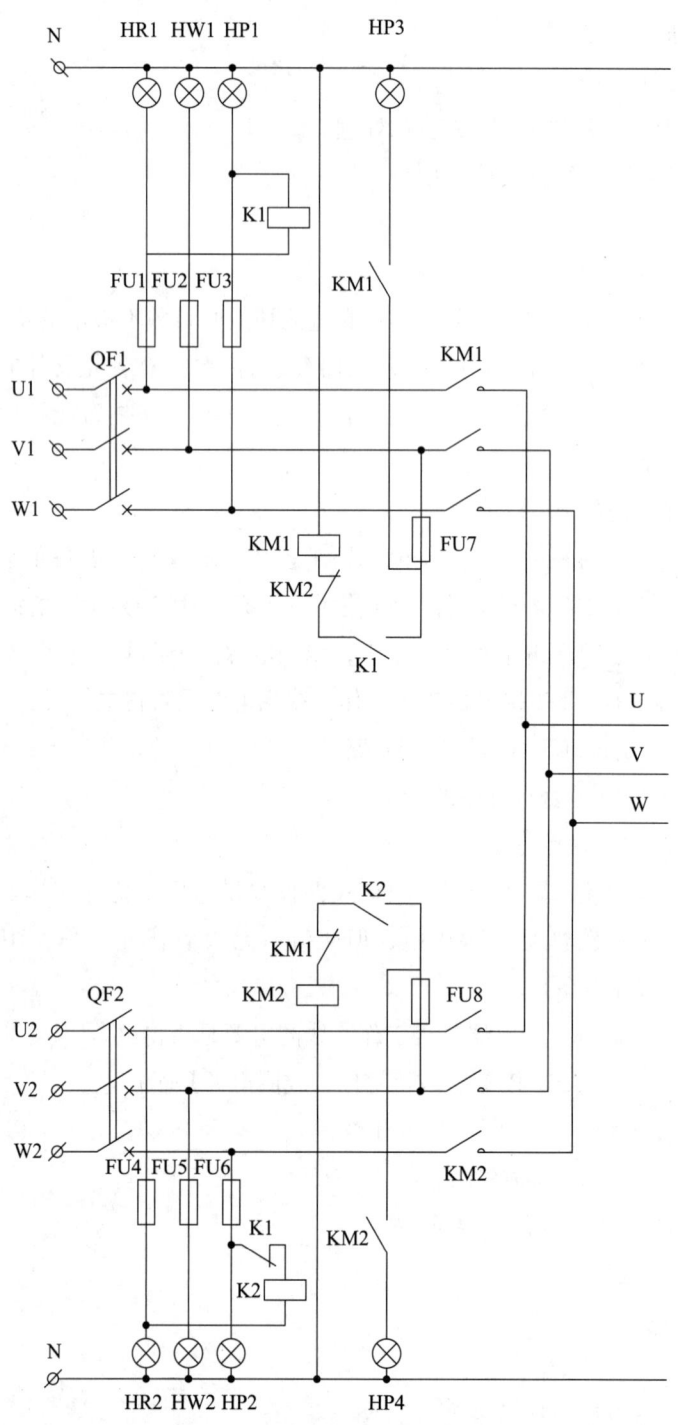

图 1-42 交流两路切换装置原理

（5）重复以上过程直至交流两路切换功能正常。

思考题

1. 简述西门子35 kV断路器接地开关操作孔无法打开的处理方法。
2. 简述GE直流断路器脱扣后，电动和手动操作断路器均无法合闸时的处理方法。
3. 简述远动系统的组成。
4. 简述远动系统I/O接口的功能。
5. 简述单向导通装置的功能。
6. 简述杂散电流监测系统的主要元件。
7. 简述免维护阀控铅酸蓄电池的充电方式。
8. 简述磷酸铁锂蓄电池的优点和缺点。

第 2 章

变电设备分析及试验

- ☑ 2.1 继电保护
- ☑ 2.2 变压器保护
- ☑ 2.3 400 V 供电系统
- ☑ 2.4 牵引供电系统保护
- ☑ 2.5 电气试验

知识要求

2.1 继电保护

学习目标

掌握继电保护的原理
掌握继电保护方式及应用

2.1.1 电网相间短路的电流保护

1. 无时限电流速断保护

"无时限电流速断保护"顾名思义:"无时限"表示没有时间限制,"电流"表示此保护以电流作为采样元素,"速断"表示保护动作后断路器迅速开断电路。

(1) 无时限电流速断保护的电流特性。无时限电流速断保护又称电流Ⅰ段保护,其过程为电流升高而不带时限动作,当电流高于继电器动作值时继电器动作,断路器迅速跳闸。

短路电流大小与系统运行方式、系统电源等效阻抗 Z_s、系统容量、电网结构等因素有关。三相短路电流公式为:

$$I_F^{(3)} = \frac{E_a}{Z_s + Z_1 L}$$

式中 $I_F^{(3)}$ ——三相短路电流,A;

E_a——系统等效电源的相电动势,V;

Z_s——系统等效电源与保护安装处之间的阻抗,Ω;

Z_1——线路单位长度阻抗(架空线路一般为 0.4 Ω/km),Ω/km;

L——短路点至保护安装处的距离,km。

由公式可见,当 Z_s 最大时,三相短路电流 $I_F^{(3)}$ 最小,称为最小运行方式;当 Z_s 最小时,三相短路电流 $I_F^{(3)}$ 最大,称为最大运行方式。

当系统运行方式确定不变时,系统等效电源的相电动势 E_a 和系统等效电源与保护安装处之间的电抗 Z_s 为常数,流过保护的三相短路电流 $I_F^{(3)}$ 是短路点至保护安装处距离 L 的函数。短路点距离电源越远(L 越大),流过保护的三相短路电流 $I_F^{(3)}$ 越小。如图 2-1 所示,最大运行方式曲线表示系统在最大运行方式下发生三相短路时,流过保护的最大三相短路电流 $I_F^{(3)}$ 随 L 的变化曲线;最小运行方式曲线表示系统在最小运行方式下发生两相短路时,流过保护的最小两相短路电流 $I_F^{(2)}$ 随 L 的变化曲线。

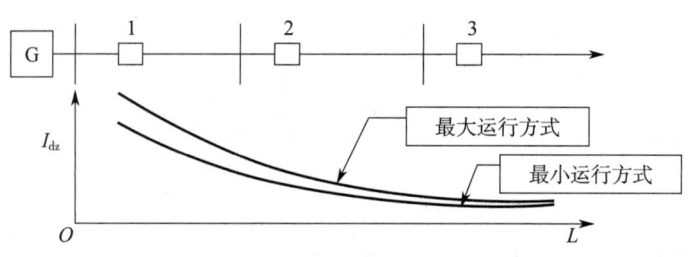

图 2-1 短路电流曲线

(2)无时限电流速断保护的整定原则。如图 2-2 所示,在最小运行方式下发生两相短路,保护区达到线路全长的 15%~20%,即 L_1 段;在最大运行方式下发生三相短路,保护区达到线路全长的 50%~80%,即 L_2 段。

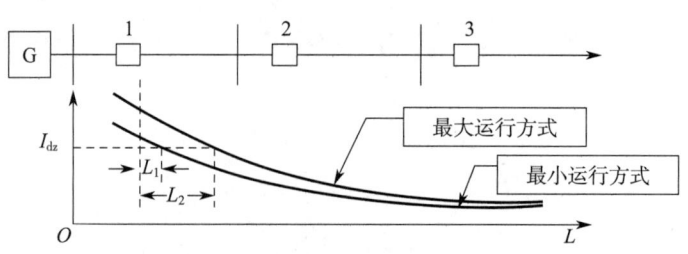

图 2-2 无时限电流速断保护范围

短路类型决定短路电流大小，两相短路电流公式为：

$$I_F^{(2)} = \frac{\sqrt{3}}{2} I_F^{(3)}$$

由于无时限电流速断保护是瞬时动作的，为保证动作具有选择性，保护的动作电流 I^I 应大于被保护线路末端发生相间短路时的最大短路电流 $I_{F.N.max}^{(3)}$。引入一个大于 1 的可靠系数 K_{rel}，则保护装置 1 的动作电流整定为：

$$I^I = K_{rel} \times I_{F.N.max}^{(3)}$$

式中　$I_{F.N.max}^{(3)}$——在最大运行方式下，被保护线路末端发生金属性三相短路时的最大短路电流，A；

K_{rel}——可靠系数，它是考虑短路电流计算误差、继电器动作电流误差、短路电流中非周期分量的影响和必要的裕度而引入的大于 1 的系数，一般取 1.2~1.3。

K_{rel} 取大于 1 的原因是在实际电路中，上一段线路末端（d_1 点）发生短路时的电流数值与下一段线路首端（d_2 点）发生短路时的电流数值相差很小，如图 2-3 所示，导致 d_2 点短路时被保护装置 1 误判为 d_1 点短路而引起误动作。因此，当 K_{rel} 取 1.2~1.3 后，无时限电流速断保护整定值得以提高，d_2 点短路后，短路电流不足以触发保护装置 1 的无时限电流速断保护动作。

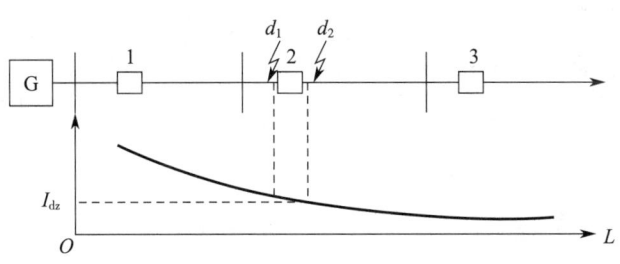

图 2-3　末端短路电流

（3）无时限电流速断保护的时间特性。无时限电流速断保护在缩短保护范围的前提下完成"速断"要求，因此，在线路始端一定范围内发生短路时，无时限电流速断保护可以做到快速切除故障。该保护动作时间理论上为 0 s。

图 2-4 中，t_1'、t_2'、t_3' 为保护装置本身的固有动作时间，因此无时限电流速断保护实际动作时间为 0.1~0.2 s。

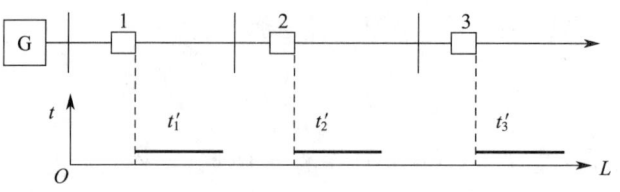

图 2-4　无时限电流速断保护动作的时间特性

（4）无时限电流速断保护的原理。如图 2-5 所示，当电力系统正常运行时，系统运行电流小于电流继电器 KA 的整定值 I，电流继电器 KA 不动作。电流继电器 KA、中间继电器 KM、信号继电器 KS 的触点均保持断开状态。

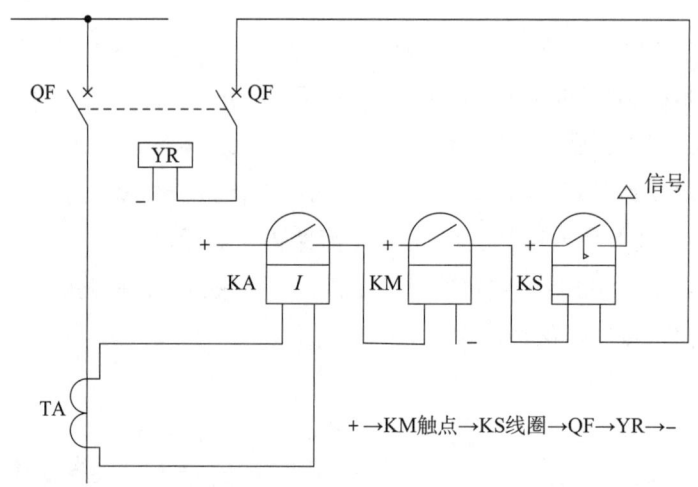

图 2-5　无时限电流速断保护的原理

当电力系统运行过程中发生短路故障时，系统电流上升，变为短路电流 I_d。当短路电流 I_d 大于电流继电器 KA 的整定值 I 时：电流继电器 KA 动作，其常开触点闭合；中间继电器 KM 线圈通电吸合，其常开触点闭合；信号继电器 KS 线圈通电吸合，其常开触点闭合，发出信号。同时，电源通过信号继电器 KS 线圈使断路器 QF 的跳闸线圈 YR 得电，断路器 QF 跳闸，切断故障线路。

采用 KM 的原因：当线路上装有避雷装置时，利用 KM 来增大保护装置本身的固有动作时间，以防止避雷器放电时引起电流速断保护误动作。

综上所述，在最小运行方式下，L_1 段发生两相短路时的短路电流大于动作电流，保护动作；在最大运行方式下，L_2 段发生三相短路时的短路电流大于动作电流，保护动作。由此可见，电流速断保护不能保护线路全长，不适宜单独作为线路的主保护，主要是与其他保护配合使用。

2. 定时限电流速断保护

无时限电流速断保护虽然能实现快速保护动作,但却不能保护线路全长。因此,必须装设第二套保护,以针对无时限电流速断保护区域以外的故障进行反应。第二套保护除了应能保护线路全长,还应尽可能地在短时间内切除故障线路,第二套保护即定时限电流速断保护。

"定时限电流速断保护"顾名思义:"定时限"表示在时间上有限制,"电流"表示此保护以电流作为采样元素,"速断"表示保护动作后断路器迅速开断电路。

(1) 定时限电流速断保护的电流特性。定时限电流速断保护需要保护线路全长,保护区域必然会延伸至下级线路的一部分。其原因是本线路末端短路时,流过保护装置的短路电流与下级线路始端短路时的短路电流完全一样,外加运行方式对短路电流的影响,会造成在较小运行方式下保护范围达到线路末端时,在较大运行方式下保护范围早已延伸至下级线路的一部分。为了尽量缩短保护的动作时限,通常要求定时限电流速断保护延伸至下级线路的保护范围不超出下级线路瞬时速断的保护区,如图 2-6 所示。

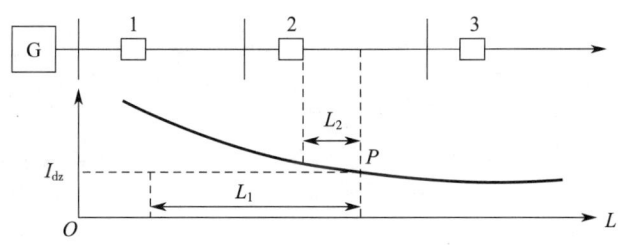

图 2-6 定时限电流速断保护范围

L_1 为断路器 1 定时限电流速断保护区域,L_2 为断路器 2 无时限电流速断保护区域。L_1 的保护范围除了本线路以外,可以延伸至下级线路的无时限电流速断保护区域内,但不能超越。定时限电流速断保护电流的整定公式如下:

$$I_1^{II} = K_{rel} \times I_2^{I}$$

式中　I_2^{I}——下级线路的无时限电流速断保护电流整定值,A;

K_{rel}——定时限电流速断保护的可靠系数,考虑短路电流中的非周期分量已衰减,故一般取 1.1~1.2。

(2) 定时限电流速断保护的时间特性。如图 2-6 所示,通过动作电流 I_{dz} 作与横轴平行的直线,与短路曲线相交于 P 点,其保护范围延伸到下级线路。当短路发生在

下级线路 L_1 和 L_2 区域时，本级线路定时限电流速断保护和下级线路无时限电流速断保护同时启动。如图2-7所示，为保证动作具有选择性，本级线路定时限电流速断保护的动作时限 t_1^{II} 应比下级线路无时限电流速断保护的固有动作时限 t_2^{I} 大一个时限级差 Δt。本级线路的定时限电流速断保护需要与下级线路的无时限电流速断保护相配合。

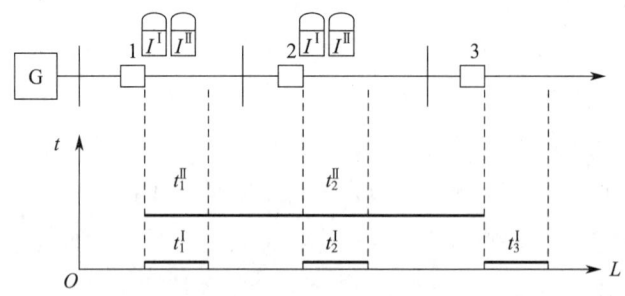

图2-7 定时限电流速断保护动作的时间特性

$$t_1^{II} = t_2^{I} + \Delta t$$

其中，Δt 应大于 Ⅰ 段保护动作时间、开关跳闸时间、Ⅱ 段保护返回时间之和，同时考虑时间继电器误差以及留有一定裕度，Δt 一般取 0.5 s。

(3) 灵敏度校验。为了使定时限电流速断保护能够保护线路的全长，应以本线路的末端作为灵敏度的校验点，以最小运行方式下的两相短路作为计算条件，来校验保护的灵敏度。灵敏度系数为 K_{sen}^{II}：

$$K_{sen}^{II} = \frac{I_{F.min}^{(2)}}{I_1^{II}}$$

式中 $I_{F.min}^{(2)}$——在最小运行方式下，被保护线路末端发生金属性两相短路时的短路电流，A；

I_1^{II}——本级线路定时限电流速断保护电流，A。

若 $K_{sen}^{II} > 1.3$（或 $K_{sen}^{II} > 1.5$），灵敏度合格，说明 Ⅱ 段保护有能力保护本线路全长。当灵敏度不能满足要求时，本线路定时限电流速断保护可与相邻线路定时限电流速断保护配合整定，即 $t_1^{II} = t_2^{I} + \Delta t$，$I_1^{II} = K_{rel} I_2^{II}$；或使用其他保护。

(4) 定时限电流速断保护的原理。定时限电流速断保护的原理如图2-8所示。定时限电流速断保护线路主要由电流继电器 KA、时间继电器 KT、信号继电器 KS 等组成。

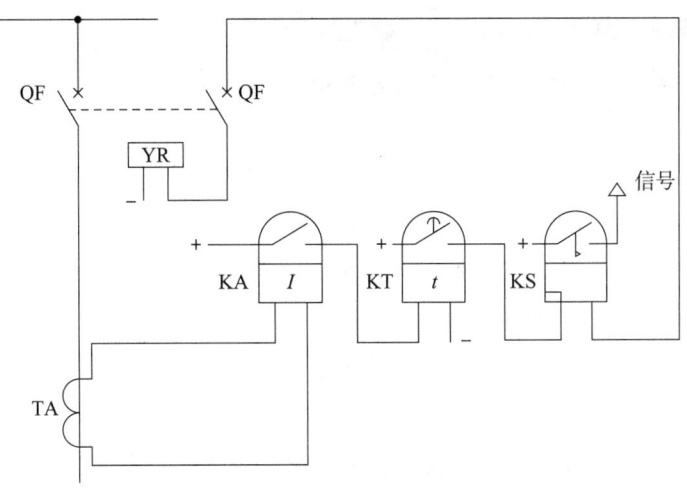

图 2-8 定时限电流速断保护的原理

当电力系统电流小于电流继电器 KA 的整定值 I 时，电流继电器 KA 不动作，电流继电器 KA、时间继电器 KT、信号继电器 KS 的常开触点均保持断开。当电力系统发生短路故障时，系统短路电流大于电流继电器 KA 的整定值 I，电流继电器 KA 动作，其常开触点闭合，时间继电器 KT 线圈通电，延时 Δt（0.5 s）吸合；短路电流 I 在 Δt 时间内持续存在，Δt 后，时间继电器 KT 常开触点闭合，使信号继电器 KS 线圈通电吸合，信号继电器 KS 常开触点闭合，发出信号；同时，电源通过信号继电器 KS 线圈使断路器 QF 的跳闸线圈 YR 得电，断路器 QF 跳闸，切断故障线路。

综上所述，定时限电流速断保护作为本线路无时限电流速断后备保护，其保护范围不仅包含本段线路全长，而且延伸至下一段线路，但不能超出下一段线路无时限电流速断保护范围。当下一段线路首段出现短路故障时，为了将本段线路的定时限电流速断保护与下一段线路的无时限电流速断保护区分动作先后顺序，在时间上定时限电流速断保护要比下一段线路的无时限电流速断保护动作时限慢 Δt。

3. 定时限过电流保护

前面所讲的无时限电流速断保护和定时限电流速断保护的动作电流都是按某点的短路电流整定的。虽然无时限电流速断保护可无时限地切除故障线路，但它只能保护线路全长的一部分；而定时限电流速断保护虽然可以在较短时间内切除线路全长上任意一点的故障，但它不能作为下级线路故障的后备保护。无时限电流速断保护和定时限电流速断保护配合使用，不仅保证保护装置保护线路的全长，而且能尽量满足快速动作的要求。但是，这种定时限速断保护只能弥补主保护的不足，却不能满足后备保护的要求，因此它的保护范围达不到下级线路的末端。

为了对本线路和下级线路起后备保护的作用，还需装设一组定时限过电流保护，这样就形成了由无时限电流速断保护、定时限电流速断保护和定时限过电流保护相互配合的保护装置，这就是通常所说的三段式电流保护。在三段式电流保护中，无时限电流速断和定时限电流速断分别保护第Ⅰ段和第Ⅱ段，它们构成了本线路的主保护；定时限过电流保护作为保护的第Ⅲ段，既是下级线路保护或断路器拒动时的远后备，又是本线路主保护拒动时的近后备。

"定时限过电流保护"顾名思义："定时限"表示时间上有规定、有延时，"电流"表示此保护以电流作为采样元素。

（1）定时限过电流保护的电流特性。无时限电流速断保护和定时限电流速断保护的动作电流是参照某点的短路电流进行整定计算的，定时限过电流保护为保证被保护线路通过最大负荷时不误动作，以及当外部短路故障切除后出现最大自启动电流时能可靠返回，定时限过电流保护应按以下两个条件选择。

一是为保证定时限过电流保护在正常运行时不动作，其动作电流 $I_{\text{set}}^{\text{Ⅲ}}$ 应避开最大负荷电流 $I_{\text{load. max}}$ 进行整定，其保护范围要伸出相邻线路末端，即：

$$I_{\text{set}}^{\text{Ⅲ}} = K_{\text{rel}}^{\text{Ⅲ}} I_{\text{load. max}}$$

二是为保证定时限过电流保护在外部故障切除后，保护能够可靠返回，其返回电流 $I_{\text{res}}^{\text{Ⅲ}}$ 应大于外部短路故障切除后流过保护的最大自启动电流 $K_{\text{Ms}} I_{\text{load. max}}$，即：

$$I_{\text{res}}^{\text{Ⅲ}} = K_{\text{rel}}^{\text{Ⅲ}} K_{\text{Ms}} I_{\text{load. max}}$$

$$I_{\text{set}}^{\text{Ⅲ}} = \frac{I_{\text{res}}^{\text{Ⅲ}}}{K_{\text{re}}}$$

式中　$K_{\text{rel}}^{\text{Ⅲ}}$——可靠系数，它是考虑继电器动作电流误差和负荷电流计算不准确等因素而引入的大于 1 的系数，一般取 1.15 ~ 1.25；

K_{re}——返回系数，一般取 0.85 ~ 0.95；

K_{Ms}——自启动系数，它取决于网络接线和负荷性质，一般取 1.5 ~ 3.0。

以上两式必须同时满足，且Ⅲ段保护动作电流是取两式计算结果中较大的值，因此Ⅲ段保护的动作电流为：

$$I_{\text{set}}^{\text{Ⅲ}} = \frac{K_{\text{rel}}^{\text{Ⅲ}} K_{\text{Ms}}}{K_{\text{re}}} I_{\text{load. max}}$$

分支电路短路示意如图 2 - 9 所示。当故障发生在 QF3 供电线路 K 点时，QF1 和 QF3 同时启动；当 QF3 保护动作切除故障后、变电所 B 母线电压恢复时，接于 B 母线上的处于制动状态的电动机要自启动。此时，流过 QF1 保护的电流不是最大负荷电流，而是自启动电流，自启动电流大于负荷电流，用 $K_{Ms}I_{load.max}$ 表示，因此，定时限过电流保护应躲过自启动电流。

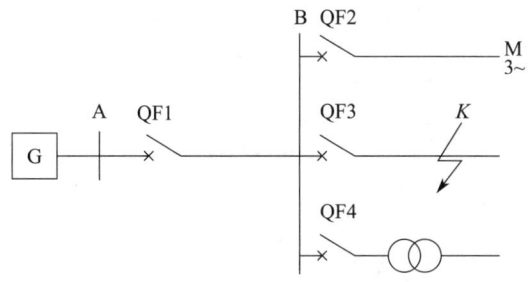

图 2-9　分支电路短路示意

（2）灵敏度校验。定时限过电流保护既用作本线路的近后备保护，又用作相邻线路的远后备保护，故应按这两种情况校验灵敏度，即以最小运行方式下本线路末端两相金属性短路时的短路电流校验近后备灵敏度，以最小运行方式下相邻线路末端两相金属性短路时的短路电流校验远后备灵敏度。近后备灵敏度系数要求大于 1.5，远后备灵敏度系数要求大于 1.25。

（3）定时限过电流保护的时间特性。如图 2-10 所示，当在 D_1 点发生相间短路时，短路电流 I_1 流过断路器 QF1、QF2、QF3，为了保证动作具有选择性，要求断路器 QF3 保护动作时限 t_3 小于断路器 QF1、QF2 的保护动作时限 t_1、t_2；当在 D_2 点发生相间短路时，短路电流流过断路器 QF1 和 QF2，为了保证动作具有选择性，要求断路器 QF2 保护动作时限 t_2 小于断路器 QF1 保护动作时限 t_1。因此，保护动作时限应满足 $t_1 > t_2 > t_3$，即：

$$t_2 = t_3 + \Delta t$$

$$t_1 = t_2 + \Delta t$$

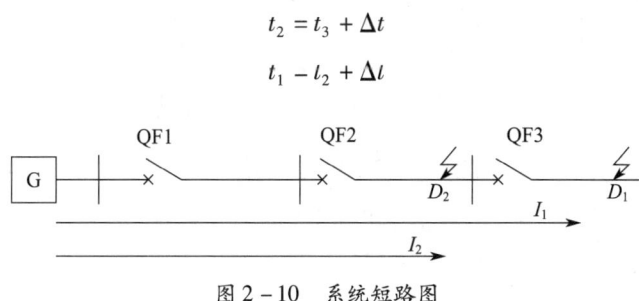

图 2-10　系统短路图

电流保护Ⅰ段动作选择性由动作电流决定，电流保护Ⅱ段动作选择性由动作电流和动作时限共同决定，电流保护Ⅲ段动作选择性由动作时限（阶梯时限特性）决定。

定时限过电流保护动作的时间特性图如图2-11所示，可以看到指定的跳闸顺序。离电源侧越近，动作时限越长；离负荷侧越近，动作时限越短。动作时限类似"台阶"，每个"台阶"为Δt，Δt一般取0.5 s。

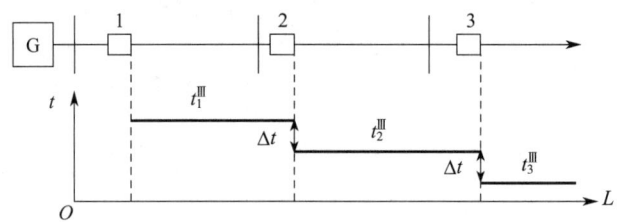

图2-11 定时限过电流保护动作的时间特性

从图2-11可推出，$t_2^{\mathrm{III}} = t_3^{\mathrm{III}} + \Delta t$ 及 $t_1^{\mathrm{III}} = t_2^{\mathrm{III}} + \Delta t = t_3^{\mathrm{III}} + 2\Delta t$。

（4）定时限过电流保护的原理。定时限过电流保护的原理如图2-12所示。定时限过电流保护线路主要由电流继电器KA、时间断电器KT、信号断电器KS组成。

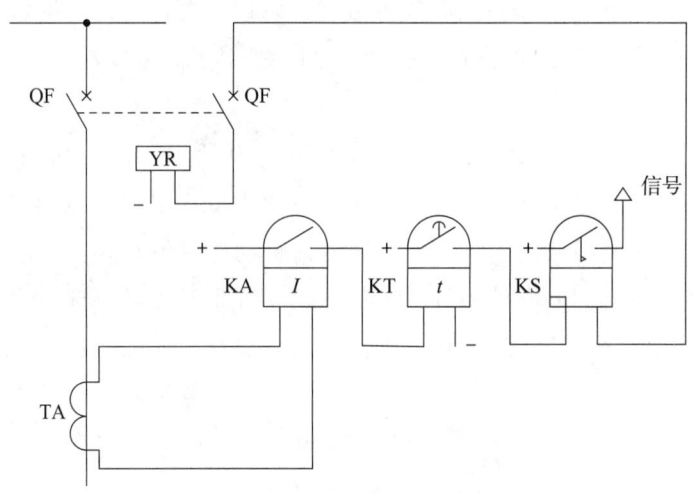

图2-12 定时限过电流保护的原理

当电力系统电流I小于电流继电器KA的整定值I时，电流继电器KA不动作，电流继电器KA、时间继电器KT、信号继电器KS的常开触点均保持断开。当电力系统发生短路故障时，系统短路电流I大于电流继电器KA的整定值I，电流继电器KA动作，其常开触点闭合，时间继电器KT线圈通电，延时Δt吸合；短路电流I在Δt时间内持续存在，Δt后，时间继电器KT常开触点闭合，使信号继电器KS线圈通电吸合，信号继电器KS常开触点闭合，发出信号；同时，电源通过信号继电器KS线圈使断路器QF

的跳闸线圈 YR 得电,断路器 QF 跳闸,切断故障线路。

综上所述,定时限过电流保护作为本线路无时限电流速断保护和定时限电流速断保护的近后备或远后备保护,其保护范围不仅包含本段线路全长,而且延伸至整条供电线路全长。在时间上,由于阶梯时限特性存在,越靠近电源端定时限过电流保护动作时限越长,越靠近负载端定时限过电流保护动作时限越短。

4. 三段式电流保护

三段式电流保护的主要优点是简单可靠,且在一般情况下也能满足快速切断故障的要求。因此,在 35 kV 及以下电网中得到广泛应用。其主要缺点是保护的灵敏度受到系统运行方式的影响。

三段式电流保护原理如图 2-13 所示,保护采用的是两相不完全星形接线。第 I 段是无时限电流速断保护,它由电流互感器 TA1 和 TA3、电流继电器 KA1 和 KA2、中间继电器 KM 及信号继电器 KS1 组成。第 II 段是定时限电流速断保护,它由电流互感器 TA1 和 TA3、电流继电器 KA3 和 KA4、时间继电器 KT1 及信号继电器 KS2 组成。第 III 段是定时限电流保护,它由电流互感器 TA1 和 TA3,电流继电器 KA5、KA6 和 KA7,时间继电器 KT2,信号继电器 KS3 组成。为了提高 Y/d 接线变压器发生两相短路时第 III 段过电流保护的灵敏度,定时限过电流保护采用两相三继电器式不完全星形接线。

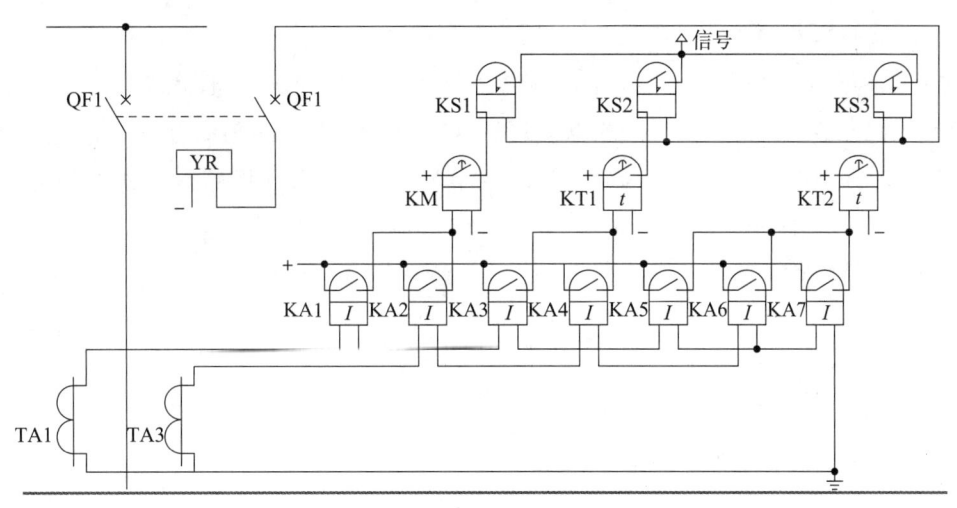

图 2-13 三段式电流保护原理

当 U、V 两相发生短路时,一次侧产生短路电流 I_{UV},U 相电流互感器产生二次短路电流 I_u。U 相二次短路电流 I_u 从 U 相电流互感器 TA1 一端流出,流经电流继电器 KA1 线圈、电流继电器 KA3 线圈和电流继电器 KA5 线圈,与 U 相电流互感器 TA1 另一端构成回路。根据短路故障点不同,三段式保护触发动作不同。

(1) 无时限电流速断保护动作（Ⅰ段保护动作）。当短路故障点落于无时限电流速断保护区域内,如图 2-14 所示,此时两相短路电流 I_{UV} 大于电流继电器 KA1 的整定值,电流继电器 KA1 常开触点闭合,正电源的控制电流流至中间继电器 KM 线圈,使中间继电器 KM 常开触点闭合。正电源的控制电流通过中间继电器 KM 触点后流经信号继电器 KS1 线圈,流至断路器 QF1 的跳闸线圈 YR,断路器 QF1 跳闸。同时,信号继电器 KS1 线圈得电,信号继电器 KS1 常开触点闭合,触发报警回路。

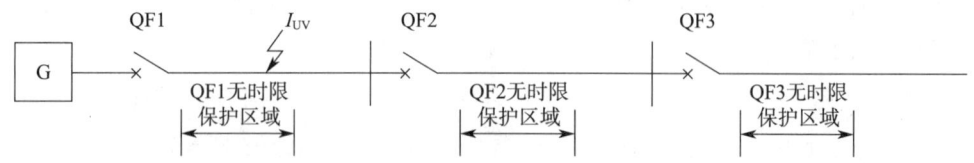

图 2-14　无时限电流速断保护区域

(2) 定时限电流速断保护动作（Ⅱ段保护动作）。当短路故障点超出无时限电流速断保护区域、落于定时限电流速度保护区域内,此时短路电流 I_{UV} 小于电流继电器 KA1 的整定值,电流继电器 KA1 不动作,其常开触点保持断开状态,无时限电流速断保护不被触发。

当短路故障点落于定时限电流速度保护区域内,如图 2-15 所示,此时短路电流 I_{UV} 大于电流继电器 KA3 整定值,电流继电器 KA3 常开触点闭合,使正电源的控制电流流至时间继电器 KT1 线圈,时间继电器 KT1 常开触点延时 0.5 s 后闭合。正电源的控制电流通过时间继电器 KT1 触点流经信号继电器 KS2 线圈,流至断路器 QF1 的跳闸线圈 YR,断路器 QF1 跳闸。同时,信号继电器 KS2 线圈受电,信号继电器 KS2 常开触点闭合,触发报警回路。

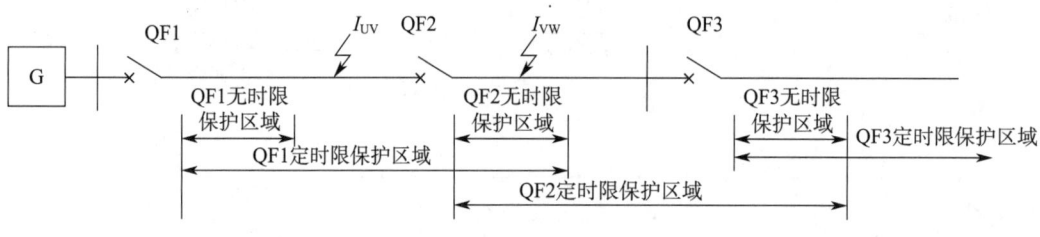

图 2-15　定时限电流速断保护区域

由于定时限电流速断保护区域范围除本段线路全长以外,还延伸至下一段线路首段区域。因此,当短路故障点落于下一段线路首段区域内时,故障电流是 I_{VW},此时下一段线路断路器 QF2 的无时限电流速断保护先行动作跳闸。当下一段线路断路器 QF2 的无时限电流速断保护无效，经过 0.5 s 延时后，方由本段断路器 QF1 定时限电流速断保护动作跳闸。此时，故障虽然被切除，但扩大了线路的停电范围。

（3）定时限过电流保护动作（Ⅲ段保护动作）。当短路故障点落于整条供电线路末端，如图 2-16 所示，短路故障点超出无时限电流速断保护和定时限电流速度保护区域，此时短路电流 I_{UV} 小于电流继电器 KA1 和 KA3 的整定值，电流继电器 KA1 和 KA3 都不动作，其常开触点保持断开状态，断路器 QF1 的无时限电流速断保护与定时限电流速断保护不被触发。

同理，断路器 QF2 的无时限电流速断保护与定时限电流速断保护同样不被触发。

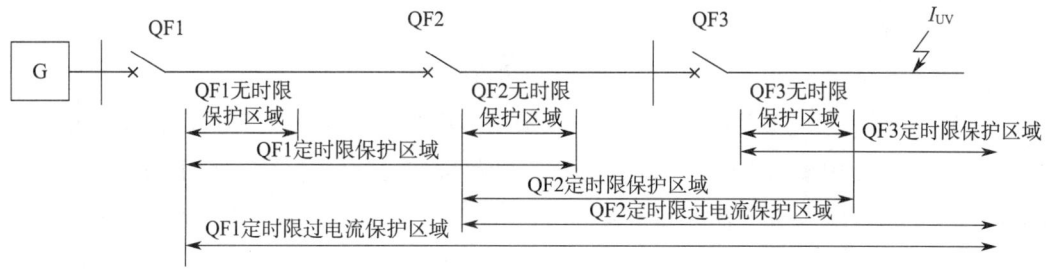

图 2-16　定时限过电流保护区域

定时限过电流保护区域为线路全长，任意故障点产生的短路电流 I_{UV} 都大于电流继电器 KA5 的整定值，电流继电器 KA5 常开触点闭合，正电源的控制电流流至时间继电器 KT2 线圈，使时间继电器 KT2 常开触点经过多个 0.5 s 阶梯时限特性延时闭合。正电源的控制电流通过时间继电器 KT2 触点后流经信号继电器 KS3 线圈，流至断路器 QF1 的跳闸线圈 YR，断路器 QF1 跳闸。同时，信号继电器 KS3 线圈得电，信号继电器 KS3 常开触点闭合，触发报警回路。

同理，断路器 QF2 定时限过电流保护动作后，断路器跳闸，同时触发报警回路。断路器 QF2 定时限过电流保护动作时限因设置得比 QF1 定时限电流保护动作小，所以断路器 QF2 先于断路器 QF1 跳闸。当断路器 QF2 跳闸失灵后，方由 QF1 定时限电流保护动作跳闸。

定时限过电流保护由于保护区域覆盖整条供电线路，因此在电流整定值上不能取较大值。在动作先后顺序中，越靠近电源侧的断路器 QF1 定时限过电流保护时间越长，越靠近负荷端的断路器 QF3 定时限过电流保护动作时间越短。

越级后的定时限过电流保护虽然能够切除故障线路，但扩大了线路的停电范围。

因此，定时限过电流保护只能作为后备保护使用。

5. 电流保护接线方式

所谓电流保护接线方式是指电流采样中电流继电器或电流表（计）与电流互感器二次绕组之间的连接方式。前面所画各电流保护原理图只是示意图，不能直接使用。实际上，在具体实施的电流保护接线中，常用的是三相完全星形接线和两相不完全星形接线。

电流保护接线方式一般分为以下四种。

（1）三相完全星形接线。在三相完全星形接线方式中，三个电流互感器线圈正好反映各相的电流。三相完全星形接线一般广泛用在负荷不平衡的三相四线制系统中，也用在负荷可能不平衡的三相三线制系统中。三相完全星形接线能够正确反映 U、V、W 三相电流 I_U、I_V、I_W，如图 2-17 所示。U、V、W 三相电流 I_U、I_V、I_W 同时流向零线，构成零序电流 I_n。

$$I_n = I_U + I_V + I_W$$

（2）两相不完全星形接线。两相不完全星形接线应用在中性点不接地的三相三线制系统中，广泛用于测量三相电流、电能，以及做过电流继电保护之用。两相不完全星形接线不能反映 V 相电流，如图 2-18 所示。

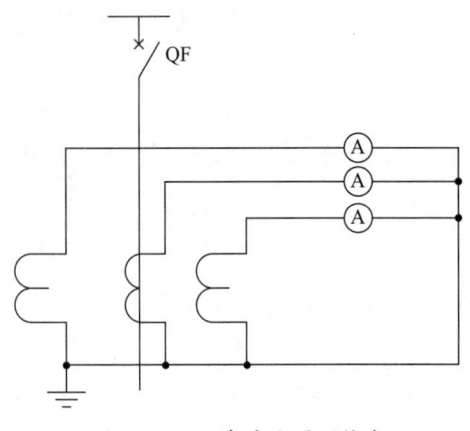

图 2-17 三相完全星形接线

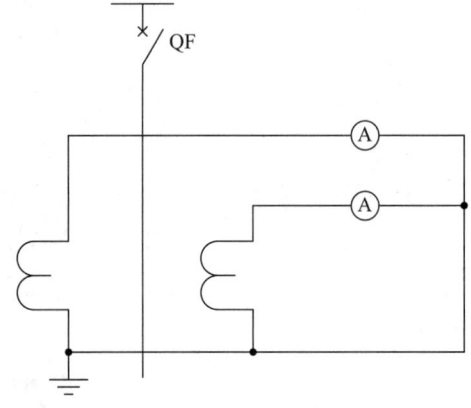

图 2-18 两相不完全星形接线

完全星形接线和不完全星形接线都能反映各种相间短路故障，所不同的是，完全星形接线还可以反映各种单相接地短路，不完全星形接线不能反映无电流互感器那一相（V 相）的单相接地短路。

采用这两种接线方式时，不论是正常运行还是发生各种短路故障，流入电流继电器的电流 I_j 与流入电流互感器二次侧的电流 I_2 相等，其比值称为接线系数 $\left(K_j = \dfrac{I_j}{I_2} = 1\right)$。当前面所讲的电流保护装置动作电流为 I_{DZ}（一次侧电流）时，通过电流继电器的动作电流为：

$$I_{dz} = \frac{K_j}{n_{LH}} I_{DZ} = \frac{I_{DZ}}{n_{LH}}$$

在小电流接地系统中，单相接地时，流过接地点的仅为零序电容电流，相间电压仍然是对称的，对负荷没有影响。为了提高供电可靠性，允许小电流接地系统一点接地继续运行一段时间。故在小电流接地系统中，在不同地点发生两点接地短路时，要求保护动作只切除一个接地故障点，以提高供电可靠性。

如图 2-19 所示，在小电流接地系统中，在图中的并行线路的不同地点、不同相分别发生两点（如 D_V、D_W 两点）接地短路时，设两并行线路 L_2、L_3 上的保护具有相同的动作时限。若采用完全星形接线，则保护百分之百地同时切除两条线路；若采用不完全星形接线，则保护有 2/3 机会（9 种情况下 6 种方式）只切除一条线路。由此可看出不完全星形接线的优点。

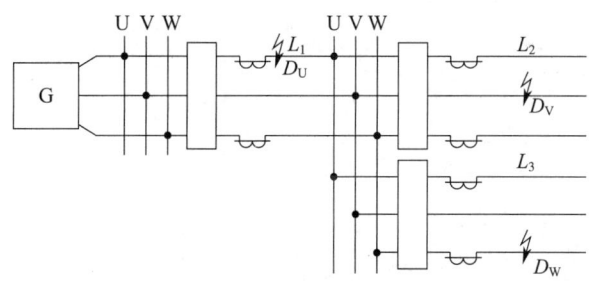

图 2-19 小电流接地系统

图 2-19 中，当串联线路（如 L_1 和 L_2）上发生两点接地短路故障时，若采用完全星形接线，则保护百分之百地只切除远离电源的故障点；若采用不完全星形接线，则保护有 1/3 机会（9 种情况下 3 种方式）误切除近电源的故障点，即扩大了停电范围。由此可看出不完全星形接线的缺点。

综上所述，对于小电流接地系统，当采用以上两种接线方式时各有优缺点，但为了节约成本，一般采用不完全星形接线。而在大电流接地系统中，为了反映所有单相接地短路故障，通常采用完全星形接线。

（3）两相三继电器接线。用两个互感器接成不完全星形接线，只测 U、W 两相电流 I_U 与 I_W，V 相电流 I_V 取 I_U 与 I_W 的相量和，如图 2-20 所示。这种接法实际上只测 U、W 两相电流，在三相平衡负载中，V 相电流是准确的。若三相负载不平衡，则测量不准确。

两相三继电器接线一般用于电流保护Ⅲ段，且相邻设备为 Y/d_{11} 接线变压器。当

Y/d_{11}接线变压器低压侧（三角形连接）两相短路时（如U、V相间短路），变压器高压侧（星形连接）电流分布情况是V相电流I_V是U相、W相电流I_U、I_W的两倍，即$I_V = 2I_U = 2I_W$。作为反映相邻设备故障的远后备保护（定时限过电流保护），其接入的电流为高压侧电流。如果只接入U相、W相电流，其灵敏度就只能用U相、W相电流校验；而接入V相电流后，可用V相电流校验灵敏度，灵敏度系数就可提升1倍。因此，当相邻设备为Y/d_{11}接线变压器时，电流保护Ⅲ段一般采用两相三继电器接线方式来提高远后备的灵敏度。

（4）两相电流差接线。此接线方式又称两相一继电器接线。该接线方式适于在中性点不接地的三相三线制系统中做过电流继电保护之用。该接线方式中，电流互感器二次侧公共线上的电流值为相电流的$\sqrt{3}$倍，如图2-21所示。

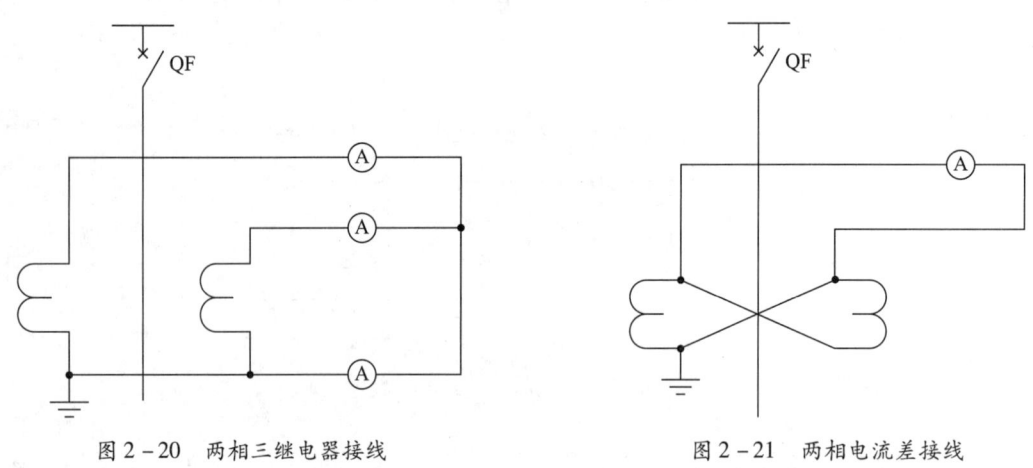

图2-20 两相三继电器接线　　　　　图2-21 两相电流差接线

下面以常用的Y/d_{11}接线变压器为例进行分析，如图2-22所示。

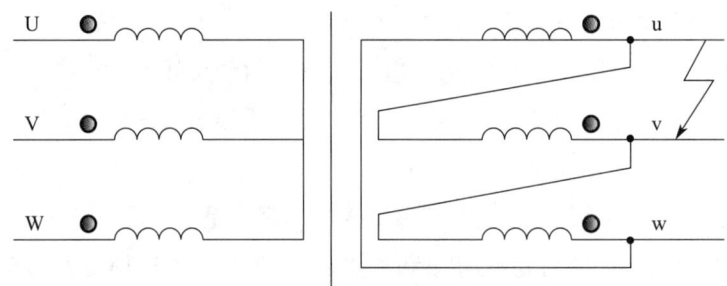

图2-22 Y/d_{11}接线变压器

假设变压器电压比 $n_V = 1$。当在三角形侧发生 U 相、V 相短路,三角形侧电流相量如图 2-23 所示。i_u 电流产生正序电流 i_{u1} 和负序电流 i_{u2},与 i_{u1} 分别相差 120° 和 240° 的 i_{v1} 与 i_{w1} 也产生;同理,与 i_{u2} 分别相差 120° 和 240° 的 i_{v2} 与 i_{w2} 也产生。

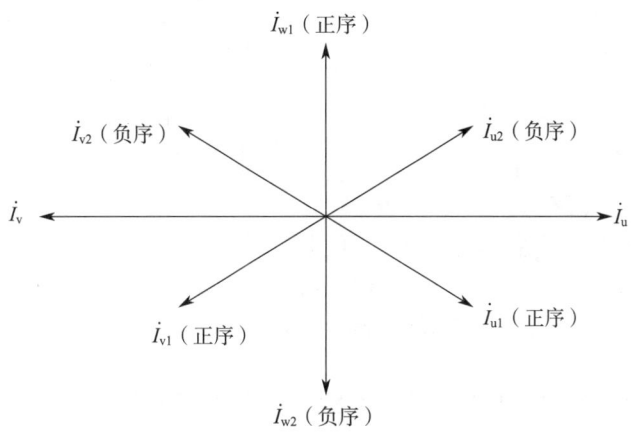

图 2-23 三角形侧电流相量

从低压侧相量图中可以看出,合成后的 I_u 和 I_v 大小相等、方向相反。因为 Y/d_{11} 接线变压器高低压侧相差 30°,故三角形侧正序电流 i_{u1}、i_{v1}、i_{w1}(见图 2-24a)需要顺时针方向旋转 30°,方可转换为星形侧正序电流 i_{U1}、i_{V1}、i_{W1}(见图 2-24b)。

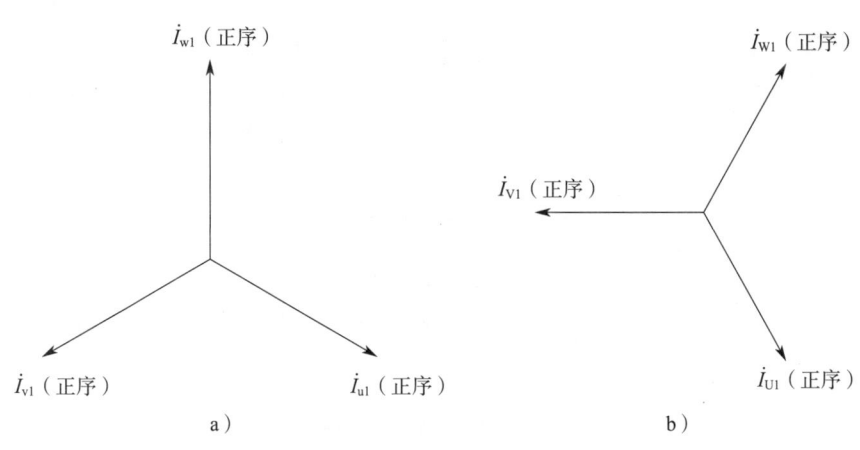

图 2-24 正序电流相量
a) 三角形侧正序电流 b) 星形侧正序电流

同理,三角形侧负序电流 i_{u2}、i_{v2}、i_{w2}(见图 2-25a)需要逆时针方向旋转 30°,方可转换为星形侧负序电流 i_{U2}、i_{V2}、i_{W2}(见图 2-25b)。

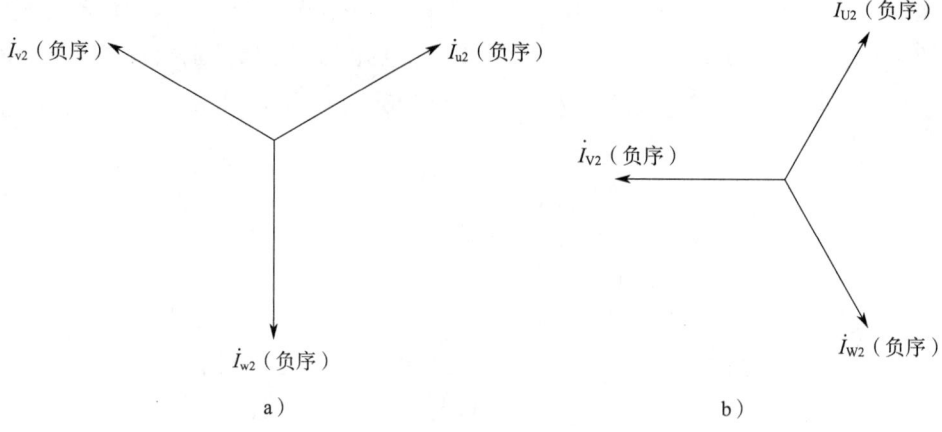

图 2-25 负序电流相量
a) 三角形侧负序电流 b) 星形侧负序电流

将星形侧正序电流和负序电流进行合成,如图 2-26 所示。

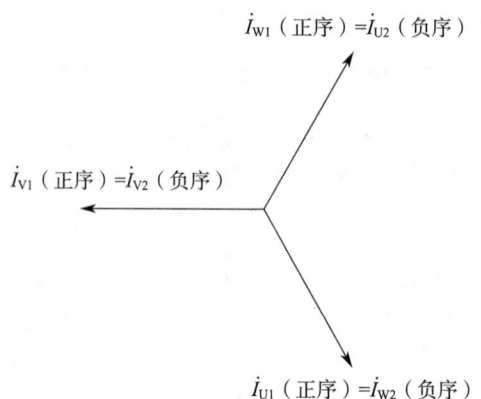

图 2-26 星形侧正负序电流合成图

将合成后的正序电流 i_{U1} 与负序电流 i_{U2} 进行叠加,获取 i_U;将合成后的正序电流 i_{V1} 与负序电流 i_{V2} 进行叠加,获取 i_V;将合成后的正序电流 i_{W1} 与负序电流 i_{W2} 进行叠加,获取 i_W。如图 2-27 所示,$I_V = 2I_W = 2I_U$。

总之,当 Y/d_{11} 接线变压器发生某相短路时,另一侧中会出现两相的电流只为第三相一半的情况。

当采用电流保护作为降压变压器和相邻线路保护的后备保护时:如果采用三相完全星形接线,则接于 V 相继电器的电流比其他两相的电流大一倍,故灵敏度系数大一倍;如果采用不完全星形接线,由于 V 相无电流继电器,则灵敏度系数将比完全星形接线的灵敏度系数小一半。为了克服这个缺点，可在两相不完全星形接线的中性线上再接一个电流继电器，如图2-28所示。

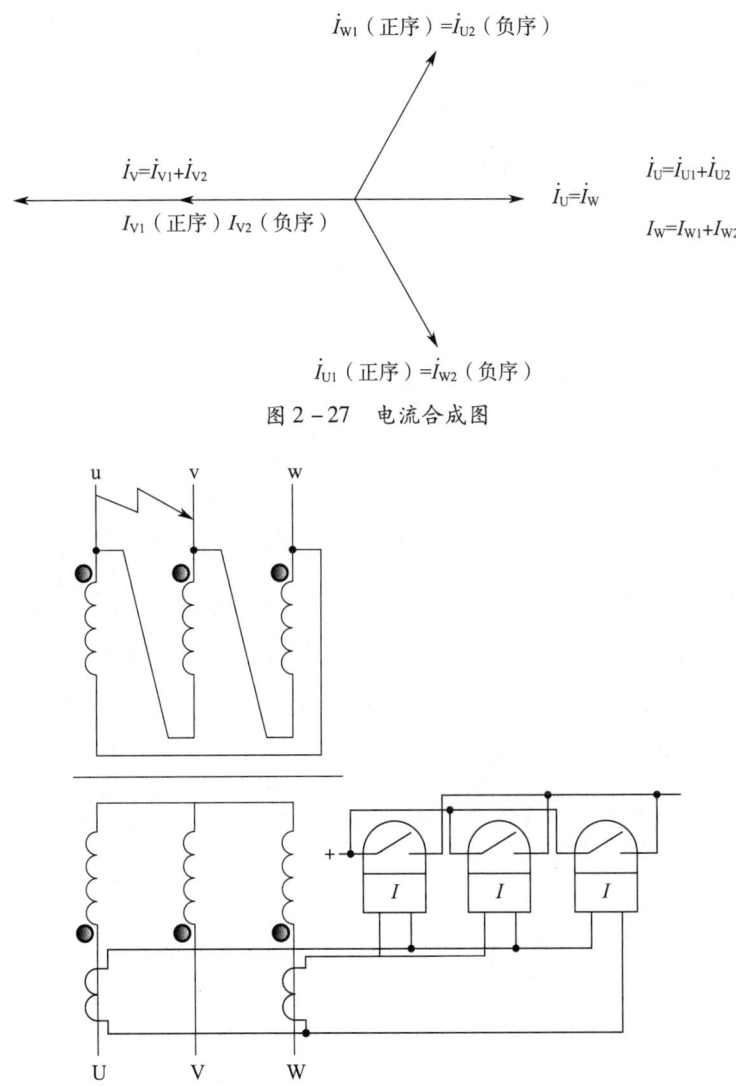

图2-27 电流合成图

图2-28 Y/d₁₁变压器低压侧两相三继电器接线

2.1.2 零序保护

1. 零序电流保护

（1）零序电流采集。在大电流接地系统中，为了获取零序电流，通常采用三相完全星形接线采集零序电流。在线路的三相电缆上装设三个型号和电流比完全相同的电流互感器,它们的二次绕组相互并联且接至电流继电器的线圈,如图2-29所示。

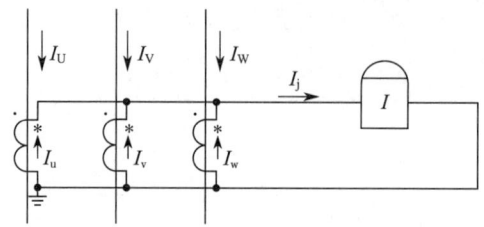

图2-29 三相完全星形接线

这时,流过继电器的电流 I_j 为:

$$I_j = I_u + I_v + I_w$$

$$I_j = \frac{1}{n_1}(I_U + I_V + I_W) = \frac{1}{n_1}3I_0$$

其中,I_U、I_V、I_W 分别为电流互感器一次电流,I_u、I_v、I_w 分别为电流互感器二次电流,n_1 为电流互感器电流比。

在理想情况下,系统正常或发生相间短路,没有零序电流,故 $I_j = 0$ A,继电器不动作。只有发生接地故障时,才出现零序电流,继电器才有可能动作。

零序电流保护和相间电流保护一样,也可构成阶段式保护。通常采用三段式保护,三段式零序电流保护的原理如图2-30所示。

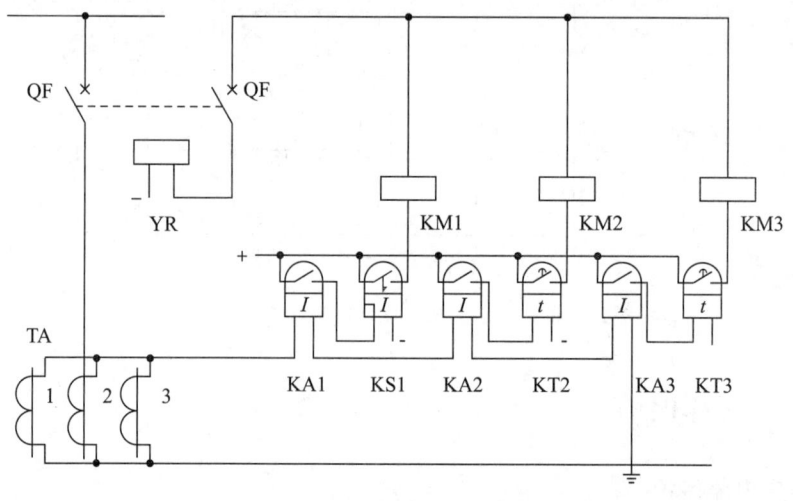

图2-30 三段式零序电流保护的原理

第Ⅰ段为无时限零序电流速断保护。

第Ⅱ段为定时限零序电流速断保护。

第Ⅲ段为零序过电流保护。

（2）无时限零序电流速断保护。无时限零序电流速断保护的工作原理与反映相间短路故障的无时限电流速断保护相似，所不同的是无时限零序电流速断保护仅反映电流中的零序分量。当在被保护线路 AB 端内发生单相或两相接地短路，故障点沿线路 AB 端移动时，流过 A 端的最大零序电流变化曲线如图 2-31 所示。

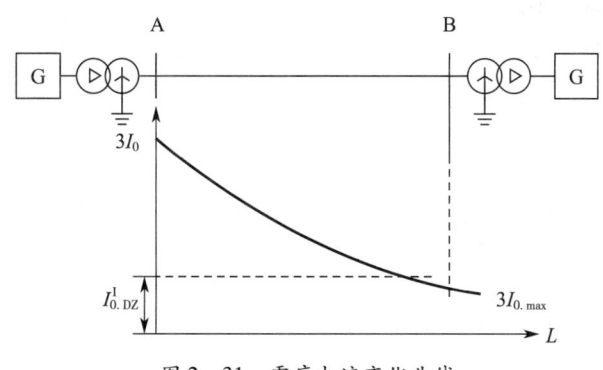

图 2-31 零序电流变化曲线

为了保证保护的动作具有选择性，其动作电流 $I_{0.DZ}^{I}$ 按以下原则整定。

1）当被保护线路末端单相或两相接地短路时，保护应避开最大零序电流 $3I_{0.max}$，即：

$$I_{0.DZ}^{I} = K_k \times 3I_{0.max}$$

式中　K_k——可靠系数，一般取 1.2~1.3；

$3I_{0.max}$——被保护线路末端单相或两相接地短路时出现的最大零序电流，A。

无时限零序电流速断保护的灵敏度按其保护范围的长度来检验，在最小运行方式下，要求保护范围不小于线路全长的 15%。

2）断路器三相触头不同期合闸时，保护应避开最大零序电流 $3I_{0.bt}$，即：

$$I_{0.DZ}^{I} = K_k \times 3I_{0.bt}$$

式中　K_k——可靠系数，一般取 1.1~1.2；

$3I_{0.bt}$——三相触头不同期合闸时出现的最大零序电流，A。

3）当被保护线路采用单相自动重合闸时，保护应躲过单相重合闸过程中出现非全相振荡时的零序电流 $3I_{0.2hd}$，即：

$$I_{0.DZ}^{I} = K_k \times 3I_{0.2hd}$$

式中 K_k——可靠系数,一般取 1.1～1.2;

$3I_{0.2hd}$——非全相振荡时的零序电流,A。

在装有综合重合闸的线路上常采用零序Ⅰ段保护。灵敏零序Ⅰ段的动作电流仅按原则1)和2)整定,按这两个原则整定的灵敏零序Ⅰ段不能躲过非全相振荡时出现的零序电流 $3I_{0.2hd}$,为此在单相重合闸启动时自动将灵敏零序Ⅰ段闭锁,需要等待恢复全相运行时才重新投入。为了在非全相运行时,快速切除故障,再设置一个不灵敏零序Ⅰ段,其动作电流按原则3)整定。

零序Ⅰ段为瞬时动作,其时限由继电器的固有动作时间所决定,一般在 0.1 s 以下。无时限零序电流速断保护时间特性如图 2-32 所示。

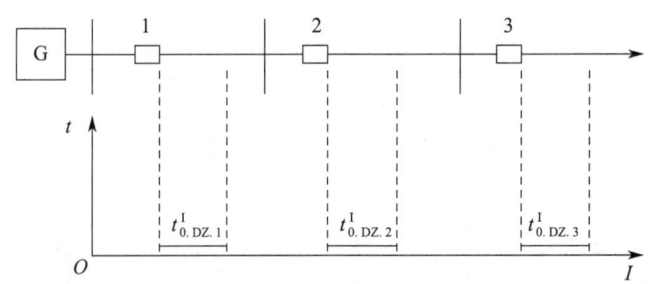

图 2-32 无时限零序电流速断保护时间特性

(3) 定时限零序电流速断保护。零序Ⅰ段保护可以瞬时动作,但不能保护线路全长。为了较快切除被保护线路上的接地故障,还应装设零序Ⅱ段保护,即定时限零序电流速断保护。

定时限零序电流速断保护的工作原理、整定原则与定时限电流速断保护相似,其作用与定时限电流速断保护相同。

零序Ⅱ段的动作电流应与相邻线路零序Ⅰ段配合整定。以图 2-33 为例,其中保护 1 的零序Ⅱ段动作电流 $I_{0.DZ}^{II}$ 为:

$$I_{0.DZ}^{II} = K_k \times I_{0.js}$$

式中 K_k——可靠系数,一般取 1.1～1.2;

$I_{0.js}$——相邻线路零序Ⅰ段保护范围末端短路时,流过本保护的最大零序电流计算值,A。

当两个保护之间的变电所母线上接有中性点接地变压器时,如图 2-33 所示:曲线 1 为发生接地短路时,故障点位于线路上不同地点流过保护 1 的最大零序电流变化曲线；曲线 2 为在线路 BC 端不同地点发生接地短路时，流过保护 2 的最大零序电流变化曲线。

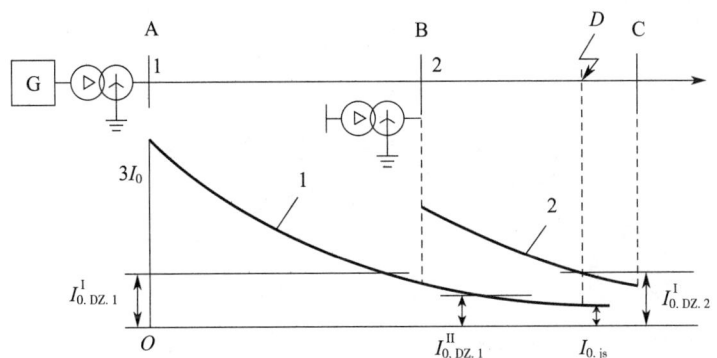

图 2-33　定时限零序电流速断保护范围

零序 Ⅱ 段的灵敏度应按被保护线路末端发生接地短路时的最小零序电流来校验。通常要求 $K_{sen} \geq 1.3$。动作时限应较相邻线路零序 Ⅰ 段大一个时限级差 Δt，零序 Ⅱ 段动作时限为 0.5 s。

如图 2-34 所示，零序 Ⅱ 段的动作电流应与相邻线路零序 Ⅱ 段配合整定。其动作时限应较相邻线路零序 Ⅱ 段的动作时限大一个时限级差 Δt。

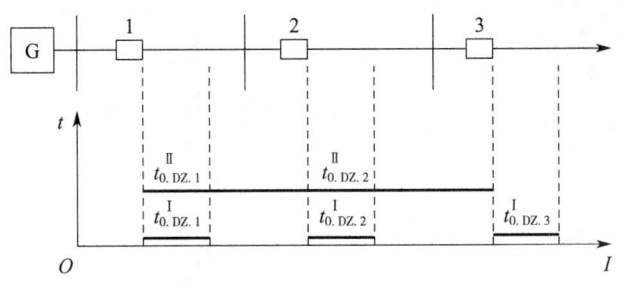

图 2-34　定时限零序电流速断保护时间特性

（4）零序过电流保护。零序过电流保护工作原理与反映相间短路故障的过电流保护相似。零序过电流保护整定原则如下。

1）当相邻线路出口三相短路时，保护应避开最大不平衡电流，即：

$$I_{0.DZ}^{\text{Ⅲ}} = K_k \times I_{bp.max}$$

式中　K_k——可靠系数，一般取 1.2~1.3；

　　　$I_{bp.max}$——相邻线路出口三相短路时，流过保护的最大不平衡电流，A。

根据运行经验,零序过电流保护的动作电流一般取 2~4 A(二次侧值)。

2)各零序Ⅲ段保护之间在灵敏度上要逐级配合。具体地说,就是零序Ⅲ段的保护范围不能超出相邻线路零序Ⅲ段的保护范围。保护 1 的零序Ⅲ段动作电流 $I_{0.DZ}^{Ⅲ}$ 为:

$$I_{0.DZ}^{Ⅲ} = K_k \times I_{0.js}$$

式中 K_k——可靠系数,一般取 1.1~1.2;

$I_{0.js}$——相邻线路零序Ⅲ段保护范围末端发生接地短路时,流过本保护的零序电流计算值,A。

作为本线路近后备的零序Ⅲ段,其灵敏度应按本线路末端接地短路时流过保护的最小零序电流来校验,通常要求 $K_{sen} \geq 1.3$。当作为远后备时,应按相邻线路末端接地短路时流过保护的最小零序电流校验,要求 $K_{sen} \geq 1.2$(应考虑分支电流的影响)。

按上述原则整定的零序过电流保护,其动作电流都很小,故在电网发生接地短路时,同一电压等级内各零序过电流保护都可能启动。为了保证动作具有选择性,各零序过电流保护的动作时限应按阶梯原则整定,如图 2-35 所示,动作时限可以从保护 3 开始逐级配合,$t_{0.DZ.1}^{Ⅲ} = t_{0.DZ.2}^{Ⅲ} + \Delta t$,$t_{0.DZ.2}^{Ⅲ} = t_{0.DZ.3}^{Ⅲ} + \Delta t$,即 $t_{0.DZ.1}^{Ⅲ} > t_{0.DZ.2}^{Ⅲ} > t_{0.DZ.3}^{Ⅲ}$。

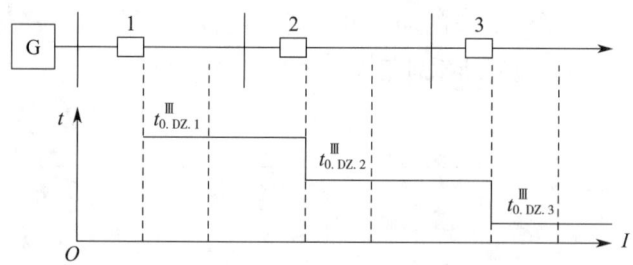

图 2-35 零序过电流保护阶梯时限特性

2. 小电流接地系统保护

星形连接的变压器或发电机的中性点直接不接地,或中性点经消弧线圈接地的系统称为小电流接地系统。当中性点不直接接地系统发生单相接地故障时,故障电流就是对地的电容电流。由于电容电流很小,对系统的持续运行影响相对于相间短路来说不大,因此,小电流系统单相接地可允许运行 2 h。

(1)中性点不接地系统单相接地的特点。中性点不接地系统单相接地如图 2-36 所示,为分析方便,假定电网负荷为零,并忽略电源和线路上的压降。电网各相对地电容均为 C_0,这三个电容相当于一对称负载,其中性点就是大地,所以正常运行时电源中性点对地电压等于零,即 $U_N = 0$。

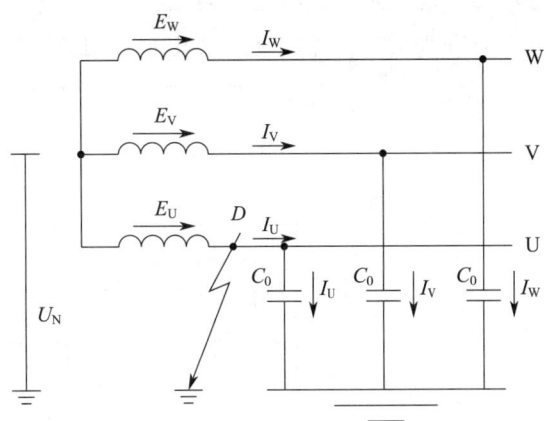

图 2-36 中性点不接地系统单相接地

又因为忽略电源和线路上的压降,所以各相对地电压即相电动势。各相对地电容 C_0 在三相对称电压作用下产生对称的三相电容电流,并超前相应电压 $90°$。其电容电流、电压相量图如图 2-37 所示,三相电容电流之和与三相对地电压之和都为零,所以电网正常运行时无零序电流和零序电压。

当 U 相发生单相接地时,U 相对地电压变为零($U'_U=0$)。此时,中性点对地电压就是中性点对 U 相的电压。三相电压之和不为零,出现了零序电压 U_0,其相量图如图 2-38 所示,V 相、W 相对地电压分别为 U'_V、U'_W。

两非故障相在电压 U'_V 和 U'_W 作用下,出现超前相电压 $90°$ 的电容电流 I_V 和 I_W。如图 2-38 所示,流向故障点的电流 I_V+I_W 就是零序电容电流。

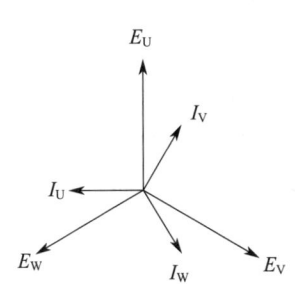

图 2-37 电容电流、电压相量图

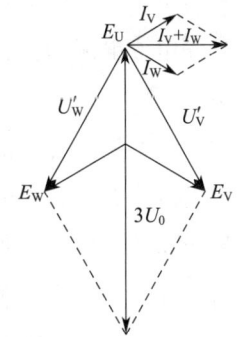

图 2-38 零序电压相量图

中性点不接地系统单相接地短路电容电流流向图如图2-39所示。线路XL_1、XL_2和发电机的各相对地电容分别为C_{0I}、C_{0II}、C_{0F}。当线路XL_2上的D点发生U相接地短路后，系统中U相电容器被短接，因而各元件U相对地电容电流为零，各元件V相、W相对地电容电流都要通过大地、故障点、电源和本元件构成回路。

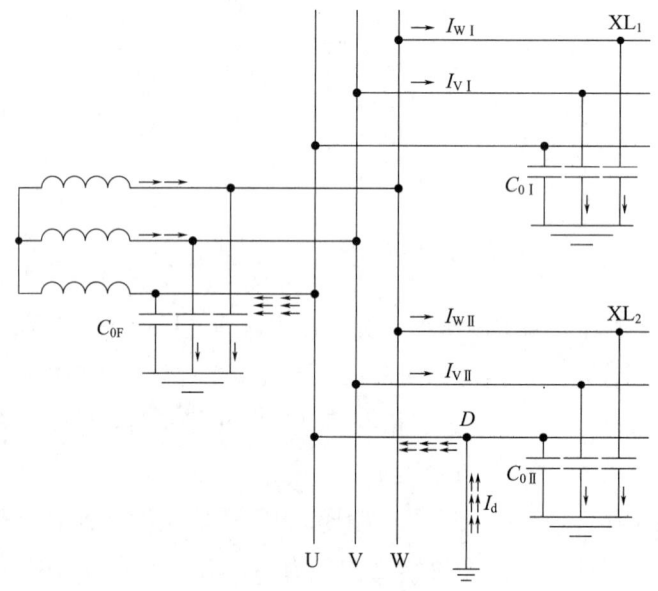

图2-39　中性点不接地系统单相接地短路电容电流流向图

非故障线路XL_1保护安装处流过的零序电容电流为$3I_{0I}$，而发电机保护安装处流过的零序电容电流为$3I_{0F}$，故障线路XL_2保护安装处流过的零序电容电流为$3I_{0II}$。若仍以由母线流向线路作为假定正方向，则故障线路XL_2零序电容电流$3I_{0II}$是该系统非故障线路XL_1零序电容电流$3I_{0I}$和发电机线路零序电容电流$3I_{0F}$之和，方向从线路流向母线，滞后零序电压90°。

综上所述，发生接地后，全系统出现零序电压和零序电容电流。非故障线路保护安装处流过本线路的零序电容电流，容性无功功率是由母线指向非故障线路的；故障线路保护安装处流过的是所有非故障元件的零序电容电流之和，而容性无功功率是由故障线路指向母线的，即其功率方向与非故障线路方向相反。

（2）中性点不接地系统的接地保护。

1）无选择性绝缘监视装置。由以上分析可知，中性点不接地系统正常运行时无零序电压，一旦发生单相接地故障时就会出现零序电压。因此，可利用有无零序电压来设计无选择性的绝缘监视装置。

绝缘监视装置原理如图 2-40 所示。在发电厂或变电站的母线上装设一台三相五柱式电压互感器，在其星形接线的二次侧接入三个电压表以测量各相对地电压，在开口三角侧接入一个过电压继电器以反映发生接地故障时出现的零序电压。

正常运行时，电网三相电压是对称的，没有零序电压，所以三个电压表读数相等，过电压继电器不动作。当任一馈线发生接地故障时，接地相对地电压为零，而其他两相对地电压升高为 $\sqrt{3}$ 倍，三个电压表可指示出来。同时，在开口三角侧出现零序电压，过电压继电器动作且给出接地信号。变电检修工根据接地信号和电压表指示，可以判断电网已发生接地故障和接地相别。如果要查寻故障线路，还需变电检修工依次短时断开各条线路，根据零序电压信号是否消失来确定。

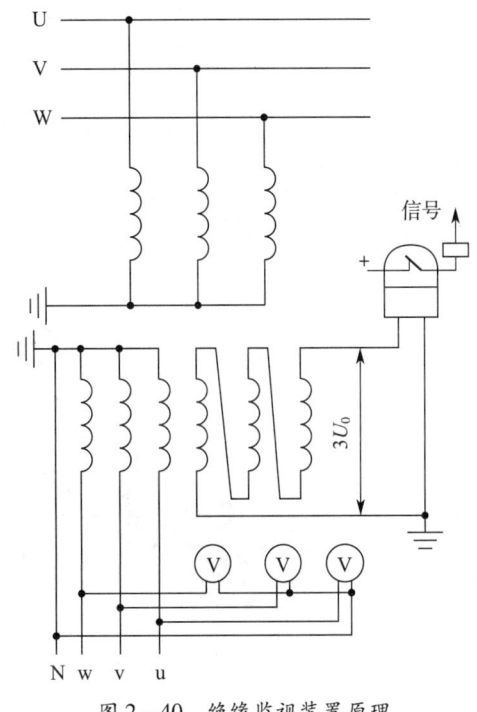

图 2-40 绝缘监视装置原理

2）零序电流保护。零序电流保护是指利用故障元件零序电流大于非故障元件零序电流的特点，区分出故障元件和非故障元件，从而构成有选择性的保护。根据需要，零序电流保护可动作于信号，也可动作于跳闸。

这种保护一般使用在有条件安装零序电流互感器的电流线路或经电缆引出的架空线上。当单相接地电流较大，足以克服零序电流滤波器中的不平衡电流影响时，保护装置可接在由三个电流互感器构成的零序电流滤波器回路中。

保护的动作电流应躲过本线路的零序电容电流整定值，即：

$$I_{DZ} = K_k \omega C_0 U_X$$

式中　U_X——相电压，V；

C_0——本线路每相对地电容，F；

K_k——可靠系数，它的大小与动作时限有关。若保护为瞬时动作，为防止对地电容电流暂态分量的影响，K_k 一般取 4~5；若保护为延时动作，K_k 可取 1.5~2.0。

利用零序电流互感器构成的接地保护如图 2-41 所示。在具体实施上述保护时，接地故障电流或其他杂散电流可能在地中流动，也可能沿故障线路或非故障线路导电的电缆外皮流动，这些电流被传递到电流继电器中，就可能造成接地保护误动、拒动或灵敏度降低。为了解决这类问题，应将电缆头及零序电流互感器到电缆盒的一段电缆对地绝缘，并将电缆头的接地线穿回零序电流互感器的铁芯窗口后再接地，如图 2-41 所示。这样，可使经电缆外皮流过的电流再经接地线流回大地，使其在铁芯中产生的磁通相互抵消，从而消除其对保护的影响。

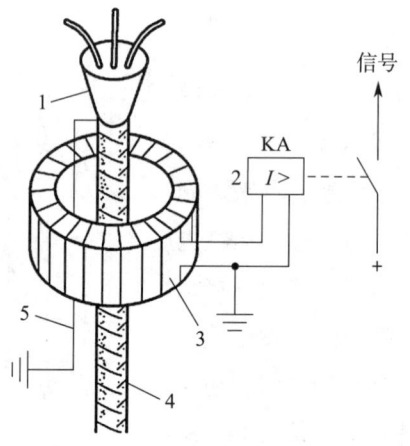

图 2-41 利用零序电流互感器构成的接地保护
1—电缆头 2—电流继电器 3—零序电流互感器（其环形铁芯上绕二次绕组，环氧浇注）
4—电缆（一次绕组） 5—接地线

(3) 中性点经消弧线圈接地系统单相接地的特点。当中性点不接地系统发生单相接地时，流过接地故障点的电流为全系统零序电容电流的总和。如果此电流较大，就会在接地点产生电弧，引起间歇性弧光过电压，造成非故障相绝缘破坏，从而发展为两点或多点接地短路，使事故更加严重。因此，若发生单相接地故障，在 35 kV 电网中流过故障点的零序电容电流总和大于 10 A、10 kV 电网中流过故障点的零序电容电流总和大于 20 A 及 3~6 kV 电网中流过故障点的零序电容电流总和大于 30 A 时，电源中性点应采用经消弧线圈的接地方式。

如图 2-42 所示，当中性点经消弧线圈接地系统发生单相接地后，其零序电容电流的分布与图 2-35 相同，所不同的是，在零序电压作用下消弧线圈有一电感电流 I_L 经接地点流回消弧线圈。此时，流过接地点的电流除全系统零序电容电流 $I_{C\Sigma}$ 之外，还有消弧线圈的电感电流 I_L，电感电流 I_L 补偿了接地故障点的总电容电流 $I_{C\Sigma}$。因此，接地点的电流等于电感电流与全系统零序电容电流之和,即 $I_{JD} = I_L + I_{C\Sigma}$,如图 2-43 所示。

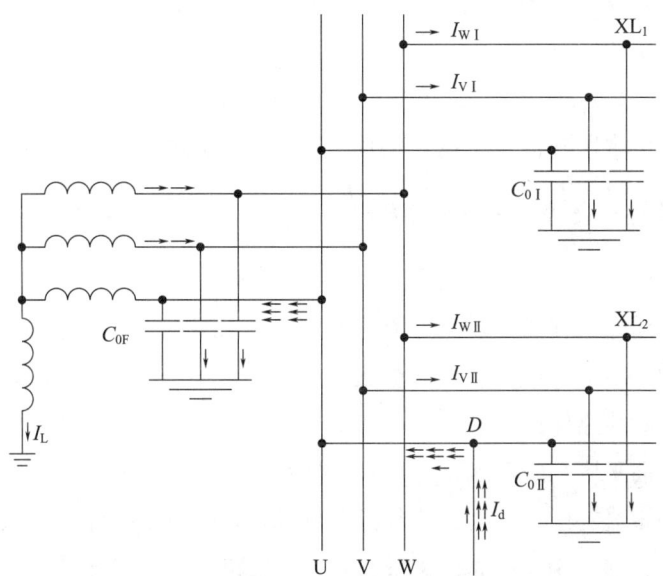

图 2-42　中性点经消弧线圈接地系统电容电流流向

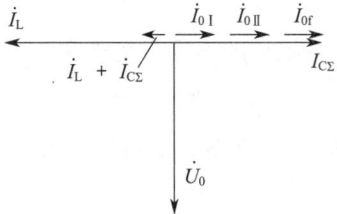

图 2-43　中性点经消弧线圈接地系统电流、零序电压相量

补偿方式根据对电容电流的补偿程度分为三种。当 $I_L = I_{C\Sigma}$ 时,称为完全补偿;当 $I_L < I_{C\Sigma}$ 时,称为欠补偿;当 $I_L > I_{C\Sigma}$ 时,称为过补偿。

完全补偿不可取,因为完全补偿时 $I_L = I_{C\Sigma}$,即 $I_{JD} = 0$,虽然对避免产生弧光过电压来说是最好的补偿方式,但此时 $\omega L = \dfrac{1}{3\omega C\Sigma}$,这正是串联谐振条件。若三相对地电容不相等,则在正常情况下,电源中性点与地之间将产生电压偏移。此外,在断路器合闸、三相触头不同时闭合时,也会出现零序电压 U_0。

在上述情况下所出现的零序电压 U_0 的作用下,在串联谐振回路中将产生很大的电流,此电流在消弧线圈上产生很高的压降,造成电网中性点对地电压大幅升高,使设备绝缘遭到破坏，因而完全补偿方式是不能采用的。

欠补偿方式也不宜采用，因为欠补偿时，$I_L < I_{C\Sigma}$，在接地点的电流仍然是电容性的。一旦运行方式改变或某些线路检修切除后，电网对地电容电流减小，同样会出现串联谐振情况，从而造成过电压。

实际上常用的是过补偿方式，$I_L > I_{C\Sigma}$，此时在接地点的电流是电感性的。采用这种补偿方式不会出现串联谐振情况，因此，在实际中应用广泛。对接地电容电流的补偿程度常用补偿度 P 表示，其公式为 $P = \dfrac{I_L - I_{C\Sigma}}{I_{C\Sigma}}$。一般选择的补偿度 P 为 5%～10%。

综上所述，可得出以下三个结论。

第一，当采用完全补偿方式时，流经故障线路和非故障线路保护安装处的零序电流都是本线路的对地电容电流。电容性无功功率方向相同，都是从母线指向线路，且故障线路和非故障线路保护安装处的电流大小相差不多，所以在这种情况下无法利用电流的大小和方向来区别故障线路和非故障线路。

第二，当采用过补偿方式时，流经故障线路和非故障线路保护安装处的电流为补偿后的感性电流。它与 $3U_0$ 的相位关系和非故障线路容性电流与 $3U_0$ 的相位关系相同，在数值上也和非故障线路的容性电流差不多，且无功功率方向都是从母线指向线路。故也无法利用功率方向来判断是故障线路还是非故障线路。

第三，在中性点经消弧线圈接地的电网中实现有选择性的保护是很困难的。目前，这类电网可采用无选择性的绝缘监视装置。除此之外，还可采用稳态高次谐波分量或暂态零序电流的原理进行保护。本节不对稳态高次谐波分量和暂态零序电流做过多分析。

2.1.3 线路差动保护

1. 差动保护接线与应用

（1）差动回路接线。利用两个电流之间的相互比较关系组成的保护称为差动电流保护。为了实现这种比较，在线路两端应装设型号及电流比完全相同的电流互感器，并按一定的方式将它们的二次侧连接起来。其目的是在正常运行及区外发生短路时，继电器中没有电流；而在被保护线路内部短路时，继电器内流过全部电路电流（二次电流）。

目前，差动保护主要采用环流法的接线方式。这种接线方式的特点是当线路两端电流互感器 TA1 和 TA2 的同极性端子顺着同一个方向安装时，用辅助导线将它们的异性端子连接起来,再将差动继电器 KA 的线圈并联接入。差动继电器 KA 的线圈所接入的回路通常称为差动回路。这样,在正常运行及区外发生短路时,电流互感器的二次电流将通过辅助导线在两个二次线圈中形成环路,故称为环流法,如图 2-44 所示。

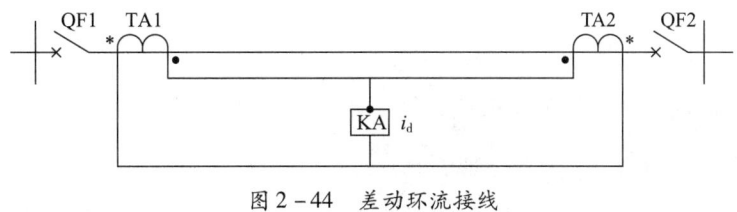

图 2-44 差动环流接线

(2) 差动保护应用

1) 供电方式从左往右

①保护区间内短路。当被保护线路区间内(短路点位于两电流互感器保护区间之内)发生短路时,短路电流穿越电流互感器 TA1,电流互感器 TA1 的二次电流 i_1 全部流入差动继电器 KA 的线圈,此时差动电流 $i_d = i_1$。i_d 从继电器 KA 同名端"●"流入,差动保护动作,同时发出联跳信号,使 QF1 和 QF2 同步跳闸,如图 2-45 所示。

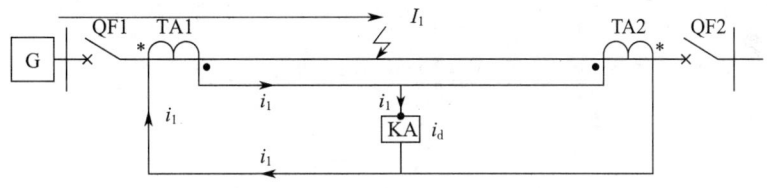

图 2-45 供电方式从左向右时差动保护区间内短路

②保护区间外短路。当线路正常运行或发生外部故障时(短路点位于两电流互感器保护区间之外),电流穿越电流互感器 TA1 和 TA2。因为两侧电流互感器 TA1 和 TA2 的电流比相等,所以穿越电流互感器 TA1 的二次电流 i_1 和穿越电流互感器 TA2 的二次电流 i_2 数值相等。

同时,因为电流互感器同名端的缘故,保护区间外短路产生的短路电流(二次电流)i_1 和 i_2 流入差动继电器 KA 时,方向相反,故 $i_d = i_1 + i_2 = 0$,差动保护不动作,如图 2-46 所示。

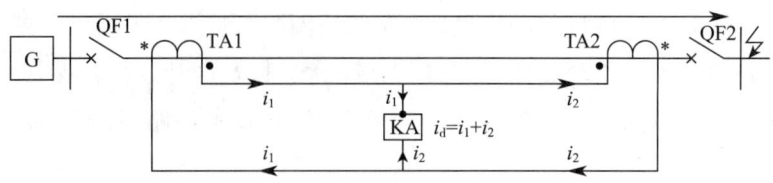

图 2-46 供电方式从左向右时差动保护区间外短路

2）供电方式从右往左

①保护区间内短路。当被保护线路区间内（短路点位于两电流互感器保护区间之内）发生短路时，短路电流穿越电流互感器 TA2，电流互感器 TA2 的二次电流 i_2 全部流入差动继电器 KA 的线圈，此时差动电流 $i_d = i_2$。i_d 从继电器 KA 同名端"●"流入，差动保护动作，同时发出联跳信号，使 QF1 和 QF2 同步跳闸，如图 2-47 所示。

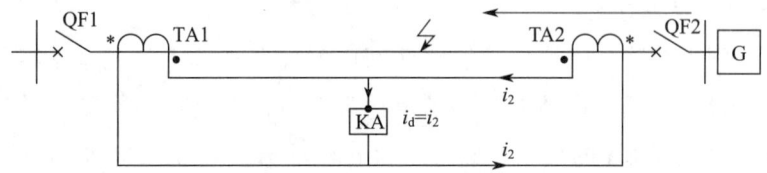

图 2-47 供电方式从右向左时差动保护区间内短路

②保护区间外短路。当线路正常运行或发生外部故障时（短路点位于两电流互感器保护区间之外），电流穿越电流互感器 TA1 和 TA2。因为两侧电流互感器 TA1 和 TA2 的电流比相等，所以穿越电流互感器 TA1 的二次电流 i_1 和穿越电流互感器 TA2 的二次电流 i_2 数值相等。

同时，因为电流互感器同名端的缘故，保护区间外短路产生的短路电流（二次电流）i_1 和 i_2 流入差动继电器 KA 时，方向相反，故 $i_d = i_1 + i_2 = 0$，差动保护不动作，如图 2-48 所示。

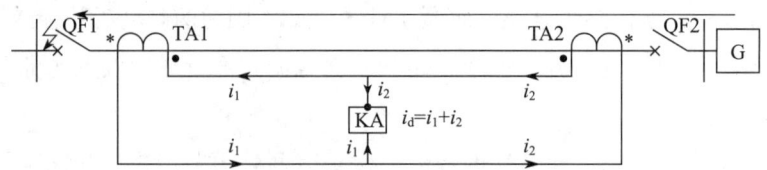

图 2-48 供电方式从右向左时差动保护区间外短路

3）两边同时供电

①区间内短路。当被保护线路区间内（短路点位于两电流互感器保护区间之内）

发生短路时，电流从两侧分别穿越电流互感器 TA1 和 TA2。电流互感器 TA1 的二次侧产生短路电流 i_1，电流互感器 TA2 的二次侧产生短路电流 i_2。

i_1 和 i_2 同方向流入差动继电器 KA 的线圈，此时差动电流 $i_d = i_1 + i_2$，i_d 大大提高。i_d 从继电器 KA 同名端 "●" 流入，差动保护动作，同时发出联跳信号，使 QF1 和 QF2 同步跳闸，如图 2-49 所示。

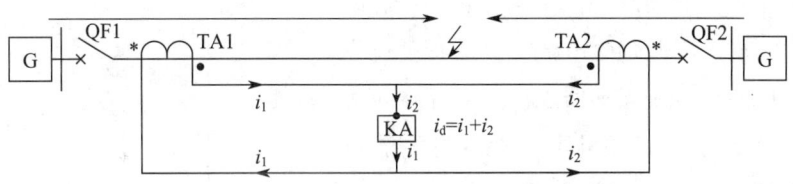

图 2-49　两边同时供电时差动保护区间内短路

②区间外短路。当线路正常运行或发生外部故障时（短路点位于两电流互感器保护区间之外），电流穿越电流互感器 TA1 和 TA2。因为两侧电流互感器 TA1 和 TA2 的电流比相等，所以穿越电流互感器 TA1 的二次电流 i_1 和穿越电流互感器 TA2 的二次电流 i_2 数值相等。

同时，因为电流互感器同名端缘故，保护区域外短路产生的短路电流（二次电流）i_1 和 i_2 流入差动继电器 KA 时，方向相反，故 $i_d = i_1 + i_2 = 0$，差动保护不动作，如图 2-50 所示。

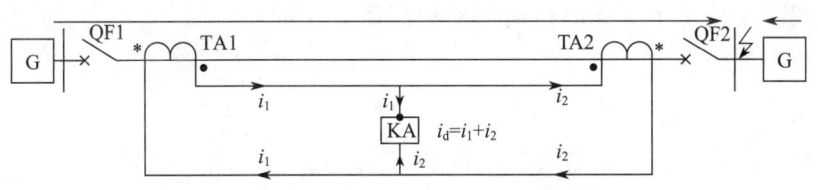

图 2-50　两边同时供电时差动保护区间外短路

4）总结

①短路点位于两电流互感器保护区间之内，差动保护动作并发出联跳信号，QF1 和 QF2 同步跳闸，切断故障区域。

②短路点位于两电流互感器保护区间之外，差动保护不动作。

2. 差动保护不平衡电流

（1）差动保护不平衡电流的产生。差动保护在正常运行及发生外部短路时，差动电流为 0 A，这是一种理想情况。实际上电流互感器的特性不可能完全一致，即使同一个工厂生产的型号及电流比都完全一致的电流互感器,在特性上也存在差异,主要表现为励磁电流及励磁特性不同。

当一次电流较小时,这个差异表现得不明显。当一次电流较大时(如当保护区间之外发生短路故障时),电流互感器在使用过程中通过一次侧短路电流,电流互感器的铁芯开始饱和,于是励磁电流开始急剧上升。由于两个电流互感器的励磁特性不同,它们铁芯的饱和程度也不同,因此励磁电流上升的程度也不同。这就造成两个电流互感器二次电流存在较大差异,于是在差动回路的继电器中就有电流流过,这个电流称为"不平衡电流",以 I_{bp} 表示。一次电流越大,铁芯越保护,这种差动特性造成的影响越严重,差动回路中的不平衡电流越大,如图 2–51 所示。

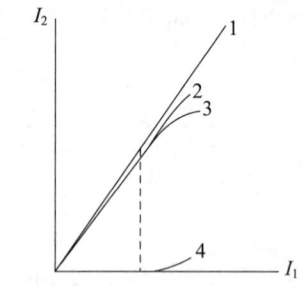

图 2–51 电流互感器误差曲线
1—理想电流互感器电流比曲线
2—电流互感器 1 实测电流比曲线
3—电流互感器 2 实测电流比曲线
4—电流互感器 1 与电流互感器 2 误差曲线

由图 2–51 可见,不平衡电流实际上就是两个电流互感器励磁电流的相量差。

(2)制动特性。为了弥补不平衡电流引起的差动保护误动作,在差动保护中引入制动的概念。当发生外部故障时,差动环流回路中存在穿越性的不平衡电流,此时差动保护的制动特性如图 2–52 所示。

穿越电流 I_{res} 增大,差动动作电流 I_d 随之增大,此时划分线称为制动特性曲线,制动特性曲线上方称为动作区,制动特性曲线下方称为制动区。

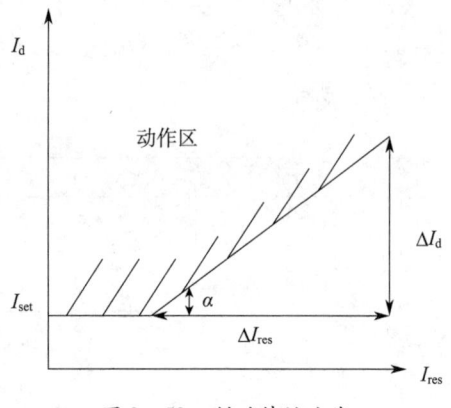

图 2–52 制动特性曲线

当发生外部故障时,假设故障电流在不断增大,由于是外部故障,制动电流在不断增大,不平衡电流也在小幅增大。当不平衡电流要接近启动设定值时,由于制动电流已超过第一拐点,因此不平衡电流的动作值就相应提高,而后随着外部故障电流的增大,不平衡电流增大,但制动电流增大得更多。因此,差动动作电流始终被压在制动特性曲线的下方,从而保证外部故障发生时差动保护不误动作。

当发生内部故障时，差动动作电流很大，制动电流很小，在制动特性曲线上方的动作区，差动保护能够可靠动作。

3. 差动保护通道分类

（1）导引线电流差动保护。导引线电流差动保护又称纵联差动保护，由于纵联差动保护只在保护区间之内发生短路时才动作，不存在与系统中相邻元件保护的选择性配合问题，因此可以快速切除整个保护区间之内任意一点的短路。但是，为了构成纵联差动保护装置，必须在被保护元件各端装设电流互感器，并将它们的二次线圈用辅助导线连接起来并接至电流继电器。由于受辅助导线条件的限制，纵联差动保护仅限于用在短线路上，如发电机、变压器、母线等可广泛采用纵联差动保护实现主保护。

纵联差动保护装置由变压器两侧的电流互感器、电流继电器等组成，两个电流互感器串联形成环路，电流继电器并接在环路上。因此，流经电流继电器的电流等于两侧电流互感器的二次电流之差。在正常情况下或保护区外发生短路时，两侧电流互感器的二次电流大小相等、相位相同，因此流经电流继电器的电流为零；在保护区内发生短路时，流经电流继电器的电流不再为零，因此电流继电器动作，使断路器跳闸，从而起到保护作用，如图 2-53 所示。

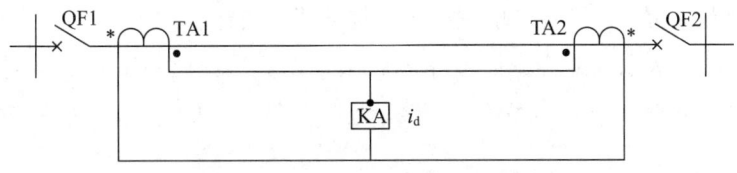

图 2-53 导引线电流差动保护接线

变压器纵联差动保护是按照循环电流原理设计的一种保护，它要求变压器在正常运行和纵联差动保护区间之外发生短路时，流入电流继电器中的电流为零，保证纵联差动保护不动作。

但由于变压器高压侧和低压侧的额定电流不同，因此，为了保证纵联差动保护的正确工作，必须适当选择两侧电流互感器 TA1 和 TA2 的电流比，使正常运行和保护区间之外发生短路时，电流互感器 TA1 和 TA2 二次侧的两个电流 i_1 和 i_2 相等，如图 2-54 所示。

（2）光纤分相电流差动保护。随着通信技术的发展，目前建设、使用的差动继电器不再采用导引线作为连接介质，而是通过光纤将两端差动继电器进行连接（本侧 RX 接收端与对侧 TX 输出端相连接），且不再进行电流比较，而是将所有的电流信号转换

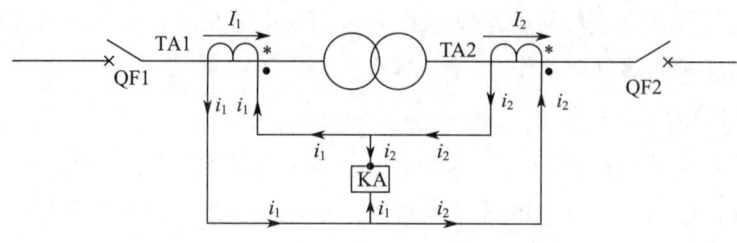

图 2-54 变电器纵差保护接线

成光信号，通过光缆传递进行比较。光纤分相电流差动保护简称光纤差动保护，其原理是保护装置先计算三相电流的相量和，再判断其是否为零，以确定是否动作。当接在电流互感器二次侧的电流继电器中有电流流过且达到保护动作整定值时，保护就动作，跳开故障线路的开关。即使是微机保护装置，其原理也是这样的。但是，光纤差动保护采用分相电流差动元件作为快速主保护装置，并采用 PCM（脉冲编码调制）光纤或光缆作为通道，动作速度更快，因而是短线路的主保护。

采用 PCM 光纤或光缆作为通道要求线路两侧的数据实现主、从方式严格同步；当保护装置运行时，必须成对使用，即两侧都运行；进行整定设置时，线路两侧必须一侧整定为主机，另一侧整定为从机；光纤接口的技术指标必须满足要求，如单模光纤和多模光纤的发送功率、接收灵敏度、抗干扰性能等指标。

光纤通道的通信原理是将电信号编码后送入光发送器控制发光的强弱，光在光纤中传送，光接收机则将收到的光信号变换为电信号，传输速度一般为 64 kbit/s，如图 2-55 所示。

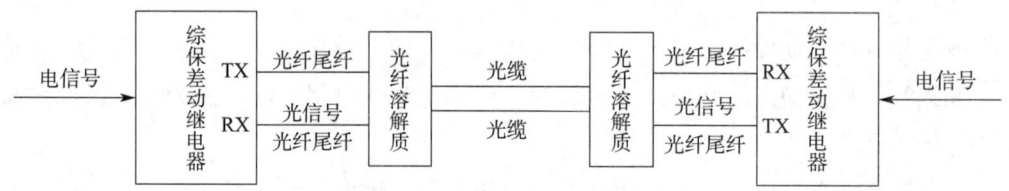

图 2-55 光纤分相电流差动保护

光纤差动继电器除了接收对侧电流信号外，还可以通过导引光缆接收对侧断路器的位置信号，为三位置断路器接地合闸提供闭锁信号。

光纤通道通信能力强，不受电磁干扰，伴随着光纤通信技术的发展，光纤通道保护的应用日益广泛。

2.2 变压器保护

学习目标

掌握变压器主、后备保护原理

掌握变压器保护的应用

2.2.1 变压器的种类

1. 干式变压器

干式变压器广泛用于局部照明和高层建筑、机场、城市轨道交通等场所，是指铁芯和绕组不浸渍在绝缘油中的变压器，如图 2-56 所示。干式变压器的冷却方式分为自然空气冷却（AN）和强迫空气冷却（AF）。采用自然空气冷却时，变压器可在额定容量下长期连续运行；采用强迫空气冷却时，变压器输出容量可提高 50%。

干式变压器适用于断续过负荷运行，或应急事故过负荷运行。由于过负荷时负载损耗和阻抗电压增幅较大，处于非经济运行状态，因此干式变压器不应处于长时间连续过负荷运行状态。

2. 油浸式变压器

油浸式变压器是以油作为主要绝缘材料，且依靠油作为冷却介质（自冷、风冷、水冷），如图 2-57 所示。一般升压站的主变压器都是油浸式的，电压比为 20 kV/500 kV。油浸式变压器和干式变压器相比，除工作原理相同外，最大的区别就是变压器内部有绝缘油。我国目前投运的特高压 1 000 kV 输电线路所采用的变压器就是油浸式变压器。

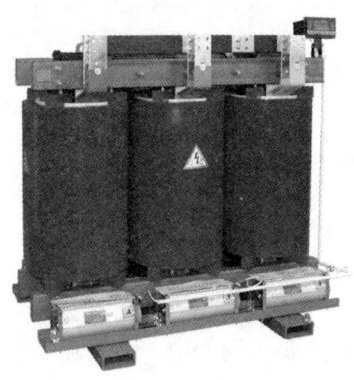

图 2-56　干式变压器

图 2-57　油浸式变压器

2.2.2 变压器的瓦斯保护

1. 瓦斯保护的基本原理

当变压器油箱内部发生各种故障时,故障点的局部高温会使变压器油分解而产生气体。当故障比较严重时,在电弧的作用下,绝缘材料和变压器油分解所产生的气体将大量增加,因故障产生的气体而动作的保护称为瓦斯保护。由于排出气体的量和速度直接反映了变压器故障的性质和严重程度,因此通常将瓦斯保护分为轻瓦斯保护和重瓦斯保护两种。当故障情况比较轻微时,轻瓦斯保护动作并发出信号;当故障情况比较严重时,重瓦斯保护动作,变压器跳闸。

2. 瓦斯继电器

瓦斯保护装置由瓦斯继电器构成。瓦斯继电器又称气体继电器,它安装在变压器油箱和储油柜之间的连接管道中。为了使油箱内的气体都能顺利地通过瓦斯继电器而流向储油柜,在安装变压器时,要求其顶盖与水平面有1%~1.5%的升高坡比,使安装继电器的连接管与水平面有2%~4%的升高坡比,均朝储油柜的方向向上倾斜,如图2-58所示。这样,当变压器发生内部故障时,就可以防止气泡积聚在变压器的顶盖内而影响瓦斯继电器的正确动作。

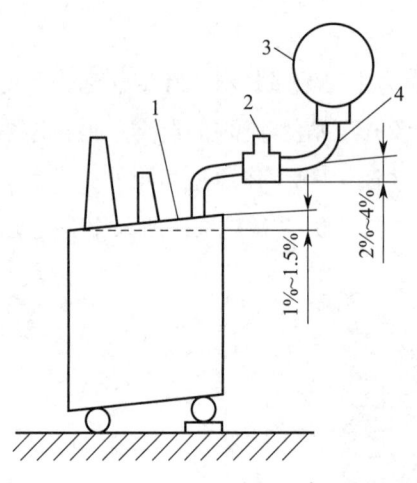

图2-58 瓦斯继电器安装示意
1—变压器油箱 2—瓦斯继电器 3—储油柜 4—连接管道

(1) 结构和原理。目前,油浸式变压器瓦斯保护主要采用 QJ_1-80 型瓦斯继电器,其内部结构如图2-59所示。

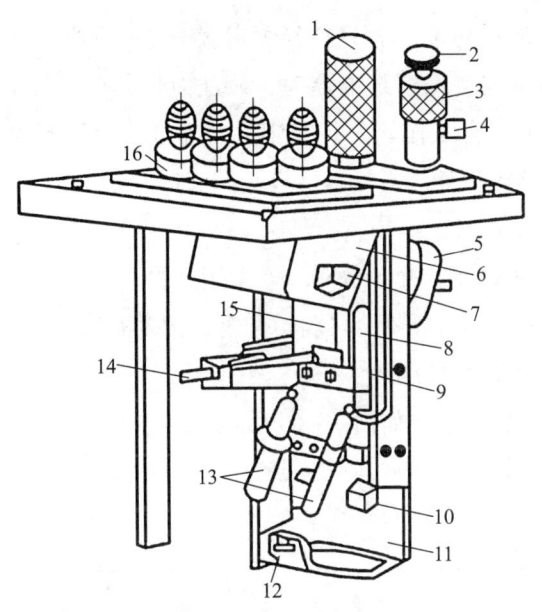

图 2-59 QJ$_1$-80 型瓦斯继电器内部结构
1—罩 2—顶针 3—气塞 4—排气口 5—重锤 6—开口杯 7、10—永久磁铁
8、13—干簧触点 9—弹簧 11—挡板 12—螺杆 14—调节杆 15—探针 16—套管

开口杯与重锤固定在它们之间的一个转轴上。当变压器正常工作时,继电器及开口杯内均充满油,开口杯处于上浮位置。这时,固定于开口杯上的永久磁铁 7 位于干簧触点 8 的上方,干簧触点可靠地断开,轻瓦斯保护不动作。重瓦斯部分的挡板在弹簧的作用下也处在正常的位置,其永久磁铁 10 远离干簧触点 13,故干簧触点也不闭合。该继电器的重瓦斯部分采取了双干簧触点串联和用弹簧来拉住挡板的措施,因而具有良好的抗振性能。

当变压器内部发生轻微故障而使继电器油面下降时,开口杯将随之下降,并使永久磁铁 7 向干簧触点 8 靠近;故障所产生的气体使油面降低到一定程度时,干簧触点 8 闭合,发出轻瓦斯信号。当变压器内部发生严重故障时,强烈的油流直接冲击挡板,使之克服弹簧的反作用力而偏转;这时,固定在挡板上的永久磁铁 10 迅速靠近干簧触点 13 而使触点接通,于是重瓦斯保护动作,变压器跳闸。

(2) 整定方法。对轻瓦斯的整定可利用开口杯另一侧的重锤来实现。改变重锤的位置,可使轻瓦斯保护动作时的气体容积在 250~300 cm^3 的范围内得到调整。整定重瓦斯保护的动作油速时,可先松开调节杆,改变弹簧的长度,则重瓦斯保护的动作油速可在 0.7~1.5 m/s 的范围内得到调整。螺杆用来调节永久磁铁 10 与干簧触点 13 之间的距离(一般为 0.5~1 mm),螺杆一经固定就不要随意改动。

(3)安装和检查。安装瓦斯继电器时,应注意使其箭头标志指向储油柜的一侧,否则瓦斯继电器将不能正常工作。安装完毕后,应打开油管上的连接阀,使继电器充满油。为了驱除继电器内积存的空气,可打开排气口的帽子,松动顶针,将空气排出,直至排气口连续冒油为止。

若要检查轻瓦斯触点动作的可靠性,可以用从排气口处打进空气的方法来实现。为了检查重瓦斯触点动作的可靠性,可将罩拧下,按动波纹管通过探针来进行检查。

3. 瓦斯保护的接线和优缺点

瓦斯保护的接线比较简单,如图 2-60 所示。图中 KG 表示瓦斯继电器,其上触点为轻瓦斯触点,动作于延时信号;其下触点为重瓦斯触点,动作于变压器跳闸。

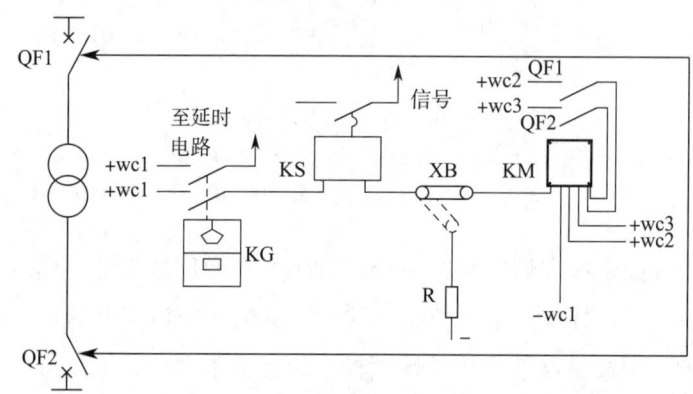

图 2-60 瓦斯保护接线

当变压器发生严重故障时,由于在油流的冲击下挡板偏转可能不稳定,使瓦斯触点的接触不可靠,影响断路器的可靠跳闸。为此,在接线中采用了能够自保持的出口中间继电器 KM。该继电器具有一个电压启动线圈和两个电流保持线圈。重瓦斯触点闭合后,KM 动作,同时变压器两侧的断路器 QF1 和 QF2 跳闸,如图 2-61 所示。出口回路的自保持则靠断路器的辅助触点 QF1 和 QF2 加以解除。

为了防止进行瓦斯继电器运行试验时造成误跳闸,在重瓦斯保护的出口回路中设有切换片 XB,以便在试验时将回路切换至电阻 R 上。电阻值的选择应保证串联信号继电器 KS 能够可靠动作。

瓦斯保护的主要优点是能全面反映变压器油箱内部各种类型的故障。特别是当发生匝间短路且匝数很少时,故障回路的电流虽然很大,可能造成严重的过热现象,但反

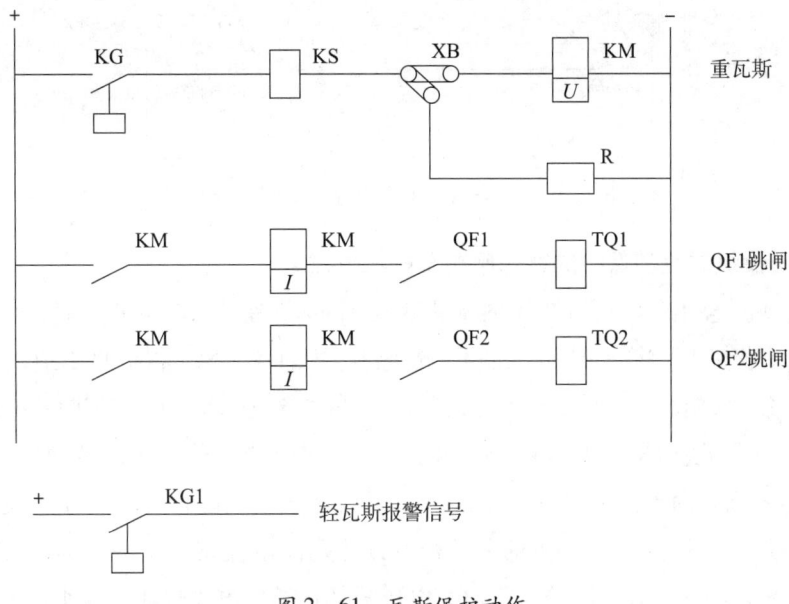

图 2-61 瓦斯保护动作

映在外部电路电流的变化很小，甚至连具有高灵敏度的差动保护都可能不动作。因此，瓦斯保护对于反映这类故障具有特别重要的意义。此外，瓦斯保护还具有动作迅速、灵敏度高、接线简单等优点。通常 800 kVA 以上（车间内变压器在 400 kVA 以上）容量的变压器均应装设瓦斯保护，作为变压器内部故障的一种主保护。瓦斯保护的主要缺点是不能反映变压器套管及引出线的故障，所以不能作为变压器内部故障的唯一保护。此外，瓦斯继电器在采取了防振结构后，虽然可靠性有所提高，但仍然存在误动作的情况，需要在结构上进一步改进。

2.2.3 变压器的纵联差动保护

1. 变压器纵联差动保护的原理

瓦斯保护虽然可以快速而灵敏地反映变压器油箱内部的各种故障，但不能保护套管、引出线等油箱外部的故障。因此，在容量较大的电力变压器上，几乎都装有纵联差动保护装置，用以保护变压器内部、套管及引出线。纵联差动保护和瓦斯保护均属于变压器的主保护，它们配合使用，使保护的性能更加全面、完善。

变压器纵联差动保护原理（单线）如图 2-62 所示。保护装置按环流法接线，其保护范围为两侧电流互感器之间的全部区域，包括变压器的高低压绕组、套管、引出线、高压侧断路器等。

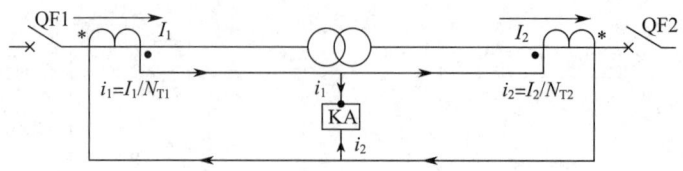

图 2-62 变压器纵联差动保护原理（单线）

2. 变压器纵联差动保护的特殊问题及解决方法

与线路或发电机的纵联差动保护相比，变压器的纵联差动保护存在一些特殊问题。这些问题如果不妥善解决，将会产生很大的不平衡电流，从而大大降低保护的灵敏度，甚至使纵联差动保护不能实施。下面对变压器纵联差动保护的特殊问题及解决方法进行介绍。

（1）变压器励磁涌流的影响。励磁涌流是指变压器空载合闸时的暂态励磁电流。由于变压器的励磁涌流只流经它的电源侧，因此造成变压器两侧电流不平衡，从而在差动回路内产生不平衡电流。在正常运行时，此励磁电流很小，一般不超过变压器额定电流的 5%。当发生外部故障时，由于电压降低，励磁电流也相应减小，其影响就更小。因此，由正常励磁电流引起的不平衡电流影响不大，可以忽略不计。但是，当变压器空载投入或变压器所带负荷切除后电压恢复时，可能出现很大的励磁涌流，其值可达变压器额定电流的 6~8 倍。因此，励磁涌流将在差动回路中产生很大的不平衡电流，可能导致保护的误动作。

在稳态工作时，变压器铁芯中的磁通应滞后于外加电压 90°，如图 2-63a 所示。如果空载合闸时，正好在电压瞬时值 $u=0$ 时接通电路，则铁芯中就有一个相应的磁通 $-\phi_m$，而铁芯中的磁通又是不能突变的，因此，在合闸的瞬间必将出现一个 $+\phi_m$ 的磁通分量。此磁通分量将按指数规律自由衰减，故称为非周期性磁通分量。如果这个非周期性磁通分量的衰减比较慢，那么，在最严重的情况下，经过半个周期后，它与稳态磁通（现在已变为 $+\phi_m$）相叠加的结果将使铁芯中的总磁通达到 $2\phi_m$。如果铁芯中还存在方向相同的剩余磁通 ϕ_s，则总磁通将达到 $2\phi_m+\phi_s$（见图 2-63b）。此时，铁芯高度饱和使励磁电流剧烈增大，从而形成了励磁涌流（见图 2-63c），图中与 ϕ_m 对应的是变压器额定励磁电流的最大值 $I_{lc.e}$，而与 $2\phi_m+\phi_s$ 对应的则是励磁涌流的最大值 $I_{lc.y}$。随着铁芯中非周期磁通的不断衰减，励磁涌流也逐渐衰减至稳态值（见图 2-63d）。以上分析是在电压瞬时值 $u=0$ 时空载合闸的情况。当变压器在电压瞬时值为最大的瞬间进行空载合闸时，因为对应的稳态磁通等于零，所以就不会出现励磁涌流，合闸后变压器将立即进入稳态工作。

综上所述，励磁涌流的大小与空载合闸瞬间电压的相位、变压器容量的大小、铁芯中剩磁的大小和方向、铁芯的特性等因素有关。而励磁涌流的衰减速度则随铁芯的饱和深度及导磁性能的不同而变化。

励磁涌流的波形如图 2-63d 所示，变压器励磁涌流的波形具有以下特点：含有很大比例的非周期分量，使曲线偏向时间轴的一侧；含有大量的高次谐波，其中二次谐波所占比例最大。

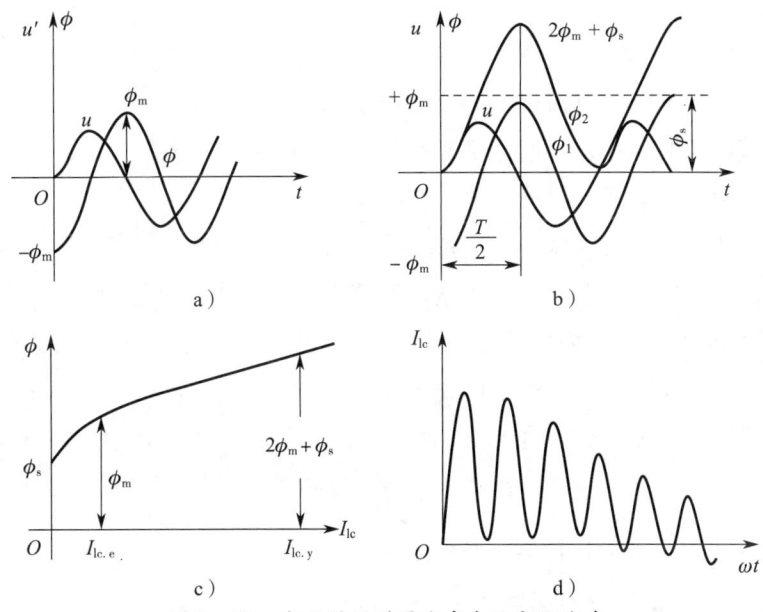

图 2-63　变压器励磁涌流产生及变化曲线

a) 稳态情况下，磁通与电压的关系　b) 在 $u=0$ 瞬间空载合闸时，磁通与电压的关系
c) 变压器铁芯的磁化曲线　d) 励磁涌流的波形

励磁涌流的波形削去负波之后将出现间断角，如图 2-64 所示。图中 α 称为间断角。为了消除励磁涌流的影响，在纵联差动保护中通常采取的措施是采用具有速饱和中间变流器的 BCH 型差动继电器。

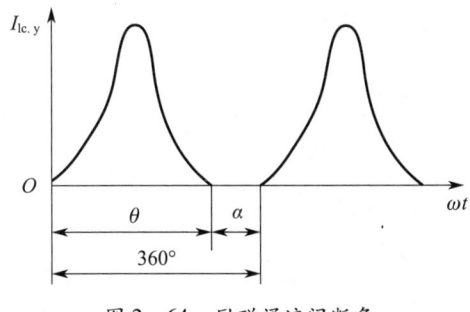

图 2-64　励磁涌流间断角

（2）变压器接线组别的影响。当三相变压器的接线组别不同时，其两侧的电流相位关系也不同。以常用的 Y/△₁₁ 接线变压器为例，它两侧的电流之间就存在 30°的相位差。这时，即使变压器两侧电流互感器二次电流的大小相等，也会在差动回路中产生不平衡电流 I_{bp}，如图 2-65 所示。

为了消除这种不平衡电流的影响，必须消除差动保护中两臂电流的相位差。通常都是采用相位补偿的方法，即将变压器星形接线侧电流互感器的二次绕组接成三角形，而将变压器三角形接线侧电流互感器的二次绕组接成星形，以便将电流互感器二次电流的相位校正过来。采用了这样的相位补偿后，Y/△₁₁ 接线变压器差动保护的接线方式及其有关电流的相量图如图 2-66 和图 2-67 所示。

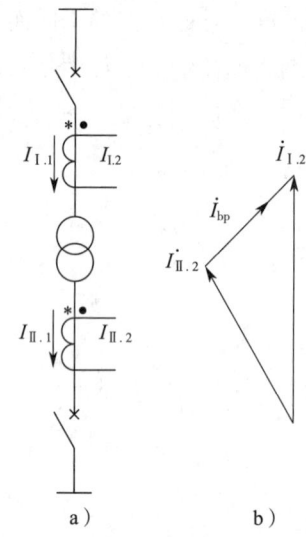

图 2-65 Y/△₁₁ 接线变压器两侧电流互感器二次电流及不平衡电流
a) 接线图　b) 相量图

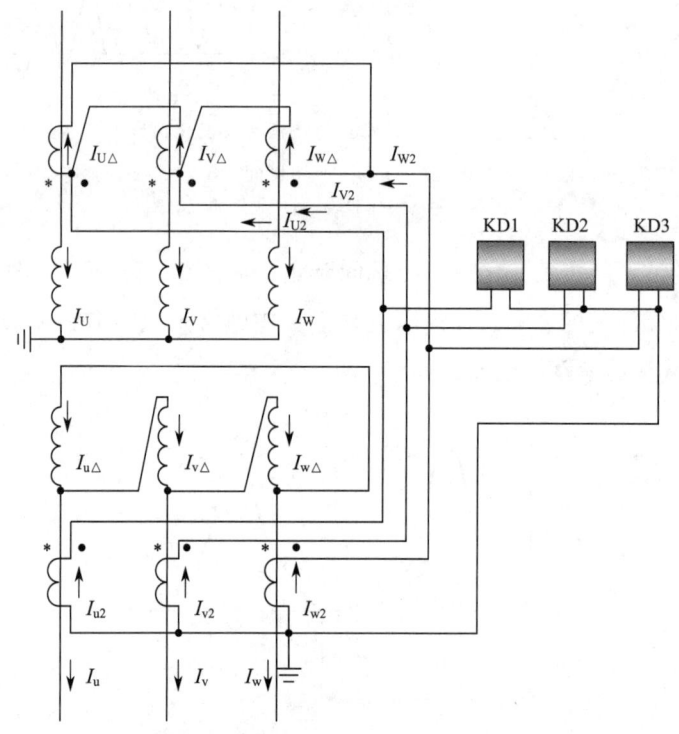

图 2-66 Y/△₁₁ 变压器差动保护接线

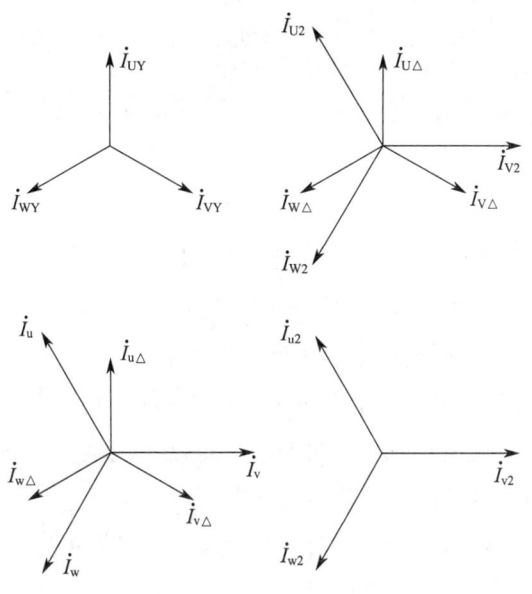

图 2-67　Y/△₁₁ 变压器差动保护相量

如图 2-66 所示，I_U、I_V、I_W 分别表示变压器星形侧的三个线电流，和它们对应的电流互感器二次电流分别为 $I_{U\triangle}$、$I_{V\triangle}$、$I_{W\triangle}$。由于电流互感器的二次绕组为三角形接线，因此流进差动臂的电流分别为 $I_{U2} = I_{U\triangle} - I_{V\triangle}$、$I_{V2} = I_{V\triangle} - I_{W\triangle}$、$I_{W2} = I_{W\triangle} - I_{U\triangle}$。它们分别超前于 $I_{U\triangle}$、$I_{V\triangle}$、$I_{W\triangle}$ 30°，如图 2-67 所示。

在变压器的三角形侧，其三相绕组中的电流分别为 I_u、I_v、I_w，相位与 I_{u2}、I_{v2}、I_{w2} 同相。因此，该侧变压器输出的三个线电流分别为 $I_u = I_{u\triangle} - I_{v\triangle}$、$I_v = I_{v\triangle} - I_{w\triangle}$、$I_w = I_{w\triangle} - I_{u\triangle}$，它们分别超前于 $I_{u\triangle}$、$I_{v\triangle}$、$I_{w\triangle}$ 30°。由于这一侧电流互感器为星形连接，所以流进差动臂的三个电流就是它们的二次电流 I_{u2}、I_{v2}、I_{w2}。

I_{u2}、I_{v2}、I_{w2} 分别与 I_u、I_v、I_w 同相，因此 I_{u2}、I_{v2}、I_{w2} 各超前于 $I_{u\triangle}$、$I_{v\triangle}$、$I_{w\triangle}$ 30°。

所以，变压器两侧电流互感器二次侧流入差动臂的电流 I_{U2}、I_{V2}、I_{W2} 恰好分别与 I_{u2}、I_{v2}、I_{w2} 是同相的，这就使 Y/△₁₁ 变压器两侧电流的相位差得到了校正，从而有效地消除了因两侧电流相位不同而引起的不平衡电流。

采用了相位补偿后，在电流互感器绕组接成三角形的一侧，流入差动臂中的电流是电流互感器二次电流的 $\sqrt{3}$ 倍。为了在正常工作及发生外部故障时使差动回路中没有电流（即两差动臂的电流大小相等），那么这一侧电流互感器的电流比就应增大为 $\sqrt{3}$ 倍。考虑电流互感器的二次额定电流为 5 A，故变压器星形侧电流互感器（接成三角形）的电流比应为：

$$n_{1(Y)} = \frac{\sqrt{3}I_{B.e(Y)}}{5}$$

而变压器三角形侧电流互感器（接成星形）的电流比为：

$$n_{1(\triangle)} = \frac{\sqrt{3}I_{B.e(\triangle)}}{5}$$

式中　$I_{B.e(Y)}$——变压器绕组接成星形侧的额定电流，A；

　　　$I_{B.e(\triangle)}$——变压器绕组接成三角形侧的额定电流，A。

根据以上两式的计算结果选定一个接近并稍大于计算电流比的值即可。

（3）电流互感器实际电流比与计算电流比不同时的影响。由于电流互感器选用的是定型产品，而定型产品的电流比都是标准化的。这就出现电流互感器的计算电流比和实际电流比不完全相符的问题，以致在差动回路中产生不平衡电流。下面以一台 $Y/\triangle_{11}$ 接线的变压器（容量 31.5 MVA）为例，计算两侧电流互感器的二次电流，见表 2－1。

表 2－1　　　　$Y/\triangle_{11}$变压器两侧电流互感器二次电流计算实例

电压侧	115 kV（Y 侧）	10.5 kV（△侧）
一侧额定电流	$I_{B.e(Y)} = 158$ A	$I_{B.e(\triangle)} = 1732$ A
电流互感器接线方式	三角形连接	星形连接
电流互感器计算电流比	$n_{1(Y)} \leq \frac{158}{5} \times \sqrt{3} \approx 54.7$	$n_{1(\triangle)} \leq \frac{1732}{5} \approx 346.4$
电流互感器标准电流比	$\frac{300}{5} = 60$	$\frac{2000}{5} = 40$
差动保护臂中的电流	$I_{2.Y} \leq \frac{158}{60} \times \sqrt{3} \approx 4.56$ A	$I_{2.\triangle} \leq \frac{1732}{400} \approx 4.33$ A
差动回路不平衡电流	$I_{bp} = 4.56$ A $-$ 4.33 A $= 0.23$ A	

由表 2－1 可知，在正常情况下，差动回路中就存在 0.23 A 的不平衡电流。可想而知，当外部发生短路时，这种由电流比不合适引起的不平衡电流将会更大。

利用 BCH 型差动继电器中的平衡绕组可以通过磁动势平衡的原理来消除上述不平衡电流的影响，其基本原理如图 2－68 所示。

其中 L_{ph} 为平衡绕组（其匝数为 N_{ph}），它与差动绕组 L_{cd}（其匝数为 N_{cd}）共同绕在变流器的中间磁柱上。通常将平衡绕组接于电流较小一侧的保护臂上，它在变流器中产生的磁动势为 $I_{2.\triangle}N_{ph}$。差动绕组中由于流过不平衡电流 I_{bp}（$I_{bp} = I_{2.Y} - I_{2.\triangle}$）而产生磁动势（$I_{2.Y} - I_{2.\triangle}$）$N_{cd}$。适当选择平衡绕组的匝数，使之满足 $I_{2.\triangle}N_{ph} = (I_{2.Y} - I_{2.\triangle})N_{cd}$，并在接线时注意平衡绕组接入的极性，使 $I_{2.\triangle}N_{ph}$ 和 $(I_{2.Y} - I_{2.\triangle})N_{cd}$ 这两个磁动势的方

向相反而互相抵消。这样，就可以消除由于电流互感器电流比不合适而产生的不平衡电流。

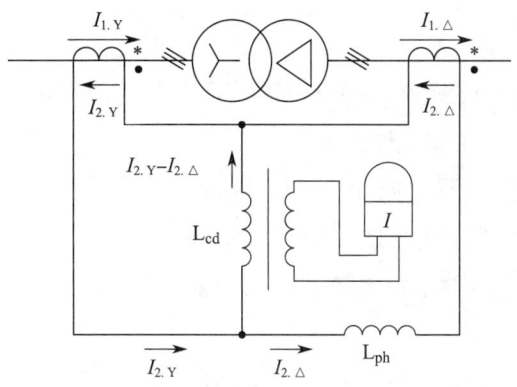

图2-68 BCH型差动继电器中平衡线圈的接入

3. 变压器两侧不平衡电流产生的原因

（1）两侧电流互感器型号不同而产生不平衡电流。由于变压器两侧的额定电压不同，因此，其两侧电流互感器的型号也不会相同。例如，在高压侧可能利用断路器中的套管型电流互感器，而在低压侧一般采用绕组式电流互感器，它们的饱和特性和励磁电流（归算到同一侧）都是不相同的。因此，在变压器的差动保护中将引起较大的不平衡电流。外部短路时，这种不平衡电流可能会很大。为了解决这个问题，一方面，应按10%误差的要求选择两侧的电流互感器，以保证在外部短路的情况下，其二次电流的误差不超过10%。另一方面，在整定差动保护的动作电流时，引入一个同型系数$K_{l.x}$来反映电流互感器不同型号的影响。当两侧电流互感器的型号相同时，取$K_{l.x}=0.5$；当两侧电流互感器的型号不同时，则取$K_{l.x}=1$。这样，当两侧电流互感器的型号不同时，实际上是采用较大的$K_{l.x}$值来提高差动保护的动作电流，以躲开不平衡电流的影响。

（2）变压器带负载调整分接头而产生不平衡电流。常用带负荷调整变压器分接头的方法来调整电力系统的电压。调整分接头实际上就是改变变压器的电压比，其结果必然破坏电流互感器二次电流的平衡关系，产生新的不平衡电流。由于变压器分接头的调整是根据系统运行要求随时进行的，因此在差动保护中不可能采用改变平衡绕组匝数的方法来加以平衡。因此，在带负载调压的变压器差动保护中，应在整定计算中加以考虑，即用提高保护动作电流的方法来躲过这种不平衡电流的影响。

2.2.4 变压器的电流保护与过负荷保护

1. 电流速断保护

电流速断保护的接线比较简单,且动作迅速。因此,在小容量变压器上,当其灵敏度能满足要求时,可以在变压器的电源侧装设电流速断保护来代替差动保护,作为电源侧绕组、套管及引出线的主保护。

变压器电流速断保护原理如图2-69所示。当电源侧为大电流接地系统时,应采用完全星形接线方式;当电源侧为小电流接地系统时,则采用两相式不完全星形接线方式。

保护装置的动作电流 $I_{\text{d.b}}$ 应按以下两个条件计算,并取其中较大者。

一是应躲过变压器负荷侧母线发生短路(D_1 点)时,流过保护的最大短路电流,即:

$$I_{\text{d.b}} = K_k I_{\text{dl.zd}}$$

式中 K_k——可靠系数,对DL-10型继电器取1.3~1.4;

$I_{\text{dl.zd}}$——变压器负载侧三相短路时流过保护的最大短路电流,A。

二是应躲过变压器空载合闸时的励磁涌流,即:

$$I_{\text{d.b}} = K_{\text{ke}} I_{\text{B.e}}$$

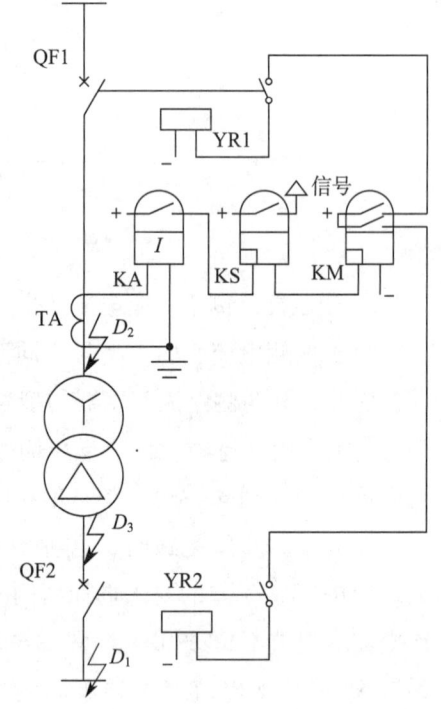

图2-69 变压器电流速断保护原理

式中 K_{ke}——安全系数,一般取3~5;

$I_{\text{B.e}}$——保护侧变压器的额定电流,A。

电流速断的灵敏度可按保护安装处出口短路(D_2 点)来校验。要求在该处发生两相短路时,其灵敏度系数 K_1 不小于2,即:

$$K_1 = \frac{I_{\text{dl.zx}}^{(2)}}{I_{\text{d.b}}} \geq 2$$

式中 $I_{\text{dl.zx}}^{(2)}$——最小运行方式下,保护安装处出口两相短路时的最小短路电流,A。

电流速断的保护范围不能包括变压器的全部,特别是当系统容量不大时,其保护区间可能很小,而且还会随运行方式的改变而变化。一般来说,负荷侧变压器绕组的故障及其套管、引出线的故障就要靠瓦斯保护和过电流保护来反映。因此,对于容量较大的变压器，仍采用差动保护，而不宜采用电流速断保护。

2. 过电流保护

过电流保护用作变压器发生外部短路或内部故障时的后备保护。根据变压器的容量及其在系统中作用的不同，过电流保护有以下几种方式。

（1）不带低电压启动及带低电压启动的过电流保护。不带低电压启动的过电流保护一般用于容量较小的降压变压器。保护装置设在变压器的电源侧，其原理及动作电流和动作时限的整定计算原则均与一般的过电流保护相同。保护动作后，作用于变压器两侧的断路器跳闸。

由于保护的动作电流要躲开最大负荷电流，而最大负荷电流在计算时还要考虑并联运行的变压器突然断开一台时的过负荷，以及电动机自启动引起的过电流等因素，因此动作电流常常很大，以致在变压器二次侧短路时保护的灵敏度可能不够。在这种情况下，应考虑装设带低电压启动的过电流保护。

采用低电压启动时，保护的动作电流可以按照变压器的额定电流来整定，这就降低了动作电流，提高了保护的灵敏度。保护的接线方式与发电机所采用的低电压启动过电流保护基本相同。但对于升压变压器，可考虑将两套低电压继电器分别接在变压器两侧电压互感器的相同电位的位置上，并将其触点并联，这样，当变压器的任意一侧发生短路时，都能保证低电压元件的灵敏度。

（2）复合电压启动过电流保护。复合电压启动过电流保护一般用于升压变压器及过电流保护灵敏度不够的降压变压器上。由于采用了负序电压启动元件，发生不对称短路时的灵敏度大为提高，而且电压启动元件只接在变压器的一侧，因此它的接线也比低电压启动过电流保护简单。目前，复合电压启动过电流保护已得到了广泛应用。

1）负序电流和单相式低电压启动过电流保护。这种保护由反映不对称短路的负序电流保护元件（DL-2型负序电流继电器）及反映对称短路的单相式低电压启动过电流保护元件两部分组成，其构成方式、接线方式及工作原理均与发电机保护相类似。由于它具有较高的灵敏度，接线也比较简单，因此在大容量升压变压器及系统联络变压器中应用很广泛。

2）三绕组变压器过电流保护。三绕组变压器过电流保护的一个基本特点是在发生外部短路时，只断开故障一侧的断路器而使变压器的另外两侧仍然可以继续运行，以提高供电的可靠性。单电源三绕组变压器过电流保护原理如图2-70所示，当母线Ⅱ上发生短路时，过电流保护应有选择地动作，跳开断路器QF2，而保证变压器另外两侧的绕组Ⅰ和绕组Ⅲ继续运行。

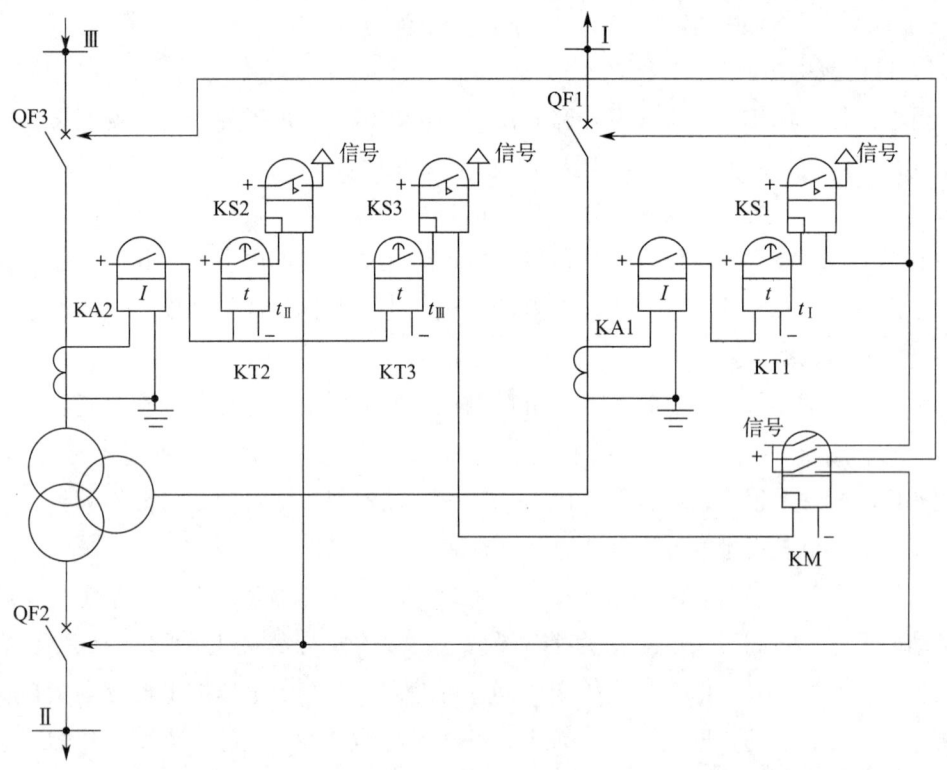

图 2-70 单电源三绕组变压器过电流保护原理

三绕组变压器过电流保护的实现原则如下。

①对于单侧电源的变压器,应装设两套过电流保护,如图 2-70 所示。一套装在负荷侧(即绕组Ⅰ侧),动作后使断路器 QF1 跳闸,其动作时限 $t_Ⅰ$ 应比其他两侧的动作时限都小。另一套过电流保护则装在电源侧(即绕组Ⅲ侧),它具有两个动作时限 $t_Ⅱ$ 和 $t_Ⅲ$,且 $t_Ⅲ > t_Ⅱ > t_Ⅰ$ ($t_Ⅲ = t_Ⅱ + \Delta t$,$t_Ⅱ = t_Ⅰ + \Delta t$)。这套保护动作后,以较小的动作时限 $t_Ⅱ$ 作用于 QF2 使其跳闸,而以较大的动作时限 $t_Ⅲ$ 来切断变压器三侧(即Ⅰ侧、Ⅱ侧和Ⅲ侧)的全部断路器。这样,当变压器Ⅰ侧发生外部故障时,两套过电流保护都启动,但因 $t_Ⅰ$ 最小,故仅由第一套保护动作跳开 QF1,待故障切除后第二套保护返回,使变压器Ⅱ、Ⅲ两侧继续工作。当变压器Ⅱ侧发生外部短路时,则由第二套过电流保护以动作时限 $t_Ⅱ$ 切除 QF2,而保持Ⅰ侧、Ⅲ侧绕组继续运行。如果是变压器内部发生故障,则在 QF2 跳闸后第二套保护仍然不返回,于是动作时限 $t_Ⅲ$ 后,时间继电器 KT3 触点闭合,启动中间继电器 KM 使三侧断路器同时跳闸。

②对于两侧电源的三绕组变压器,应在三侧均装设过电流保护,而在动作时限较

小的一个电源侧加装方向元件，以保证动作具有选择性。例如，图 2 - 70 中，三绕组变压器的Ⅰ侧、Ⅲ侧均有电源时，就应在动作时限较小的Ⅰ侧装设方向过电流保护，并使保护的动作方向为短路功率由变压器流向本侧母线的方向。这样，就可以避免在变压器的另外两侧发生故障时，该侧保护无选择性动作。

但是，在装设了功率方向元件以后，当变压器内部发生短路时，该侧过电流保护将失去后备保护的作用。为了解决这个问题，常需要增加一套不带方向的过电流保护，以作为变压器内部短路时的后备保护。带功率方向元件的过电流保护动作时限较短，仅动作于本侧断路器跳闸；不带功率方向元件的过电流保护动作时限较长，动作后使三侧断路器同时跳闸。

在三绕组变压器上，必要时也可采用复合电压启动的过电流保护或负序电流保护。

3. 过负荷保护

过负荷保护用来反应变压器对称过负荷引起的过电流。该保护只用一个电流继电器接于任意一相，保护动作后，经一定延时动作于信号或动作于跳闸（对无人值班的变电所）。过负荷保护的接线方式、整定原则也与发电机的过负荷保护相同。

但是，变压器过负荷保护应保护所有绕组。为此，对于双绕组变压器，过负荷保护应装在有电源的一侧。对于三绕组升压变压器：当某一侧无电源时，过负荷保护应装在发电机电压侧和无电源的一侧；当三侧都有电源时，则三侧均应装过负荷保护。对于三绕组降压变压器：当它只有单侧电源且三侧绕组容量相等时，过负荷保护可以只装在电源侧；当它只有单侧电源且三侧绕组容量不同时，过负荷保护应装在电源侧和容量较小的一侧。对于有双侧电源的三绕组降压变压器及系统中的联络变压器，则三侧均应装过负荷保护。

2.2.5 变压器的接地保护

1. 单相接地保护

接地保护是电力系统中最常见的一种保护。大电流接地系统中的变压器一般应该装设接地（零序）保护，以作为变压器本身主保护的后备保护和相邻元件接地短路的后备保护。

2. 变压器的零序电流保护

当变压器的中性点采用直接接地的运行方式时，其接地保护可采用一般的零序电流保护。为了取得零序电流，通常将保护接在中性点接地的电流互感器上，如图 2 - 71 所示。

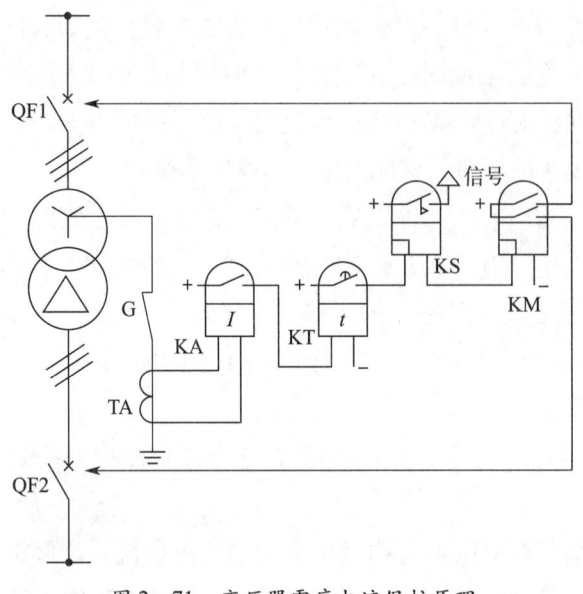

图 2-71 变压器零序电流保护原理

在正常情况下，电流互感器 TA 中没有电流，零序电流保护不动作。当发生接地短路时，出现零序电流。当它大于保护的动作电流时，电流继电器 KA 动作，经时间继电器 KT 的延时后，跳开变压器两侧的断路器。零序电流保护的动作电流应大于该侧母线引出线零序电流保护后备保护的动作电流，即按灵敏度相配合的条件来整定。保护的动作时限也要比后者大一个时限级差 Δt。

3. 并联运行变压器部分中性点接地时的零序保护

当变电所中有两台以上变压器并联运行时，通常只有一部分变压器的中性点接地，而另一部分变压器的中性点不接地。这时，不仅在中性点不接地的变压器上无法实施零序电流保护，而且在发生接地故障时，对分级绝缘变压器还可能造成危害。部分变压器中性点接地时的情况如图 2-72 所示，设图中变压器 T1 的中性点接地并装有零序电流保护，而变压器 T2 的中性点不接地。这样，当高压母线上的 D 点发生单相接地短路时，变压器 T1 将被切除，而变压器 T2 则仍然带着接地故障运行。这时就会产生危险的过电压，对分级绝缘变压器

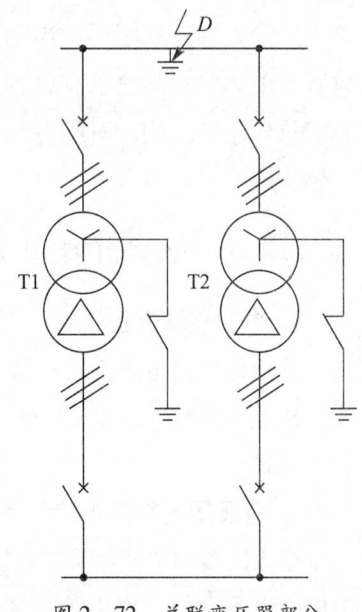

图 2-72 并联变压器部分中性点接地运行

（目前在大电流接地系统中广泛使用）来说，其绝缘将遭到破坏。因此，在变压器中性点部分接地的变电所中，当发生接地短路后，应考虑首先切除这些中性点不接地的分级绝缘变压器。如果故障点仍然存在，再断开中性点接地的变压器，这样就可以防止不接地的分级绝缘变压器因为过电压而遭受损坏。

为了达到上述目的，目前广泛使用一种由零序电流元件和零序电压元件组成的零序保护，其原理如图 2-73 所示。零序电压保护由电压继电器 KV 和时间继电器 KT2 构成，它反映零序电压 $3U_0$，并以 KT2 的整定时限动作，是变压器中性点不接地运行方式下的零序保护；零序电流保护由电流继电器 KA 和时间继电器 KT1 构成，它反映零序电流 $3I_0$，是变压器中性点接地运行方式下的零序保护。为了保证发生单相接地短路时，先切除中性点不接地的变压器，时间继电器 KT1 的动作时限应比 KT2 的动作时限大一个时限级差 Δt。此外，在这种零序保护中还设有一个控制电源母线 M，任何一台中性点接地变压器的零序电流继电器 KA 动作后，都将立即通过其时间继电器 KT1 的瞬时触点，将正电源加到这个控制电源母线上，以便向中性点不接地变压器的零序电压保护提供操作电源。

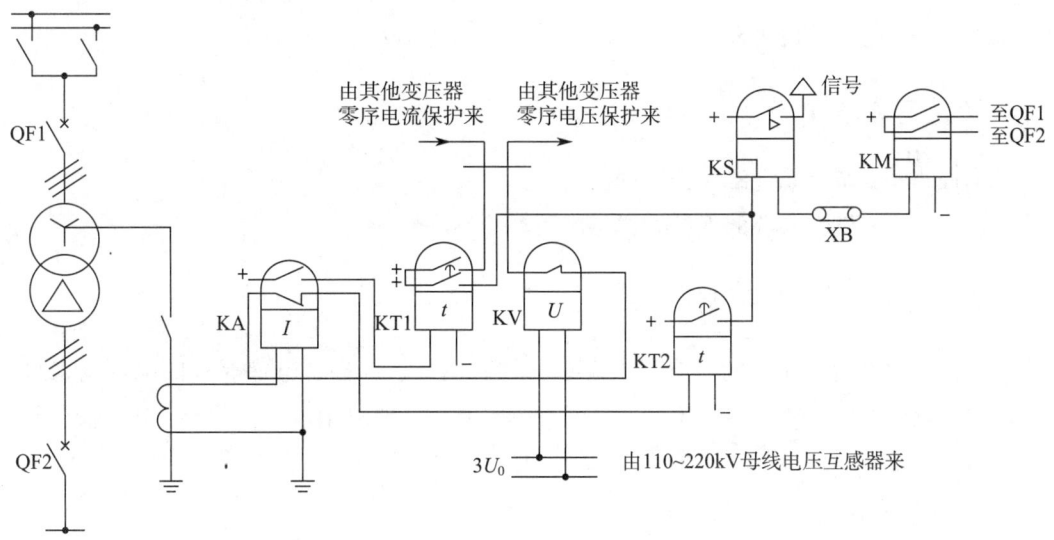

图 2-73 并联运行变压器部分中性点接地时的零序保护原理

下面分析一下并联运行变压器只有部分变压器中性点接地的变电所中，这种零序保护的工作情况。当正常运行时，无零序电流 $3I_0$ 和零序电压 $3U_0$，故所有变压器的零序保护均不动作。当发生接地故障时，出现 $3I_0$ 和 $3U_0$，在 $3I_0$ 的作用下，中性点接地变压器的零序电流继电器 KA 启动，其接地断开，常开触点接通，使 KT1 的线圈通电。KT1 通电后，立即给控制电源母线 M 接上正电源，同时开始计算时间。在 $3U_0$ 的作用下，电压继电器 KV 动作并使其常开触点闭合。这时，对中性点接地的变压器来说，由于 KA 的常闭触点已断开，故时间继电器 KT2 因得不到正电源而不动作；对中性点不接地的变压器来说，则由于它的 KA 并未动作，其常闭触点仍然是闭合的。于是，控制电源母线 M 上正电源的控制电流立即通过 KV 的常开触点和 KA 的常闭触点加到时间继电器 KT2 的线圈上，经 KT2 的整定时限后，其延时触点闭合，将中性点不接地的变压器切除。

中性点不接地的变压器全部切除后，如果接地故障仍未消除，那么，由于中性点接地变压器的零序电流保护未能返回，等 KT1 的延时触点闭合，随即将这些中性点接地的变压器切除。对全绝缘变压器来说，除按规定装设零序电流保护并增设零序过电压保护外，当系统单相接地且失去接地中性点时，零序过电压保护经过 $0.3 \sim 0.5\,\mathrm{s}$ 动作时限，断开变压器各侧断路器。

2.3　400 V 供电系统

学习目标

掌握 400 V 供电系统的保护原理
掌握 400 V 供电系统的保护方式及应用

2.3.1　400 V 供电负荷分类

城市轨道交通车站内的所有用电设备（如照明灯、广播、电梯等）的电源均来自降压变电站 400 V 系统。根据用电设备的重要程度，一般将用电设备分为一类负荷、二类负荷和三类负荷。

1. 一类负荷

一类负荷中断供电后将会造成严重的人身和设备事故，使用电方产生严重的废品损失，使工厂的生产秩序遭到破坏，使人民生活受到影响，或有重大政治影响。例如，城市轨道交通车站中如果发生重大设备（如车辆信号设备、通信设备、消防设备等）停电，则容易引起列车停运，乘客多时可能出现踩踏等事故。因此，对于一类负荷，要保证不间断供电。

一类负荷应由两个电源供电，即两个电源不能同时损坏，因为只有满足这个基本条件，才可能维持其中一个电源继续供电。

近年来，供电系统的运行实践经验证明，从电力网引接两个回路电源进线加备用自投的供电方式不能满足重要一级负荷对供电可靠性及连续性的要求。因为有的停电事故是由内部故障引起的，有的是由电力网故障引起的，而地区大电力网在主网电压上部是并网的，所以用电部门无论从电力网取几个回路电源进线都无法得到严格意义上的两个独立电源。因此，电力网的各种故障都可能导致全部电源进线同时失去电源，造成停电事故。当有自备发电站时，虽然可利用低周解列措施提高供电的可靠性，但运行经验证明，仍不能完全避免停电事故的发生。由于内部故障和继电保护的误动作交织在一起，造成自备电站电源和电网均不能向负荷供电，而低周解列装置无法完全解决这个问题。因此，与电力网并列运行的自备电站一般不宜作为应急电源使用，对于重要的一级负荷，要由与电力网不并列的、独立的应急电源供电。

工程设计中，对于其他专业提出的重要一级负荷，应仔细研究，凡能采取非电气保安措施的，应尽可能地减少重要一级负荷的负荷量，需要双重保安措施的除外。

禁止应急电源与工作电源并列运行，目的在于防止电源故障发生时拖垮应急电源。旋转型不中断电源采用平时原动机不工作、发电机挂在工作电源上做电动机运转的运行方式时，不能认为是并网。为了防止误并网，原动机的启动指令必须由工作电源主开关的辅助触点发出。具有频率跟踪环节的静止型不间断电源与工作电源并列运行，实践证明是可靠的。

2. 二类负荷

城市轨道交通车站二类负荷是指对它们中断供电将造成车辆停运、大量乘客滞留、人员疏散受影响的设备（如照明设备、广播设备、引导设备等）。

二类负荷在设计、施工中采用一路电源供电、另一路电源备用的方式，即一用一备。当主电源发生失电现象时，备用电源立即自切投入。

3. 三类负荷

三类负荷是指所有除一类负荷、二类负荷之外的负荷。在城市轨道交通车站内，三类负荷明显没有一类负荷、二类负荷重要，其作用仅仅是为了提高站内服务水平，或提供商业性服务，如广告照明设备、电梯、电水壶、空调等。

三类负荷在设计、施工中仅仅采用一路电源供电。鉴于三类负荷的重要性不如一类负荷和二类负荷，当 400 V 系统容量不足，无法满足站内用电需求时，往往以切除三类负荷作为主要应对手段。

2.3.2　400 V供电运行方式

为了满足站内400 V一类负荷、二类负荷的需求，车站采用单母线分段运行的供电方式，如图2-74所示。在正常情况下运行时，35 kV Ⅰ段电源通过1#电力变压器变压为400 V电压等级，400 V 1#电力变断路器一经合闸，电源送电至400 V Ⅰ段母线，400 V Ⅰ段负荷设备从400 V Ⅰ段母线获取电能。同理，在正常情况下运行时，35 kV Ⅱ段电源通过2#电力变压器变压为400 V电压等级，400 V 2#电力变断路器一经合闸，电源送电至400 V Ⅱ段母线，400 V Ⅱ段负荷设备从400 V Ⅱ段母线获取电能。

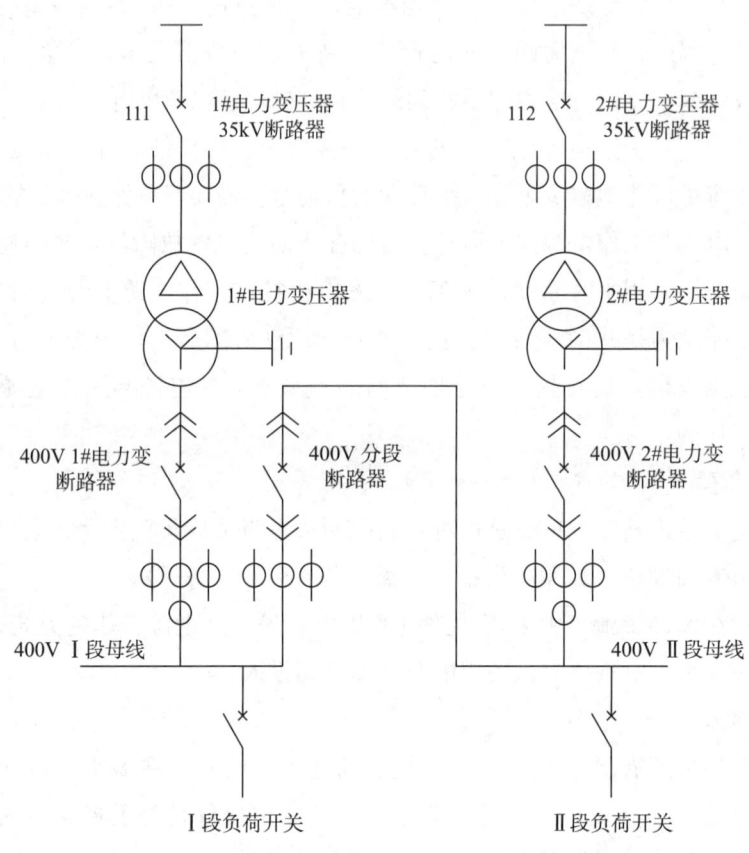

图2-74　降压站一次系统

由以上内容可知，在正常情况下运行时，400 V Ⅰ段、Ⅱ段母线互不干扰，分别独立运行。此时400 V分段断路器处于断开位置。

为了确保400 V Ⅰ段母线上的一类负荷、二类负荷带电运行，允许400 V分段断路器合闸，将400 V Ⅱ段母线电源引向400 V Ⅰ段母线，确保400 V Ⅰ段母线能够继续运行。但是为了确保400 V系统的安全，需要对400 V分段断路器合闸进行适当的约束，即满足特定条件方可进行合闸操作，具体条件如下。

1. 400 V Ⅰ段或Ⅱ段母线禁止同时带电

为了了解1#电力变压器是否带电运行，最直观的方式是监测1#电力变压器低压侧是否存在电压。一般情况下，在1#电力变压器低压侧（即400 V 1#电力变断路器 QF1 进线侧）接入低压继电器 KV1、KV2，如图2-75所示，用于监测 UV 相、VW 相电压。当 UV 相、VW 相同时失去电压，低电压继电器 KV1、KV2 常闭触点闭合，发出失电信号，供后续使用。

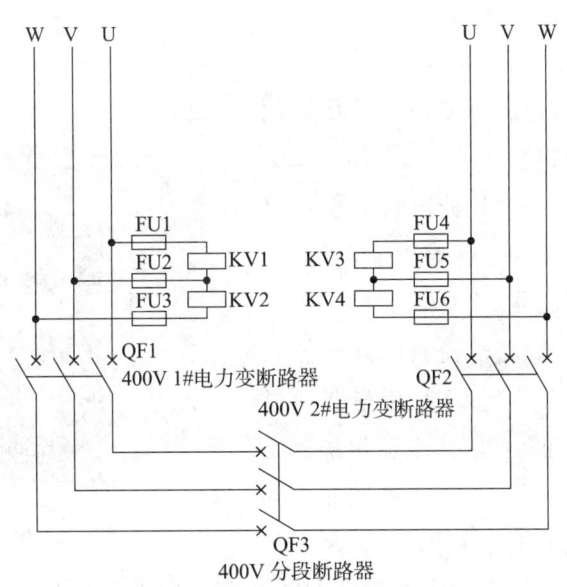

图2-75　400 V进线侧电压采样回路

如果1#电力变压器和2#电力变压器同时正常带电运行，400 V分段断路器 QF3合闸会使400 V Ⅰ段和Ⅱ段母线电源合并，俗称并排，这种情况容易发生环流，不利于系统安全运行。为了杜绝这种情况发生，必须在400 V分段断路器 QF3合闸回路中引入闭锁信号。因此，400 V分段断路器 QF3合闸条件之一为400 V Ⅰ段或Ⅱ段母线禁止同时带电。

2. 400 V Ⅰ段母线一旦失电，必须确保Ⅰ段母线安全无故障

根据继电保护的选择性和可靠性可知，当400 V Ⅰ段母线发生故障时，其对应跳闸的断路器为 400 V 1#电力变断路器 QF1。400 V 1#电力变断路器 QF1 继电保护动作后，发出闭锁信号至 400 V 分段断路器 QF3，使 400 V 分段断路器 QF3 合闸闭锁，禁止 400 V 分段断路器 QF3 在 400 V 1#电力变断路器 QF1 故障跳闸后合闸。

400 V Ⅰ段母线故障点未排除前，禁止对 400 V 分段断路器 QF3 进行合闸。400 V 分段断路器 QF3 一经合闸，继电保护动作，使 400 V 分段断路器 QF3 跳闸。因此，400 V 分段断路器 QF3 合闸条件之一为 400 V Ⅰ段母线无故障。

以上两个条件是构成 400 V 分段断路器 QF3 合闸运行的必要条件，为了使 400 V 分段断路器 QF3 可靠安全运行，还需要在 1#、2#电力变断路器 QF1、QF2 中获取一定数量的辅助信号，以确保 400 V 分段断路器 QF3 合闸后的安全性。

2.3.3 MT 断路器

1. MT 断路器的组成

上海城市轨道交通降压变电站选用施耐德公司的产品 MT 断路器（见图 2-76）作为 400 V 电力变断路器、400 V 分段断路器。MT 断路器是一款集开断电路、保护和通信功能于一体的 400 V 低压断路器。

此款断路器针对短路电流具有开断能力强、灭弧性能良好等特点。MT 断路器通过 Micrologic 保护装置集成三段式电流保护、反时限保护及零序保护。同时，MT 断路器内部设有信号转换器，将其电流、电压、功率、开

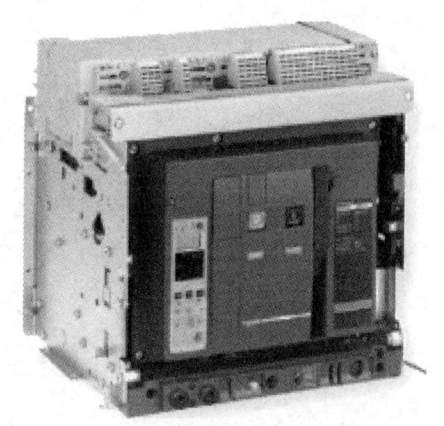

图 2-76　400 V MT 断路器

关位置等信号通过信号转换器传递至 SCADA 系统。在供电要求较高的场所，MT 断路器应用较广泛。

2. Micrologic 保护装置的设置

Micrologic 保护装置自身带有保护动作曲线，如图 2-77 所示。Micrologic 装置分为长延时过电流保护 I_r、短延时过电流保护 I_{sd}、瞬时过电流速断保护 I_i、接地故障保护 I_g。

观察 Micrologic 保护装置左下角（见图 2-78），获取此保护装置的额定电流 I_n。再根据 Micrologic 保护装置整定值刻度盘进行整定值的选择，将选择后的整定值换算成一

次电流阈值。如图 2-79 所示，长延时过电流保护 I_r 设定为 0.7，则长延时过电流保护一次侧动作阈值 $I_r = 0.7I_n = 1\,400$ A；短延时过电流保护 I_{sd} 设定为 2，则短延时过电流保护一次侧动作阈值 $I_{sd} = 2I_r = 2\,800$ A；瞬时过电流速断保护 I_i 设定为 3，则瞬时过电流速断保护一次侧动作阈值 $I_i = 6I_n = 12\,000$ A；接地故障保护 I_g 设定为 B，根据表 2-2 确定接地故障保护一次侧动作阈值 I_g 为 640 A。

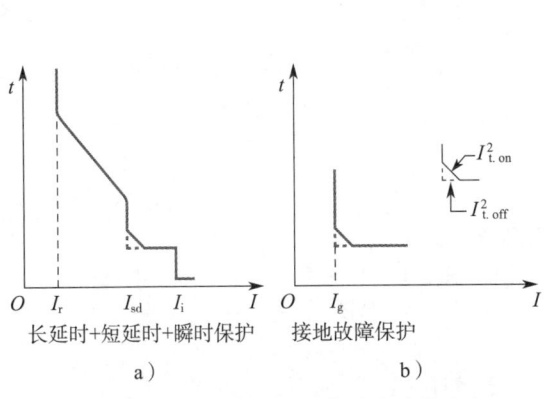

图 2-77 Micrologic 保护装置的动作曲线

a）三段式电流保护动作曲线　b）接地保护动作曲线

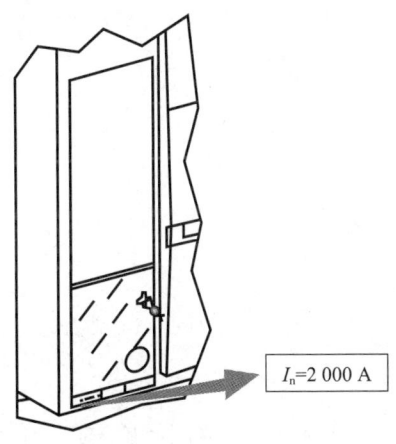

图 2-78 400 V MT 断路器额定电流

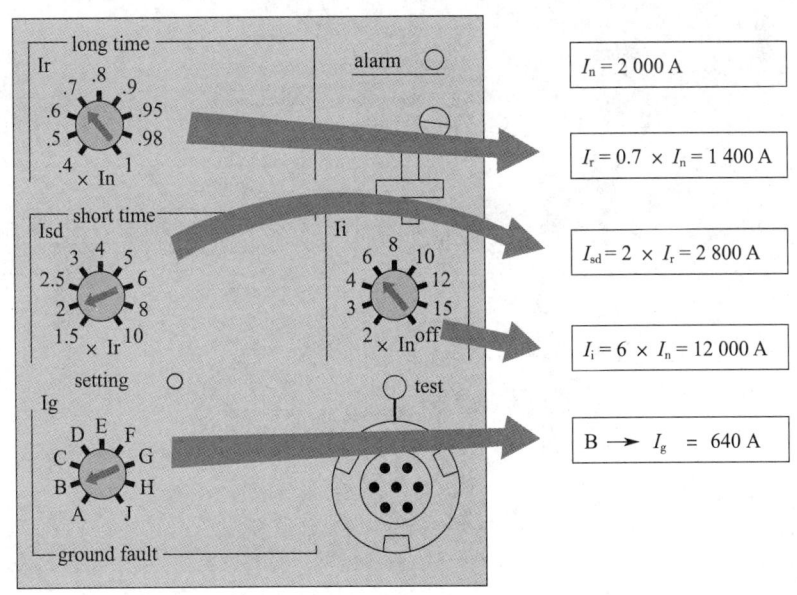

图 2-79 电流保护整定值设定

表2-2 接地故障保护参数对应表

设定等级	A	B	C	D	E	F	G	H	J
动作阈值	500 A	640 A	720 A	800 A	880 A	960 A	1 040 A	1 120 A	1 200 A

将以上四种保护绘制成保护组,确定保护范围,如图2-80所示。

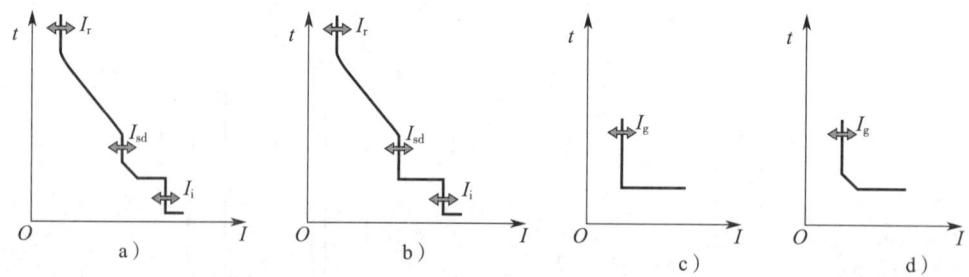

图2-80 电流保护曲线

a) I_r 长延时保护 + I_{sd} 反时限保护 + I_i 瞬时保护　b) I_r 长延时保护 + I_{sd} 短延时保护 + I_i 瞬时保护
c) I_g 短延时接地保护　d) I_g 反时限接地保护

保护动作电流阈值确定后,还需要确定保护动作时间,如图2-81所示。

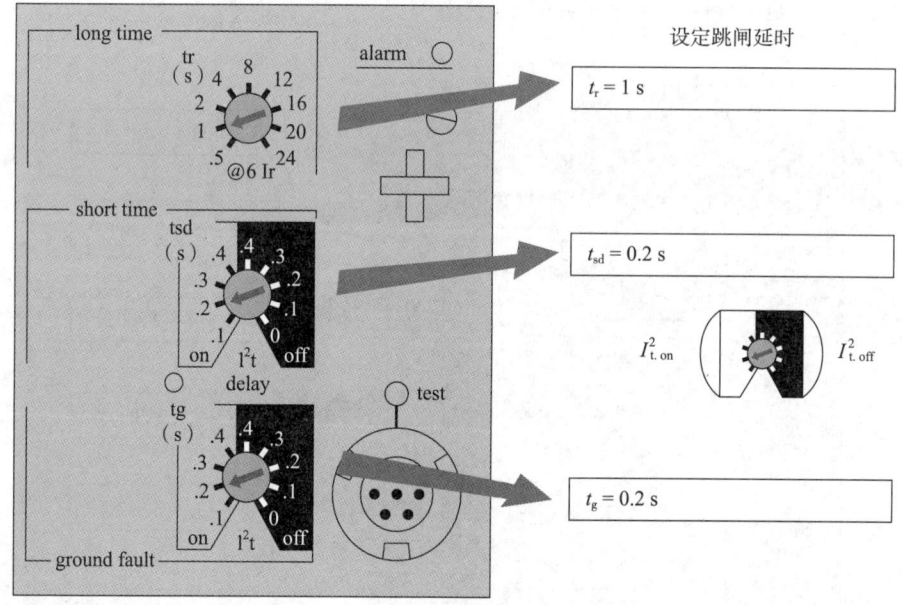

图2-81 400 V MT断路器动作时间设定

长延时过电流保护 I_r 对应保护时间为 t_r，设定为 1 s。短延时过电流保护 I_{sd} 对应保护时间为 t_{sd}，设定为 0.2 s。t_{sd} 可根据设计要求选择反时限或定时限特性。$I^2_{t.\,on}$ 代表反时限特性，$I^2_{t.\,off}$ 代表定时限特性，如图 2-82 所示。

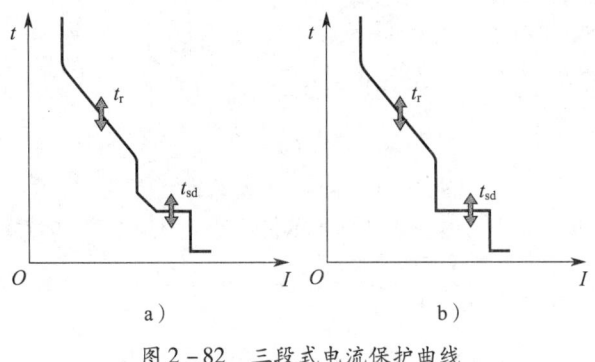

图 2-82　三段式电流保护曲线
a) $I^2_{t.\,on}$ 曲线　b) $I^2_{t.\,off}$ 曲线

接地故障保护 I_g 对应保护时间 t_g，设定为 0.2 s。t_g 可根据设计要求选择反时限或定时限特性。$I^2_{t.\,on}$ 代表反时限特性，$I^2_{t.\,off}$ 代表定时限特性，如图 2-83 所示。

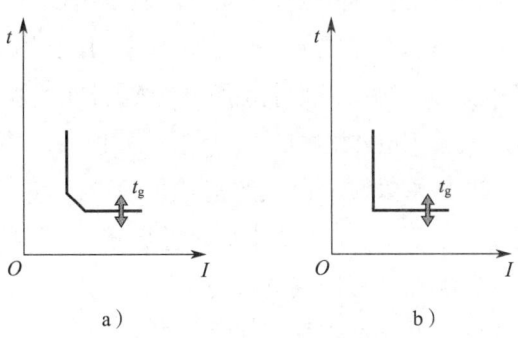

图 2-83　接地故障保护曲线
a) $I^2_{t.\,on}$ 曲线　b) $I^2_{t.\,off}$ 曲线

保护设置完成后，投入运行。当保护动作后，Micrologic 保护装置自身所带有的 LED（发光二极管）指示灯显示保护动作类型和保护动作种类。例如，长延时跳闸信号如图 2-84a 所示，短延时脱扣或瞬时脱扣信号如图 2-84b 所示，接地故障脱扣或漏电脱扣信号如图 2-84c 所示。

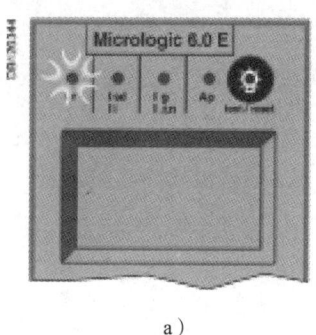 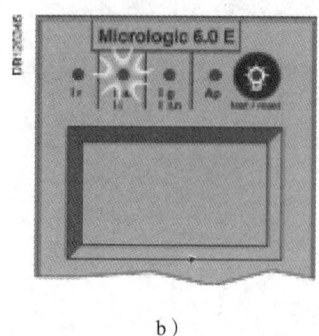 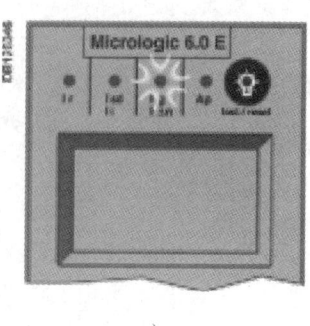

a） b） c）

图 2-84 不同保护对应的信号

a）长延时跳闸信号 b）短延时脱扣或瞬时脱扣信号 c）接地故障脱扣或漏电脱扣信号

2.3.4 400V系统自投/自切应用

1. 400V系统自投/自切概念

为了满足400V一类负荷、二类负荷的供电需求，通常情况下不宜对400V Ⅰ段、Ⅱ段母线进行倒闸操作或停电操作。对于无人值守的变电所，如果需要检修设备或发生由上级供电设备故障引起的停电事故，应通知变电检修工赶到变电所，人为进行400V分段断路器合闸以完成支援供电，而此过程将耗费很多时间，显然不能满足一类负荷、二类负荷的供电要求。为此，在400V供电系统中提出自投/自切概念，用于提高400V停电、送电的自动化程度，减少停电时间和恢复时间，用以满足用户持续供电的需求。通常变电站完成一次完整的自投/自切功能时，先从停电开始做自切，然后在送电过程中做自投。

400V自投是指在400V单母线分段系统运行过程中，当一段供电线路失去电源时，400V分段断路器通过自动化设备对失电原因进行分析，判断是否能够合闸进行支援供电的一整套过程，即400V分段断路器自动投入。

400V自切是指在400V单母线分段系统中，在400V分段断路器处于合闸位置、400V母线实现支援供电的运行情况下，当上级电源恢复，能够使400V系统重新实现单母线分段运行时，400V分段断路器通过自动化设备，根据现有条件，判断是否能够恢复供电的一整套过程，即400V分段断路器自动切除。

400V自投/自切需要通过自动化设备来实现，通常依靠电压继电器、时间继电器和中间继电器的组合来完成自投/自切功能。

2. 400V系统自投/自切步骤

（1）400V系统自投基本步骤

1）1#电力变压器失电。400V 1#、2#进线的U、V、W三相电源分别来自1#电力变压器和2#电力变压器的400 V低压侧。在正常运行情况下，Ⅰ段线路停电，1#电力变压器失去电源，停止工作，如图2-85所示。

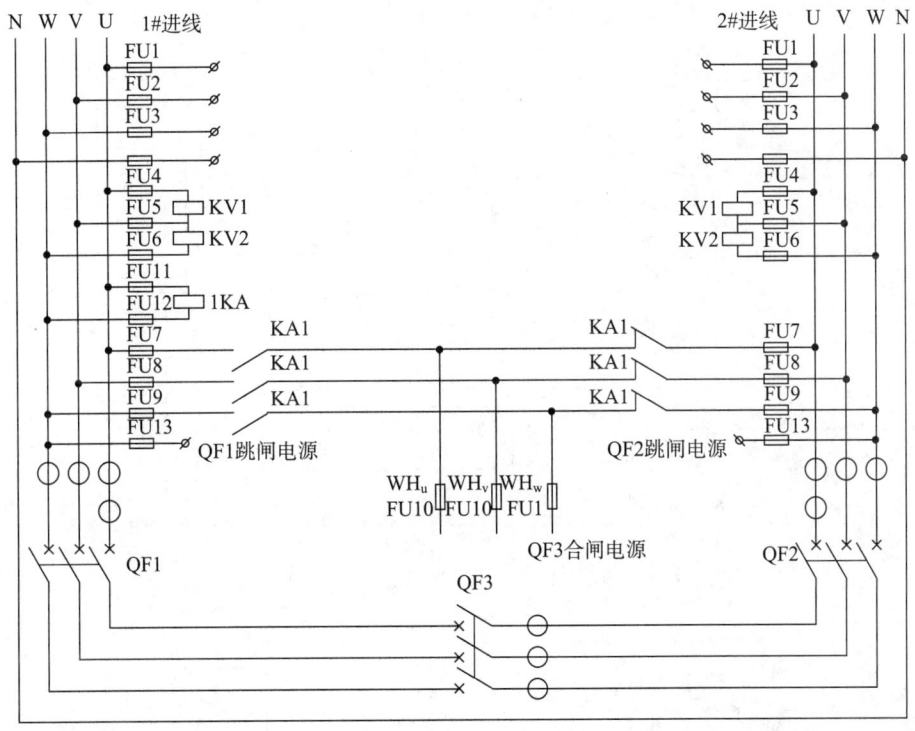

图2-85　400 V系统一次采样回路

2）400 V 1#电力变断路器QF1分闸。如图2-86所示，400 V 1#进线无电，U相（熔断器FU13）失去电源，400 V 1#电力变断路器QF1为欠电压断路器，即欠电压线圈得电时，400 V 1#电力变断路器QF1方可合闸。当欠电压线圈失电时，400 V 1#电力变断路器QF1欠电压跳闸。400 V 1#电力变断路器QF1因400 V 1#进线无压发生欠电压跳闸。

3）400 V分段断路器QF3合闸。电压继电器KV1和KV2线圈连接400 V 1#进线侧。当400 V 1#进线侧无电时，电压继电器KV1和KV2失电，常闭触点闭合，促使继电器KA2线圈受电（见图2-87），常开触点闭合。

此时，400 V 1#电力变断路器QF1已欠电压跳闸，其辅助触点QF1闭合，使正电源通过FU1、QF1、KA2至SA_{9-10}（自投投用，SA需要放置自动位置），再通过KM1、电动机M至负电源。

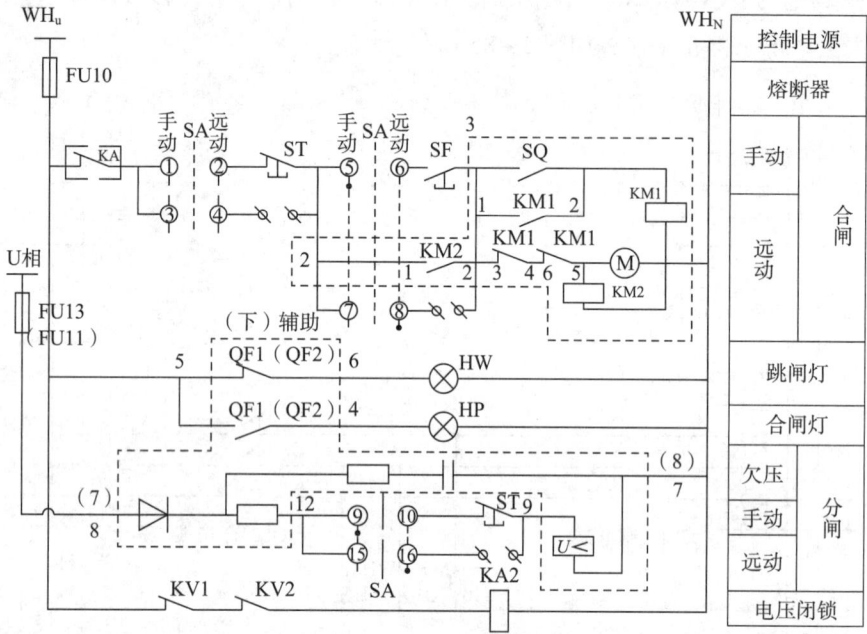

图 2-86 400 V 电力变断路器二次控制原理

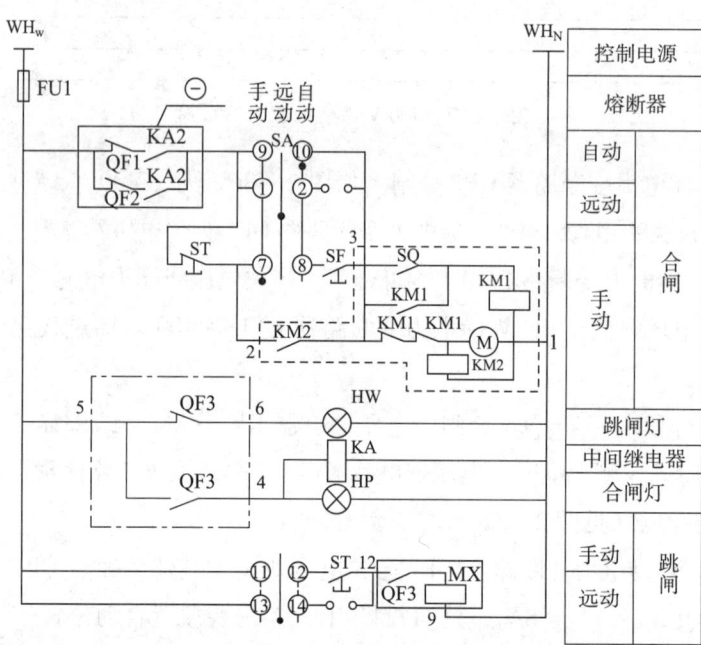

图 2-87 400 V 分段断路器二次控制原理

电动机 M 启动，KM2 线圈同时受电，起到自保持作用。当电动机 M 旋转至指定位置时，限位开关 SQ 闭合，将电动机 M 和 KM2 线圈短接，同时使 KM1 线圈受电。KM1 线圈受电后，KM1 常闭触点打开，完全释放电动机 M，400 V 分段断路器 QF3 合闸成功。

400 V 分段断路器 QF3 合闸成功后，辅助触点 $QF3_{5-4}$ 闭合，合闸灯 HP 被导通，常亮。同时，继电器 KA 线圈受电，其常闭辅助触点接于 400 V 1#、2#电力变断路器，使 400 V 1#、2#电力变断路器合闸闭锁。400 V Ⅰ段失电，400 V 分段断路器完成自投。

（2）400 V 系统自切基本步骤。随着 PLC 技术不断引入电力设备自动控制系统，电力设备自动化程度越来越高，上海城轨列车自 3 号线起，采用 PLC 控制 400 V 自投/自切功能。自切步骤基本上是首先 400 V 分段断路器 QF3 自动分闸，然后 400 V 1#电力变断路器 QF1 自动合闸，具体过程不过多介绍。

2.3.5　PLC 在 400 V 系统的应用

1. PLC 的特点

随着自动化技术的不断发展，PLC 在电力系统设备中的应用越来越多。以 400 V 系统自投/自切为例，PLC 几乎已替代了原有的电磁式继电器。PLC 控制相较于传统的电磁式继电器控制具有以下特点。

（1）可靠性高，抗干扰能力强。可靠性是电气控制设备的关键性能。PLC 采用现代大规模集成电路技术，经严格的生产工艺制造，其内部电路采用先进的抗干扰技术，具有很高的可靠性。例如，三菱公司生产的 F 系列 PLC 平均无故障时间高达 3×10^5 h。一些使用冗余 CPU（中央处理器）的 PLC 的平均无故障工作时间则更长。对 PLC 的机外电路来说，使用由 PLC 构成的控制系统与同等规模的继电器、接触器系统相比，电气接线及开关已减少到数百甚至数千分之一，故障率也就大大降低。此外，PLC 带有硬件故障自我检测功能，出现故障时可及时发出报警信号。在应用软件中，应用者还可以编入外围器件的故障自诊断程序，使系统中除 PLC 以外的电路及设备也获得故障自诊断保护。

（2）配套齐全，功能完善，适用性强。PLC 发展至今，已经形成了大、中、小各种规模的系列化产品，可用于各种规模的工业控制场合。除了具有逻辑处理功能以外，现代 PLC 大多还具有完善的数据运算能力，可用于各种数字控制领域。近年来，PLC 的功能单元大量涌现使 PLC 渗透到位置控制、温度控制等工业控制领域中，加上 PLC 通信能力的增强及人机界面技术的发展，由 PLC 组成各种控制系统变得非常容易。

(3) 易学易用，深受工程技术人员的欢迎。PLC 作为通用工业控制计算机，是面向工矿企业的工控设备。它可与其他相关通信设备连接，其编程语言易于学习，为不熟悉电子电路、计算机原理和汇编语言的人使用计算机从事工业控制打开了方便之门。

(4) 系统的设计、建造工作量小，维护方便，容易改造。PLC 用存储逻辑代替接线逻辑，大大减少了控制设备外部的接线，使控制系统的设计、建造周期大为缩短，同时易于维护。更重要的是，它使在同一设备上通过改变程序而改变生产过程成为可能。PLC 很适合用于多品种、小批量的生产场合。

(5) 体积小，质量轻，功耗低。以超小型 PLC 为例，新近生产的品种底部尺寸小于 100 mm，质量小于 150 g，功耗仅数瓦。PLC 由于体积小很容易被装入机械内部，是实现机电一体化的理想控制设备。

2. 400 V 分段 PLC 自投/自切启用

此处不以介绍 PLC 的编程语句为目的，因此只向读者介绍一下 PLC 在上海城市轨道交通变电站 400 V 系统自投/自切过程中所需要的逻辑条件和执行顺序。

400 V 分段自投/自切启用前准备工作如图 2-88 所示。

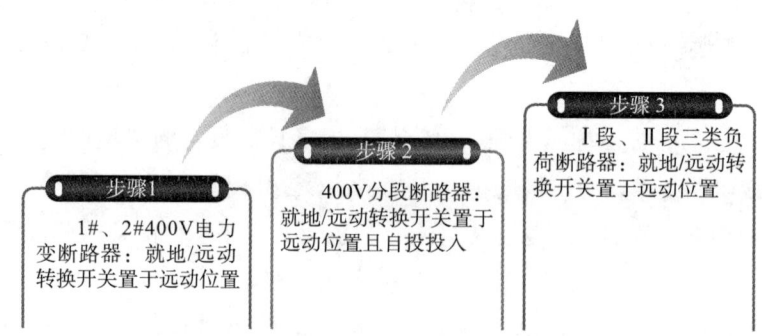

图 2-88 400 V 分段自投/自切启用前准备工作

(1) 自切启用。完成 400 V 各断路器就地/远动转换开关转换后（远动位置），将 35 kV 1#电力变断路器分闸。35 kV 1#电力变断路器分闸后，PLC 进入自动执行过程（自切），如图 2-89 所示。

1) 35 kV 1#电力变断路器分闸后执行下列逻辑

①判断 400 V Ⅰ 段进线失压。此条件由 400 V 1#电力变断路器闭合触点提供给 PLC 输入端。

②判断 400 V Ⅱ 段进线有压。此条件由 400 V 2#电力变断路器闭合触点提供给 PLC 输入端。

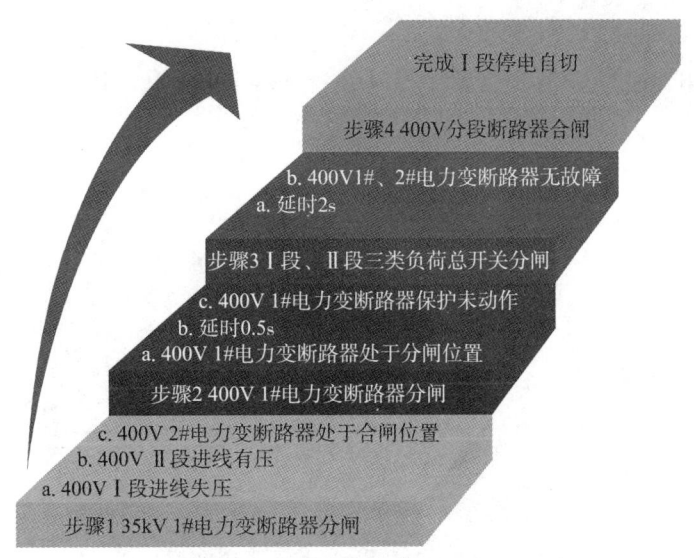

图 2-89　Ⅰ段停电自切流程

③判断 400 V 2#电力变断路器处于合闸位置。此条件由 400 V 2#电力变断路器辅助触点提供给 PLC 输入端。

满足以上三组条件，PLC 输出，执行 400 V 1#电力变断路器分闸命令。

2) 400 V 1#电力变断路器分闸后执行下列逻辑

①判断 400 V 1#电力变断路器处于分闸位置。此条件由 400 V 1#电力变断路器辅助触点提供给 PLC 输入端。

②延时 0.5 s。PLC 内置时间继电器，设置为 0.5 s。

③判断 400 V 1#电力变断路器保护未动作。确认此次 400 V 1#电力变断路器分闸为正常分闸，非故障跳闸。此条件由 400 V 1#电力变断路器故障输出触点提供给 PLC 输入端。

满足以上三组条件，PLC 输出，执行 400 V Ⅰ段、Ⅱ段三类负荷总开关分闸命令。

3) 400 V Ⅰ段、Ⅱ段三类负荷总开关分闸后执行下列逻辑

①延时 2 s。PLC 内置时间继电器，设置为 2 s。

②判断 400 V 1#、2#电力变断路器无故障。确认 400 V 1#、2#电力变断路器为正常状态。此条件由 400 V 1#、2#电力变断路器故障输出触点提供给 PLC 输入端。

4) 400 V 分段断路器合闸。完成Ⅰ段停电自切。

(2) 自投启用。400 V 分段断路器完成自切后，安全运行。当 1#电力变压器重新恢复供电，促使 400 V Ⅰ段进线侧电压恢复时，希望 400 V 分段断路器能够自行中断运

行,并恢复400 V正常工作方式。

35 kV 1#电力变断路器合闸后,1#电力变压器得电运行,PLC进入自动执行过程(自投),如图2-90所示。

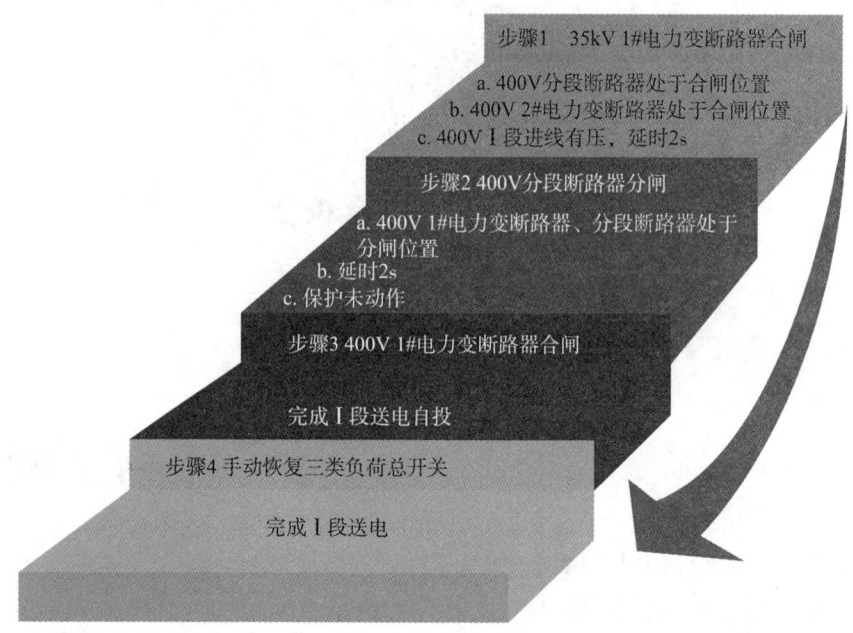

图2-90 Ⅰ段送电自投流程

1)35 kV 1#电力变断路器合闸后执行下列逻辑

①判断400 V分段断路器处于合闸位置。此条件由400 V分段断路器辅助触点提供给PLC输入端。

②判断400 V 2#电力变断路器处于合闸位置。此条件由400 V 2#电力变断路器辅助触点提供给PLC输入端。

③判断400 V Ⅰ段进线有压,延时2 s。此条件由400 V 1#电力变断路器的闭合触点提供给PLC输入端。

满足以上三个条件,PLC输出,执行400 V分段断路器分闸命令。

2)400 V分段断路器分闸后执行下列逻辑

①判断400 V 1#电力变断路器、分段断路器处于分闸位置。此条件由400 V 1#电力变断路器和400 V分段断路器辅助触点提供给PLC输入端。

②延时2 s。PLC内置时间继电器,设置为2 s。

③保护未动作。此条件由 400 V 分段断路器故障输出触点提供给 PLC 输入端。

3) 400 V 1#电力变断路器合闸。完成 I 段送电自投。

4) 三类负荷总开关由人工恢复送电。完成 I 段送电。

随着 PLC 的不断发展，日后的 400 V 系统自投/自切将做到 0 s 无缝衔接，使用户感受不到瞬间停电，使一类、二类负载真正做到不停电切换。

2.4 牵引供电系统保护

学习目标

掌握整流器组保护原理

掌握直流高速断路器保护方式及应用

2.4.1 牵引供电模式

轨道交通中电动列车的牵引动力为高压直流电源，轨道交通供电系统通过牵引变电站内的整流器组将 35 kV 交流电降为 1.22 kV 交流电，再通过整流将 1.22 kV 交流电转换为 1 500 V 直流电。1 500 V 直流电源通过 1 500 V 直流高速断路器向接触网或第三轨供电，向电动列车提供电源，如图 2-91 所示。为此，直流高速断路器与交流断路器在系统中的作用相同，不但承担分断、接通电路的作用，还可根据短路电流的特点启动保护模式，将直流高速断路器进行分闸，使直流故障线路退出运行。

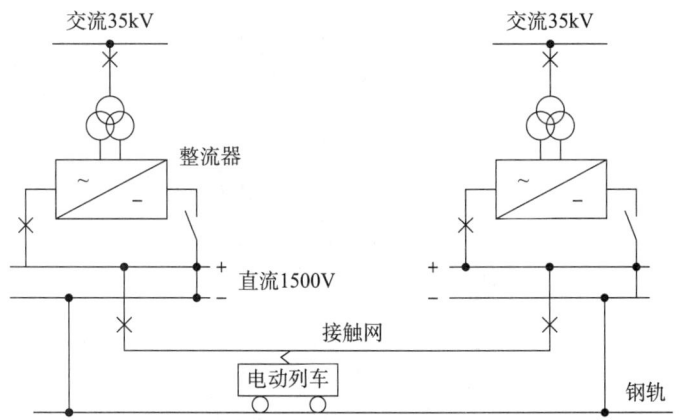

图 2-91 直流牵引供电系统接线示意

牵引供电系统保护的最大特点就是系统的"多电源"和保护的"多死区"。所谓"多电源"，是指当牵引网发生短路时，并非仅双边供电两侧的牵引变电所向短路点供电，而是全线的牵引变电所皆通过牵引网向短路点供电。只是距离短路点近的牵引变电所供出的短路电流大，距离短路点远的牵引变电所供出的短路电流小而已。所谓"多死区"，是指由于牵引供电系统本身的特点和保护对象的特殊性而形成保护的"死区"。

任何保护的最基本要求是当发生短路故障时，首先要"切断电源"，切断电源对直流系统至关重要，因为直流一旦形成电弧，如果不断电则可以长时间维持燃烧。而"消除死区"是任何保护必须要做到的。针对这两点，牵引供电系统除采用了交流系统常用的保护外，还采用了牵引变电所内部联跳、牵引网双边联跳、电流增量保护、电流上升率保护等特殊保护措施，这就可以完全满足牵引供电系统发生故障时及时切断电源、消除死区的要求。

2.4.2　35 kV 整流器组和整流柜保护

1. 35 kV 整流器组保护

针对整流器组，同样需要为整流变压器和整流器分别设置对应的保护组，确保在故障状态下，35 kV 整流变断路器能够跳闸停电。

（1）整流变压器相间短路保护。对于整流变压器发生的相间短路，三段式电流保护同样适用。根据三段式保护配置，无时限电流速断反映变压器内部发生高、低压线圈匝间短路和铁芯短路时，其整定值必须躲过变压器送电瞬间的励磁冲击电流，因此无时限电流速断整定值较高、灵敏度系数较小。

为了弥补无时限电流速断保护的缺点，引进带时限电流速断保护。带时限电流速断保护具有延时功能，可以通过延时功能躲过变压器送电瞬间的励磁冲击电流。

而定时限过电流保护必须按躲过负荷电流和电动机最大启动电流进行电流整定，同时通过延时功能躲过变压器送电瞬间的励磁冲击电流。

（2）整流变压器绕组温度保护。整流变压器的安全运行和使用寿命很大程度上取决于绕组绝缘的安全性。绕组温度超过绝缘耐受温度使绝缘被破坏是导致变压器不能正常工作的主要原因之一，因此对整流变压器运行温度进行监测和控制是十分必要的。整流变压器结构从内到外依次为铁芯、低压绕组和高压绕组，其发热源主要是铁芯和低压绕组，而外表面的高压绕组由于电流小而发热量很少。因此，使用普通的轴流式风扇吹整流变压器表面和使用空调降温，效果都不好。整流变压器在制造时已预留专用散热风道，只有专门设计的风冷温控装置才能达到预期的降温效果。为了适应变电站无人值班的要求，建议对现有的整流变压器安装风冷温控装置，并对断路器柜进行通风改造，使温度过高时通风散热装置能自动启动。

一方面通过预埋在低压绕组最热处的 Pt100 热敏测温电阻检测温度信号。当整流变压器负载增大、运行温度上升，绕组温度达到某一数值（此值可调，对 F 级绝缘干式变压器来说一般整定为 110 ℃）时，系统自动启动风机进行冷却；当绕组温度降低至某一数值（此值也可调，对 F 级绝缘干式变压器来说一般整定为 90 ℃）时，系统自动停止风机。

另一方面通过预埋在低压绕组中的正温度系数热敏电阻器（PTC）采集绕组或铁芯的温度信号。当变压器绕组温度继续升高，达到某一较高数值（此值可根据工程设计调整，通常整定为 F 级绝缘标称温度 155 ℃）时，系统输出超温报警信号；当温度继续上升达到某一更高数值（此值也可根据工程设计调整，通常整定为 170 ℃）时，变压器已不能继续运行，必须向二次保护回路输送超温跳闸信号，使变压器迅速跳闸。

2. 整流柜保护

（1）整流柜二极管故障报警、跳闸。任意一个大功率二极管损坏，报警；任意两个大功率二极管损坏，报警并跳闸，切断交流侧电源，使其退出运行。

其中，任意一个大功率二极管损坏即报警的工作原理介绍如下：当用于保护整流二极管的熔丝由于短路熔断时，该熔丝内的按钮弹出，使控制回路中的小型二极管接入电气回路中，这些二极管通过一定的排列组合做到任意一个大功率二极管损坏即报警。

（2）整流柜散热器温度保护报警、跳闸。在整流柜中，可以预测到温度最高的设备是散热器，为此在散热器中应设置温度继电器，用于监测散热器的温度。当整流器测试点的温度超过报警设定值时，发出报警信号；当整流器测试点的温度超过跳闸设定值时，发出跳闸命令。

（3）整流柜二极管和母线温度保护报警、跳闸。在整流柜内的二极管上安装感温元器件，用于监测整流元器件温度。当整流元器件温度超过报警设定值时，发出报警信号；当整流元器件温度超过跳闸设定值时，发出跳闸命令。

除了二极管，母线也是整流柜中易升温的部位，通过监测二极管和母线的温度，基本可以了解整流器柜内的真实工作温度。

相关链接

热敏电阻是常用的温度保护取样元件。当温度上升时,热敏电阻的阻值下降;当温度达到设定值时,其电阻值几乎为 0 Ω,相当于短路,如图 2-92 所示。这样,热敏电阻就可以触发对应的接触器,去驱动跳闸回路,使整流柜从运行中安全退出。

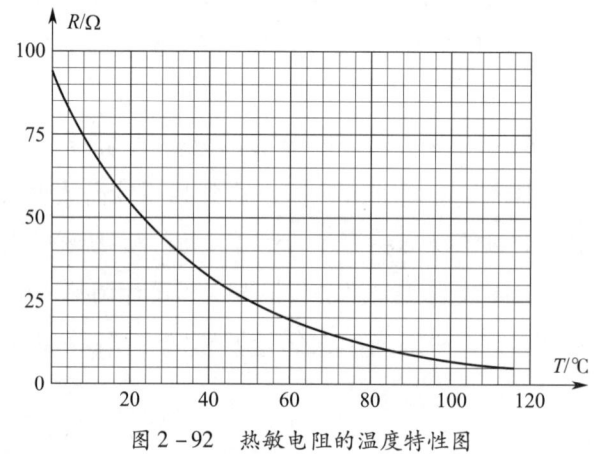

图 2-92 热敏电阻的温度特性图

(4) 直流侧过电压保护。整流柜输入的直流电是供电力机车使用的,电力机车在运行过程中常常遇到刹车、制动等操作,在此过程中往往产生多余能量,这些多余能量通过输电线路反送到整流柜中,造成直流过电压。因此,为了保护整流柜内的元器件,应在整流柜的直流侧正、负母线之间设置一些压敏电阻,用于过电压保护。

相关链接

压敏电阻是一种以氧化锌为主要成分的金属氧化物半导体非线性的限压型电阻。它的工作原理是氧化锌和添加剂在一定条件下"烧结",当电阻受到电压的强烈影响时,其电流随着电压升高而急剧上升,上升的曲线是一个非线性指数。在正常工作电压下,压敏电阻处于一种高阻值状态;当浪涌到来时,它处于通路状态,强大的电流流过后泄入大地;当浪涌过后,它又马上恢复到高阻值状态。

压敏电阻伏安特性曲线如图 2-93 所示,从图中可以看出,当压敏电阻接在正、负母线之间时,如果此时正、负母线之间产生过电压,压敏电阻本身的非线性特征决定了阻值快速下降,使压敏电阻处于通路状态。根据欧姆定律,此时原本正、负母线之间的过电压将转化为强大的过电流,过电流流过熔丝,使熔丝熔断,触发 35 kV 整流变断路器跳闸，使整流柜退出运行。

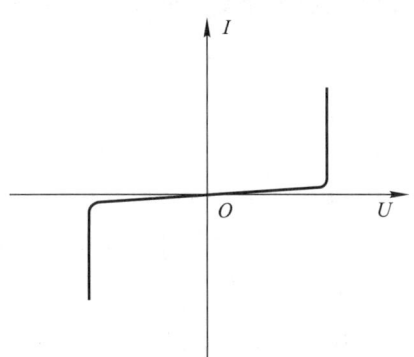

图 2-93 压敏电阻伏安特性曲线

（5）交流侧过电压保护。在二极管或可控硅整流电路的交流输入端、直流输出端及元器件上，都接有 RC 吸收网络或硒堆等过电压保护。因为可控硅耐受过电压的能力较差，而在交流侧及直流侧会经常产生过电压，过电压可能导致元器件损坏或性能下降，所以要采取过电压保护措施。

轨道交通牵引整流柜是以大功率二极管为整流元器件的，在整流柜的交流输入侧采用一组 RC 阻容吸收装置作为过电压保护，RC 阻容吸收装置只用于吸收过电压，不具备跳闸功能。

2.4.3 直流高速断路器保护

1. 电流增量（ΔI）保护

（1）概念。在接触网或第三轨为双边供电的模式下，供电区域内既有牵引变电站 A 一台 1 500 V 直流高速断路器向其供电，又有牵引变电站 B 一台 1 500 V 直流高速断路器向其供电。因此，当短路点出现时，牵引变电站 A 的 1 500 V 直流高速断路器和牵引变电站 B 的 1 500 V 直流高速断路器同时向故障点提供短路电流。

故障点距离 A、B 牵引变电站两台 1 500 V 直流高速断路器的远近直接决定了保护的触发模式。电流增量保护以短路故障点的距离、短路电流的上升率作为故障判断依据。电流增量保护是主要针对离短路故障点较近的一台 1 500 V 直流高速断路器触发的保护模式。

（2）原理。电动列车装有大量电容性元件，在电容性元件受电的瞬间，电容会对接触网进行放电输出，由于电容器充电过程及此后基本负荷电流所引起的电流短暂上升与短路电流非常相似,如图 2-94 所示的曲线 1,因此简单以电流变化量 ΔI 来判断是否短路并不可信,也就是说不能将电流变化量 ΔI 作为判断故障发生的首要条件。为此,在电流增量保护中增加了电流上升率 $\mathrm{d}i/\mathrm{d}t$ 这项参数,称为电流增量保护的电流上升率(ΔI $\mathrm{d}i/\mathrm{d}t$)。

另外,由于短路电流存在持续性,而持续性是区别电容放电与故障发生的一个重要参数,因此在电流增量保护中又增加了 ΔI 延时参数。

从电流增量保护启动的时刻开始,继电器以启动时刻的电流作为基准点计算相对电流增量。若电流上升率一直维持在 ΔI $\mathrm{d}i/\mathrm{d}t$ 保护整定值之上,在达到 ΔI 延时值后,电流增量达到 ΔI 保护整定值,则保护进入跳闸区,如图 2-94 所示的曲线 2,保护动作。

在计算电流增量的过程中允许电流上升率在相对较短的时间内回落到 ΔI $\mathrm{d}i/\mathrm{d}t$ 保护整定值之下。只要这段时间不超过 ΔI $\mathrm{d}i/\mathrm{d}t$ 时间段,则保护不返回,如图 2-94 所示的曲线 3;反之保护返回,如图 2-94 所示的曲线 4。

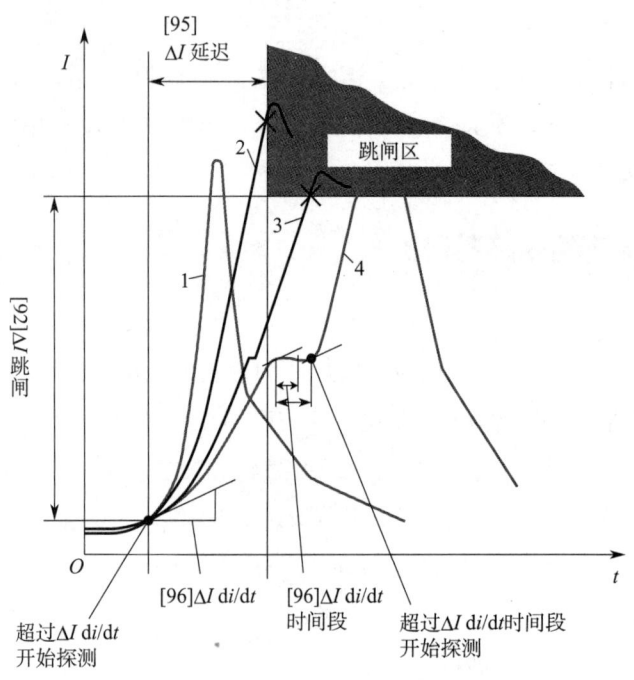

图 2-94 ΔI 电流增量保护原理①

———

① 图中 [92]、[95] 和 [96] 是保护装置内部的点位。

综上所述，电流增量保护跳闸为"与"条件，即同时满足设定条件后，电流增量保护方可启动。设定条件有：短路电流增量 ΔI 必须大于 ΔI 整定值；短路电流上升率 $\Delta I\, \mathrm{d}i/\mathrm{d}t$ 必须大于 $\Delta I\, \mathrm{d}i/\mathrm{d}t$ 整定值；短路电流 ΔI 持续时间必须大于 ΔI 延时；短路电流上升期间的中断时间不大于 $\Delta I\, \mathrm{d}i/\mathrm{d}t$ 时间段整定值。

当电流增量保护启动、跳闸命令发出后，1 500 V 直流高速断路器接收命令，并瞬间跳闸，断开故障接触网线路与牵引变电站内 1 500 V 正极母线的连接。同时，本站 1 500 V 直流高速断路器发出联跳命令，使对侧 1 500 V 直流高速断路器跳闸，彻底切除故障接触网线路与直流电源的连接。

2. 电流上升率（$\mathrm{d}i/\mathrm{d}t$）保护

前文已介绍，电流增量保护是针对接触网近端故障所采取的一种保护，而对于故障电流较小的远端短路故障，另一种保护被设计出来，即电流上升率保护。

采用电流上升率保护的设备在工作运行中，保护装置不断地检测电流上升率，当电流上升率高于保护整定值时，保护启动，进入 $\mathrm{d}i/\mathrm{d}t$ 延时时间段（T）。若在整个延时时间段内，电流上升率都高于保护整定值，则保护动作；若在延时时间段内，电流上升率回落到保护整定值之下，则保护返回。

电流上升率保护原理如图 2-95 所示，其中在曲线 1（故障电流变化曲线）A 点处，$\mathrm{d}i/\mathrm{d}t > F$（设定斜率），保护启动，经过延时在 B 点处发出跳闸命令，此时 1 500 V 直流高速断路器跳闸；曲线 2 为电动列车加速时的电流曲线，相比于曲线 1 的斜率，电动列车加速时电流上升更平缓，由于 $\mathrm{d}i/\mathrm{d}t$ 未超过 F（设定斜率），因此电动列车加速时产生的曲线 2 不触发电流上升率保护，1 500 V 直流高速断路器不跳闸。

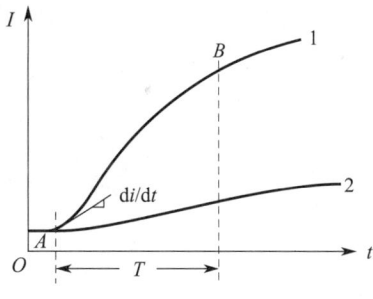

图 2-95　电流上升率保护原理

对于远端故障电流，由于其上升速度比近端慢，峰值也小很多（通常与电动列车启动或通过接触网分段时的电流瞬时峰值相近，甚至小于该瞬时峰值），因此，远端故障电流与电动列车启动电流的区分是变电所直流保护的难点。

3. 大电流脱扣保护

大电流脱扣保护与交流保护类似，常用来快速切除金属性近端短路故障。这种保护是直流断路器内设置的固有保护，没有延时性，它通过断路器内设置的脱扣器实现。当通过断路器的电流超过整定值时，脱扣器马上动作，使断路器跳闸。这种保护主要用于切断较大的短路电流（通常整定值可达 12 000 A），因为较大的短路电流会对线路造成严重的破坏，故较大的短路电流一出现应立即被切断，其切断时刻应在达到电流峰值之前。

一般来说，该保护的整定值要通过计算和短路测试得出，具体数值要大于最大负荷下电动列车正常启动的电流，且小于最大短路电流。

假设被保护线路短路电流的最小值为 I_{dmin}，动作电流整定为 I_{dz}（$I_{dz} > kI_{dmin}$，其中 k 为可靠系数），一旦检测到瞬时电流超过动作电流时，立即跳闸，其固有动作时间仅几毫秒。因此，大电流脱扣保护非常灵敏，对于电流上升速度非常快的近端短路故障，往往先于电流上升率保护及电流增量保护动作。

4. 定时限过电流保护（DMT）

定时限过电流保护可作为主保护的后备保护。在所保护的控制单元预先整定电流值 I_{max} 和持续时间值 $t_{maxduration}$，当通过直流馈线的短路电流超过 I_{max}，且持续时间大于 $t_{maxduration}$ 后，定时限过电流保护装置动作，1 500 V 直流高速断路器跳闸以切除故障，如图 2-96 所示。

显然，I_{max} 应小于大电流脱扣保护装置的动作值 I_{dz}。设定 I_{max} 时，可分别设定正反方向的 I_{max+} 和 I_{max-}。当电力机车处于再生状态，或当地牵引变电所整流机组退出运行，或直流馈线被用于直流越区供电回路时，如果线路发生故障，就会有反向电流通过直流馈线断路器，此时反向过电流保护就用于检测并切除该故障。

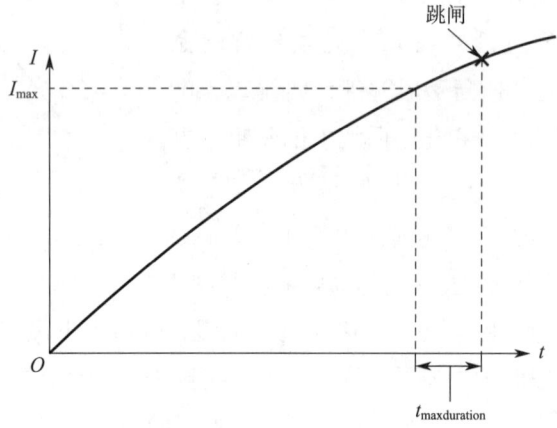

图 2-96 定时限过电流保护原理

5. 电缆温升保护

电缆温升保护的目的是切除热过负荷故障，而非短路故障。该保护常作为电流上升率保护的辅助保护。当直流线路处于过负荷状态时，即使没有任何短路故障发生，接触线或进线电缆的温度也会上升，产生热过负荷电流，该电流虽然不至于造成巨大的破坏，但持续时间长了，其产生的热量会超过某些薄弱设备所允许的发热量，导致这些设备损坏。

接触网热过负荷保护主要是根据接触网的电阻率、电阻率修正系数、长度、横截面积、电流计算出接触网的发热量，再根据接触网和空气的比热等热负荷特性及通风量等环境条件，由经验公式给出接触网的电缆温度。当测量的电缆温度超出跳闸点后便发出跳闸命令，从而达到保护接触网的目的。

直流高速断路器跳闸后，电缆逐渐冷却。当温度进一步下降，低于重合闸温度时，则重新合上直流高速断路器，如图 2-97 所示。

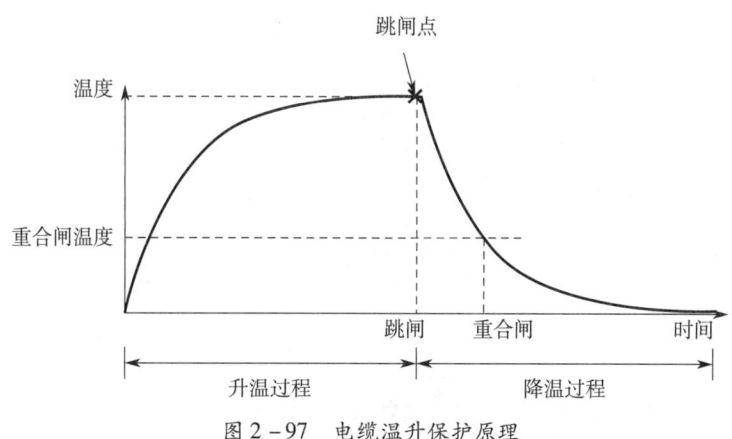

图 2-97 电缆温升保护原理

该保护的对象主要是接触网。由于接触线有其自身固有的热特性，反应为一条以电流为变量的反时限曲线，这就要求保护装置的整定曲线与接触线的固有曲线进行配合。同时，保护装置的整定曲线还应与馈线的电流保护进行配合。

6. 联跳保护

（1）死区的形成与消除。供电方式、保护设置不同，所形成的保护死区也不同。死区范围的大小与供电方式、供电距离、保护措施有密切的关系，采取适当的供电方式和保护装置可以完全消除死区。

如果只靠直流高速断路器的大电流整定保护，单边供电死区发生在末端，如图 2-98 所示。单边供电时，整定值 I_{zd} 越大，死区越大；供电距离越大，死区也越大。

大双边供电死区发生在线路中点附近。如果只靠直流高速断路器的大电流速断保护，死区会出现在两端变电所的附近。这里所说的发生在线路中点的大双边供电死区是指馈线保护设置了双边联跳装置以后形成的死区，如图 2-99 所示。

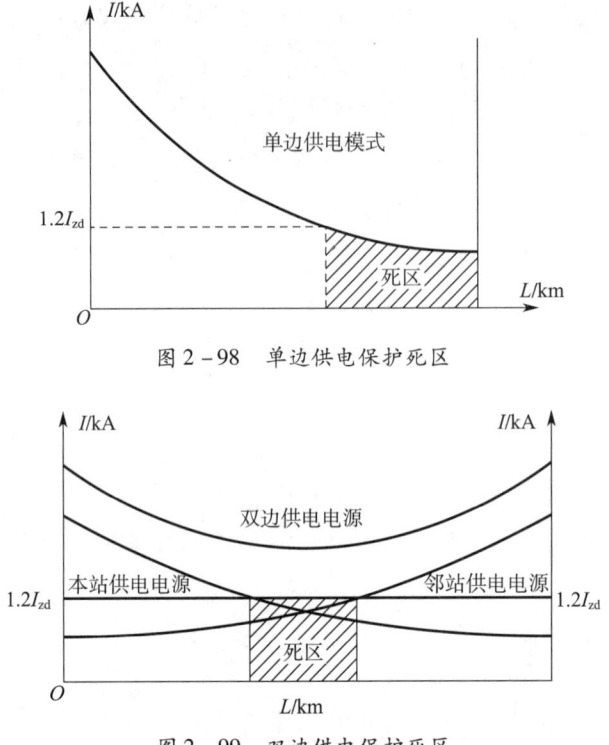

图 2-98 单边供电保护死区

图 2-99 双边供电保护死区

为了克服供电接触网的死区，往往采用区段间的双边供电方式，而采用双边供电的接触网就是广泛使用的一种保护手段，即一个供电区段内的接触网由两个变电所对其供电，当其中一个变电所的直流馈线断路器因为某些保护跳闸时，还会发出联跳指令，使为同一个供电区段供电的直流馈线断路器都跳闸。

（2）双边联跳保护。上海城市轨道交通一般采用双边供电方式，即相邻两个牵引变电站的各自一台直流高速断路器向同一段接触网区域供电。当其中一个牵引变电站的直流高速断路器因为某些保护跳闸时，会发出联跳指令，使为同一个区域供电的相邻牵引变电站的直流高速断路器跳闸。

双边联跳保护能切除故障电流特别小的远端短路故障，跳闸命令是由感知到较大近端短路故障电流的相邻站发出的。只要给同一段接触网供电的两个牵引变电站中有一个正确跳闸，另一个立刻也会跳闸，因而可靠性很高，确保满足《地铁设计规范》（GB 50517—2013）的第 15.2.21 条第 4 点"对直流牵引馈线的短路故障及异常运行，应设置基本保护：大电流短路断路器直接跳闸；过电流保护；电流变化率及其增量保护；双边联跳保护"。双边联跳保护原理如图 2-100 所示。

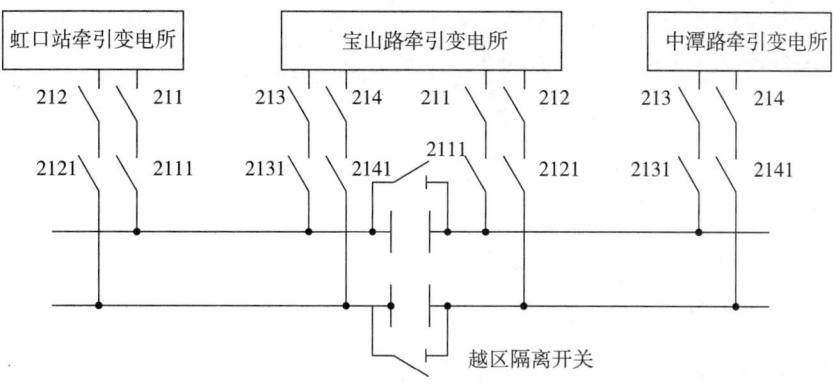

图 2-100 双边联跳保护原理

图 2-100 显示了一条接触网的两段，左边一段由虹口站牵引变电所 211 直流高速断路器和宝山路牵引变电所 213 直流高速断路器供电，右边一段则由宝山路牵引变电所 211 直流高速断路器和中潭路牵引变电所 213 直流高速断路器供电。当短路点发生在靠近虹口站牵引变电所 211 直流高速断路器时，虹口站牵引变电所 211 直流高速断路器的大电流脱扣保护首先动作，而宝山路牵引变电所 213 直流高速断路器则由于短路电流小等因素，大电流脱扣保护和电流上升率保护均无法动作。于是，位于虹口站牵引变电所 211 直流高速断路器的双边联跳保护则发出联跳命令，将宝山路牵引变电所的 213 直流高速断路器跳开。

（3）大双边联跳保护。当宝山路牵引变电所退出运行时，虹口站至中潭路区间接触网处于单边供电状态，为了满足负载要求，则需要将宝山路牵引变电所越区联络开关 2111 合上，此时双边供电区域被放大。这种双边供电模式称为大双边供电模式，大双边联跳保护原理如图 2-101 所示。

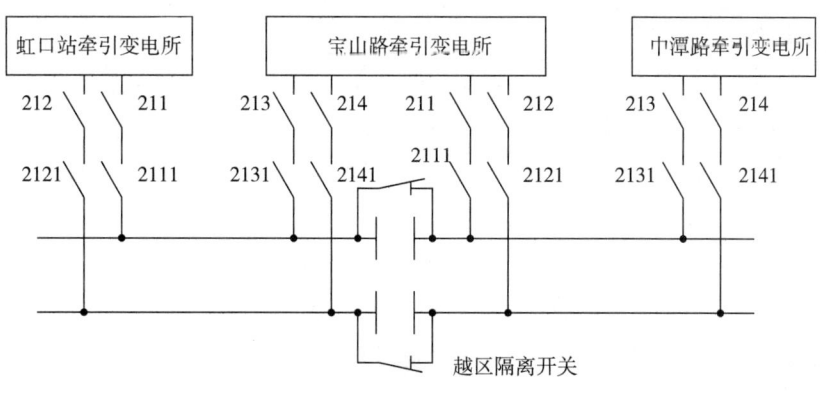

图 2-101 大双边联跳保护原理

大双边联跳保护根据宝山路牵引变电所2111联络开关的位置判断出另一端是由中潭路牵引变电所213直流高速断路器供电的,跳闸对象也是中潭路牵引变电所213直流高速断路器。当短路点靠近虹口站牵引变电所211直流高速断路器时,虹口站牵引变电所211直流高速断路器的大电流脱扣保护首先动作,而中潭路牵引变电所213直流高速断路器则由于短路电流小等因素,其大电流脱扣保护和电流上升率保护均无法动作,而虹口站牵引变电所211直流高速断路器的大双边联跳保护则发出联跳命令,将中潭路牵引变电所的213直流高速断路器跳开。

7. 自动重合闸

城市轨道交通接触网长,时常发生由于异物触碰接触网导电端与绝缘端而引发的间歇性短路故障。此类故障发生后,异物掉落,输电线路重新恢复正常状态。

先前异物引发的短路已经造成1 500 V直流高速断路器保护组跳闸,当故障消除后,由变电检修工到站重新对线路进行合闸送电显然不是最佳选择。因此,在设计1 500 V直流高速断路器功能时,将自动重合闸功能纳入其中。

自动重合闸的目的是待瞬时性故障消除后线路能重新投入运行,从而在最短时间内恢复整个系统的正常运行状态。例如,直流牵引系统经常会发生短路故障而使过电流脱扣器动作,但由于大部分短路故障是短暂的,因此使用自动重合闸可提高系统的可靠性。可设定断路器每隔一段时间(时间长短可调节)重合闸一次,如果重合闸的次数超过预先设定的次数,合闸仍不成功,则认为是永久性故障,应闭锁重合闸回路。

8. 框架保护

框架保护分为电流框架保护和电压框架保护两种。

(1) 电流框架保护

1) 工作原理。电流框架保护装置主要检测直流设备外壳对地的电流。直流系统在正常运行情况下,其设备绝缘良好,电流继电器F20串接在直流设备外壳与大地之间,用于采集直流设备外壳对地的电流,如图2-102所示。

在正常情况下,直流设备外壳对地的电流为零,装置不动作。当直流1 500 V设备(包括整流柜、正极和负极开关柜、直流柜)导电部分对外壳放电或发

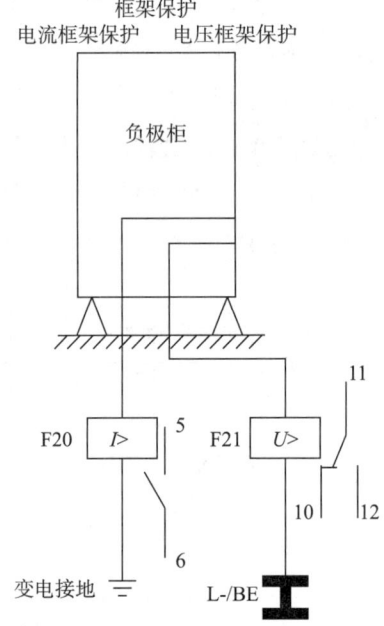

图2-102 框架保护采样示意
(现场工程图样)

生短路时，回路电流达到整定值，电流框架保护动作，并命令本牵引变电所所有直流高速断路器和两个 35 kV 整流变断路器同时跳闸，通过联跳命令使同一供电区域的相邻两个牵引变电所的直流高速断路器跳闸。由于在城市轨道交通的直流牵引供电系统中，直流设备和钢轨都采用绝缘法安装，而钢轨对地绝缘电阻是随着绝缘材料性能变化而变化的，因此电流框架保护的回路电阻是不确定的。当钢轨对地绝缘电阻很大时，可能会造成电流检测值达不到整定值的要求，从而使设备发生绝缘下降而电流框架保护未动作的情况。

2）电流框架保护的可靠性。目前，电流框架保护主要采用低阻框架保护装置，当直流牵引供电系统的直流设备发生正极对壳体的泄漏时，短路电流会经过壳体、地、泄漏电阻或排流二极管、轨道电位限制装置流回负极母线。这种泄漏故障最初的短路电流一般都不大，但如果不及时处理，短路电流可能由最初的几十安培上升到几万安培。因此，为了保护直流设备，应设置专门的电流框架保护装置，以在泄漏初期就及时将故障切除。应保证电流框架保护的高灵敏性，一旦该装置受潮或有粉尘侵入，本牵引变电所内整流机组高压侧断路器及所有直流断路器均跳闸，并联跳同一供电区域相邻牵引变电所的直流断路器，闭锁本牵引变电所、相邻牵引变电所直流断路器。

(2) 电压框架保护。为了弥补电流框架保护的缺陷，引入电压框架保护。

1）工作原理。电压框架保护装置主要检查直流设备外壳与负极或轨道之间的电压。如图 2-102 所示，在直流设备外壳与负极或轨道之间并联电压继电器 F21，用于采集直流设备外壳与负极或轨道之间的电压。

当电压框架保护装置检测到直流设备外壳与负极或轨道之间的电压超过整定值时，有两种情况：若该检测值大于 90 V，则发出报警信号；若该检测值大于 150 V，则命令本牵引变电所所有直流高速断路器和两个 35 kV 整流变断路器同时跳闸。

2）应急处理方法及操作程序。故障发生后，高压供电巡检值班人员应沉着冷静，正确判断故障类型和停电影响范围，电力调度员（以下简称电调）也可以通过运行控制中心（operating control center，OCC）设置的 SCADA 工作台确认跳闸和报警的类型，并及时通知值班主任和行车调度员。下面对供电巡检值班人员应执行的应急处理程序进行介绍。

电压框架保护动作之后，供电巡检值班人员应迅速尝试将故障信号复位。如果复位成功，迅速通知电调，电调可以直接合上所有跳闸的开关；如果复位不成功，供电巡检值班人员应迅速将直流柜侧面板处的联跳开关打到关闭位置，解除与相邻牵引变电所的联跳装置。

待联跳装置解除后，供电巡检值班人员通知电调：现场发生故障的牵引变电所的4台直流高速断路器已退出运行，非故障牵引变电所的两台直流高速断路器具备送电条件，可以恢复单边供电。

电调确认以上信息后应尽快进行大双边越区开关操作，由单边供电转换为大双边供电。

(3) 直流牵引系统设备绝缘的安装和验收

1) 安装方法。城市轨道交通牵引供电系统采用直流电源，当牵引电源正极、负极不采取绝缘措施而与大地接触后，电流流入埋地金属，再从埋地金属流出进入大地或水中，因为电流流出部位成为阳极，所以在电流流出部位会发生腐蚀。为了防止杂散电流腐蚀隧道的金属部分（钢筋及预埋金属管线等），更为了防止正极与大地产生电位差造成安全隐患，牵引供电系统的正极、负极配电柜均应安装对地绝缘，具体安装方法如下。

设备基础槽钢找平焊接完成后，对各焊点及基础支撑件进行打磨和防腐处理。焊点及基础支撑件均应先刷一层防锈漆，然后再刷两层富锌漆。对于湿度较大的地下设备房，基础槽钢的焊点及基础支撑件除做以上处理外，还应再刷一层封闭漆。

如果基础表面漆层平整度误差较大，则应进行相应处理，再利用平整度仪进行检测。检测合格后，用吸尘器清理漆屑及灰尘，并用无水酒精和脱脂棉对基础进行清洗。拆除绝缘板下底面的保护膜，用湿毛巾对绝缘板进行初步清洗。待绝缘板表面干燥后，用无水酒精和脱脂棉对绝缘板进行清洗。

为了保证设备安装后满足绝缘要求，安装绝缘板时其外缘应超出基础槽钢轮廓。根据750 V直流配电系统的最小绝缘距离要求（静态绝缘最小距离为25 mm），在绝缘板底面绘制安装边线。

在基础槽钢表面涂刷强力胶，严格按绘制的安装边线把绝缘板与基础槽钢黏合、固定。然后，在绝缘板与基础槽钢缝隙处涂刷封闭胶。在柜体安装完成后，用吸尘器对配电柜内部进行清理，施工中遗留的金属废料、铁屑及灰尘应作为重点清理对象。清理完成后，除去绝缘板上表面的保护膜，再用无水酒精对绝缘板进行清洗。最后，用1 000 V绝缘电阻表对柜体进行绝缘测试。注意，最小绝缘阻值不得小于2 MΩ。

2) 验收方法。目前，新建城市轨道交通线路进行工程设备安装时，地下设备房都非常潮湿，设备绝缘安装后，绝缘值往往达不到验收标准2 MΩ的要求。因此，在设备带电前，需要采用许多特别手段，如用抽湿机对变电所进行除湿，用吹风机（热风）对绝缘板进行吹风干燥等。

另外，在城市轨道交通线路建设及运行中会产生许多尘土和金属微颗粒，它们可能会附着到绝缘板和开关柜的缝隙中，影响直流设备的绝缘。而且，随着运行时间的延长，绝缘板绝缘性能也会逐渐降低。

框架绝缘的良好状态是杜绝各种短路或者接地故障发生，保护人身和设备安全的保证。在施工过程中可以用绝缘摇表对其进行试验，如有不合格，应找出原因并及时处理，以达到相应的绝缘标准。

在验收时，确因环境因素（如土建未交工、地下潮湿）的影响，设备绝缘由安装初期达标，变为放置一段时间后不能达标的，通常以绝缘电阻是否达到 50 kΩ（750 V）或 100 kΩ（1 500 V）作为是否投入临时运行的依据。根据实际运行经验，以上数据能保证安全运行。在现场加大除湿、通风力度，改变潮湿状态后，绝缘电阻会逐渐增加，最终符合验收标准。

2.5　电气试验

学习目标

掌握电气试验的特点和要求

掌握电气试验的方法

2.5.1　电力变压器试验

1. 测量绕组的直流电阻

（1）测量目的。测量绕组的直流电阻是一个很重要的试验项目，在《电力设备预防性试验规程》（DL/T 596—1996）（以下简称《规程》）中，其排在电力变压器及电抗器试验项目的第二位。其测量目的如下：检查绕组焊接质量；检查分段断路器各个位置接触是否良好；检查绕组或引出线有无折断处；检查并联支路的正确性，由几条并联导线绕成的绕组是否存在一处或几处断线的情况；检查层间、匝间有无短路故障。

长期以来，测量绕组的直流电阻一直被认为是检查变压器纵绝缘的主要手段之一，有时候甚至是判断电流回路连接状况的唯一方法。直流电阻测量接线图如图 2-103 所示。

U+、I+ 为一套接线夹子，U-、I- 为另一套接线夹子，接

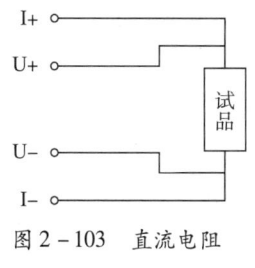

图 2-103　直流电阻测量接线

线时必须将 U+夹在 I+的内侧，U-夹在 I-的内侧。

（2）传统测量方法。传统测量方法按使用的仪器分为电桥法和压降法，按电源的配备分为恒压源法和恒流源法，按测量接线方式分为单刀直入式、同相串联式、串串并并式等。传统测量方法的缺点是费工费时。

（3）缩短测量时间的方法

1）减小电感。为了减小电感，要加大测量电流，提高铁芯磁通密度，使铁芯趋于饱和，这样试验电源的容量就要增大。对于有中性点引出的变压器绕组，可以采用三相同时通入同方向电流的零序法，使磁路磁阻增加，从而使电感减小。另外，还可以利用非被试绕组助磁等方法，但这些方法对运行单位来说使用起来都比较困难。

2）增大回路电阻。在回路中串入电阻，若试验电源电压不变，则测量电流变小，因而电桥的灵敏度降低。为了保证电桥具有一定的灵敏度，必须相应地提高试验电源电压，以使测量回路的电流足够大。干式电力变压器绕组直流电阻的城轨试验要求是：1.6 MVA 以上变压器，各相绕组电阻相互间的差别应不大于三相平均值的 2%，无中性点引出的绕组线间差别应不大于三相平均值的 1%；1.6 MVA 及以下变压器，相间差别一般不大于三相平均值的 4%，线间差别一般不大于三相平均值的 2%；与以前相同部位测得值比较，其变化应不大于 2%。

2. 测量绝缘电阻和吸收比

（1）绝缘电阻

1）绝缘电阻的测量原理。电力设备中的绝缘材料（电介质）是不导电的物质，但并不是绝对的不导电。在直流电压作用下，电介质中都有微弱的电流流过。根据电介质材料性质、结构等的不同，这部分电流可视为由三种电流 i_1、i_2 和 i_3 构成，如图 2-104 所示。

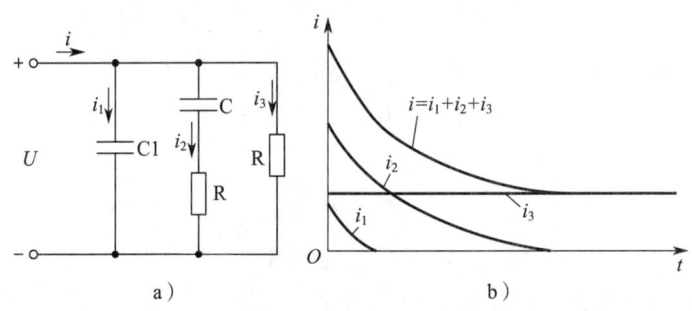

图 2-104　直流电压下不均匀介质中电流的构成
a）不均匀介质下的等值电路　b）吸收曲线

i_1 为电容电流。直流电压作用在绝缘材料上，加压瞬间相当于给电容器充电，形成电流 i_1，其电流回路在等值电路（见图 2-104a）中用一个电容器 C1 表示。这部分随时间衰减较快的电容电流与绝缘材料的电容和外加电压有关，它随时间的变化曲线如图 2-104b 中的 i_1 所示。

i_2 为吸收电流。不均匀介质中的吸收电流由缓慢极化和夹层极化产生，即在直流电压加上的瞬间，介质上的电压按电容分布，而电压稳定后介质上的电压按电阻分布。由于不同介质的电容与电阻不成比例，因此在加上直流电压瞬间到稳定这一过程中，介质上的电荷要重新分配，重新分配的电荷在回路中形成电流 i_2，其电流回路在等值电路（见图 2-104a）中用一个电容器 C 和一个电阻器 R 串联表示。吸收电流随时间衰减的快慢与介质电容大小有很大关系，如图 2-104b 中的 i_2 所示。

i_3 为泄漏电流。电介质中有极少数束缚很弱或自由的离子，在直流电压的作用下，这些正负离子分别向两极移动形成电流。该电流称为泄漏电流或传导电流，其电流回路在等值电路（见图 2-104a）中用一个电阻器 R 表示。这部分电流的大小是由介质的电导所决定的，是一个恒定的电流，如图 2-104b 中的 i_3 所示。

三个电流加起来，即 $i = i_1 + i_2 + i_3$，可得到在直流电压作用下流过绝缘介质的总电流 i 随时间变化的曲线，通常称为吸收曲线，如图 2-104b 中的 i 所示。

从吸收曲线可以看出，电容电流 i_1 和吸收电流 i_2 经过一段时间后趋近于零，因此 i 趋近于 i_3。所谓绝缘电阻就是指加在试品上的直流电压与流过试品的泄漏电流之比，即：

$$R = U/i_3$$

式中　　R——试品的绝缘电阻，MΩ；

　　　　U——加在试品两端的电压，V；

　　　　i_3——对应于电压 U，试品中的泄漏电流，μA。

由于电容电流和吸收电流经过一段时间后趋于零，因此在用绝缘电阻表测量绝缘电阻时，必须等到绝缘电阻表指示值稳定后才能读数。对于电容较小的一般试品，通常认为摇测 1 min 后，泄漏电流趋于稳定（即电容电流、吸收电流趋于零）。绝缘电阻一般是摇测 1 min 后得到的值。

泄漏电流 i_3 的大小取决于绝缘材料的状况。当介质受潮、老化、表面脏污或有其他缺陷（裂缝、灰化、气泡等）时，R 降低，i_3 增大。因此，测量绝缘电阻是了解电力设备绝缘状况的常用手段之一。

由于流过绝缘介质的电流有体积电流和表面电流之分，因此，绝缘电阻也有体积绝缘电阻和表面绝缘电阻之分。其中，体积绝缘电阻的大小标志着绝缘介质内部的优劣。在现场测量过程中，当试品的绝缘电阻测量值较低时，应采取屏蔽措施，排除表面绝缘电阻的影响，以便测得真实准确的体积绝缘电阻值。

2）绝缘电阻的有效性。测量绕组连同套管一起的绝缘电阻及吸收比或极化指数，对于检查变压器整体的绝缘状况具有较高的灵敏度，能有效地检查出变压器绝缘整体受潮、部件表面受潮或脏污及贯穿性的集中缺陷。经验表明，变压器绝缘在干燥前后，其绝缘电阻的变化倍数比介质损耗因数变化倍数大得多。

测量铁芯、夹件、穿心螺栓等部件的绝缘电阻能更有效地检查出相应部件绝缘的缺陷或故障。这主要是因为这些部件绝缘结构比较简单，绝缘介质单一，在正常情况下基本不承受电压，其绝缘主要起"隔电"作用，而不像绕组绝缘那样承受高电压。

3）测量顺序和部位。在测量绕组绝缘电阻时，被测绕组各引线端应短路，非被测绕组都短路接地。测量顺序和具体部位见表2-3。

表2-3　　　　　　　　　　测量顺序和具体部位

顺序	双绕组变压器		三绕组变压器	
	被测绕组	接地部位	被测绕组	接地部位
1	低压绕组	外壳及高压绕组	低压绕组	外壳、高压绕组及中压绕组
2	高压绕组	外壳及低压绕组	中压绕组	外壳、高压绕组及低压绕组
3	—	—	高压绕组	外壳、中压绕组及低压绕组
4	高压绕组及低压绕组	外壳	高压绕组及中压绕组	外壳及低压绕组
5	—	—	高压绕组、中压绕组及低压绕组	外壳

注1：如果指针已达到满量程，应记录为（量限）$^+$，如10 000$^+$，而不应记为∞。
注2：表中顺序号为4和5的项目，只对15 000 kVA及以上的变压器进行测定。

应当指出的是，国内在预防性试验中测量绝缘电阻时，所用的接线方式也不完全一致，所以《规程》规定非被测绕组接地。测量绝缘电阻时采用空闲绕组接地的方式，其主要优点是可以测出被测部分对接地部分和不同电压部分间的绝缘状态，且能避免各绕组中剩余电荷造成的测量误差。实测表明，测量绝缘电阻时，非被测绕组接地比接屏蔽时的测量值普遍偏低。

4）综合判断。绝缘电阻在一定程度上能反映绕组的绝缘情况，但是它受绝缘结构、运行方式、环境和设备温度、绝缘油的油质状况、测量误差等因素的影响很大，很难规定一个统一的判断标准，因此，综合判断、相互比较就很重要。《规程》规定，当绝缘电阻换算至同一温度下时，与前一次测试结果相比应无明显变化。在进行综合判断和相互比较时，可参考以下内容。

①在安装时，绝缘电阻值（R_{60s}）不应低于出厂试验时绝缘电阻测量值的70%。

②在进行预防性试验时，绝缘电阻值（R_{60s}）不应低于安装或大修后投入运行前测量值的50%。对于500 kV变压器，在相同温度下，其绝缘电阻测量值不小于出厂值的70%，20 ℃时最低阻值不得小于2 000 MΩ。

③当无原始资料可查时，可参考表2-4所列的数据。

表2-4　　　　　油浸式电力变压器绕组绝缘电阻的允许值

高压绕组电压等级/kV	温度/℃							
	10	20	30	40	50	60	70	80
	绕组绝缘电阻的允许值/MΩ							
3~10	450	300	200	130	90	60	40	25
20~35	600	400	270	180	120	80	50	35
60~220	1 200	800	540	360	240	160	100	70

注1：同一变压器的中压绕组和低压绕组的绝缘电阻标准与高压绕组相同。
注2：高压绕组的额定电压为13.8 kV和15.7 kV的按3~10 kV等级标准对待，额定电压为18 kV和44 kV的按20~35 kV等级标准对待。

综上所述，温度对绝缘电阻有很大影响。当温度升高时，绝缘电阻值将按指数规律下降。为了便于比较各次测量所得的数据，最好能在相近的温度下（《规程》推荐在油温低于50 ℃条件下）进行测量。测量温度应以顶层温度为准。当测量温度不同时，应对测量结果进行修正。油浸式电力变压器绝缘电阻的温度换算系数K见表2-5。

表2-5　　　　　油浸式电力变压器绝缘电阻的温度换算系数K

温度差/℃	5	10	15	20	25	30	35	40	45	50	55	60
温度换算系数K	1.2	1.5	1.8	2.3	2.8	3.4	4.1	5.1	6.2	7.5	9.2	11.2

（2）吸收比。测量变压器绕组的吸收比曾对判断绕组绝缘是否受潮起到一定的作用。但是，随着电力变压器电压的提高、容量的增大，在吸收比的测量中遇到一些不

合理现象。例如，出现绝缘电阻高、吸收比反而不合格的极不合理现象；对于一般工厂新生产的变压器，当吸收比偏低时多数绝缘电阻却偏高；有的变压器吸收比低于1.3，但一直安全运行，未曾发生过问题。

这些现象究竟是何原因造成的还没有定论，但可以确定的是，吸收比不是一个单纯的特征数据，而是一个易变动的测量值，由吸收比反映绝缘缺陷具有不确定性。例如，变压器绝缘不良时，吸收比较小，但吸收比较小也可能是绝缘良好的表现。

虽然吸收比反映绝缘缺陷具有不确定性，但根据测试经验还是可以总结出其特点的。例如，吸收比有随变压器绕组的绝缘电阻值升高而减小的趋势；在绝缘正常的情况下，吸收比有随温度升高而增大的趋势；当绝缘有局部问题时，吸收比有随温度升高而减小的趋势。

有研究者认为，干燥工艺的提高、油纸绝缘材料的改善和变压器的大型化可使吸收过程明显变长，因而出现绝缘电阻升高、吸收比小于1.3而绝缘并未受潮的情况是可以理解的。因此，当绝缘电阻高于一定值时，可以适当放松对吸收比的要求。从经验上说，当温度为10℃，110 kV、220 kV变压器的绝缘电阻（R_{60s}）大于3 000 MΩ时，可以认为其绝缘没有受潮，吸收比可以不作为考核要求。

对于干式电力变压器的绕组绝缘电阻和吸收比，城轨试验标准如下：绝缘电阻换算至同一温度下，与前一次测试结果相比应无明显变化；吸收比R_{60s}/R_{15s}（10~30℃）不低于1.3或极化指数不低于1.5。

3. 交流耐压试验

交流耐压试验是检查绝缘强度的有效方法之一，特别是在检查主绝缘是否有局部缺陷时（如绕组主绝缘受潮、开裂或者绕组松动、引线距离不够或者绕组绝缘上附着污物等），具有重要作用。

（1）被试变压器的接线方式。进行交流耐压试验时，被试变压器的正确接线方式是被试绕组所有套管应短路连接（短接）并接至试验变压器高压端，非被试绕组也要短接并可靠接地。被试变压器的接线方式不正确可能损坏绝缘。

被试变压器的接线如图2-105所示，其中T1是指试验变压器，T2是指被试变压器。

（2）试验电压标准

1）油浸变压器交流耐压试验电压值见表2-6。其中，定期试验按部分更换绕组的试验电压值执行。

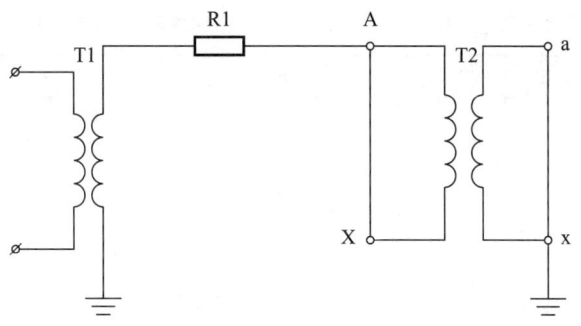

图 2-105 被试变压器的接线

表 2-6　　　　　　　油浸变压器交流耐压试验电压值　　　　　　　　　kV

额定电压	最高工作电压	线端交流耐压试验电压值		中性点交流耐压试验电压值	
		全部更换绕组	部分更换绕组	全部更换绕组	部分更换绕组
<1	1	3	2.5	3	2.5
3	3.5	18	15	18	15
6	6.9	25	21	25	21
10	11.5	35	30	35	30
15	17.5	45	38	45	38
20	23	55	47	55	47
35	40.5	85	72	85	72
66	72.5	140	120	140	120
110	126	200	170 (195)	95	80
220	252	360 395	306 336	85 (200)	72 (170)
330	363	460 510	391 434	85 (230)	72 (195)
500	550	630 680	536 578	85 140	72 120

注1：括号内数值适用于不固定接地或经小电抗接地的系统。
注2：对 220~500 kV 变压器的试验电压列出两个值，由用户根据电网特点、过电压保护设备的性能等具体情况选用。制造厂按用户要求提供产品。
注3：全部更换绕组的试验电压值即为出厂试验电压值。

2）干式变压器全部更换绕组时，按其出厂试验电压值执行；部分更换绕组和进行定期试验时，按出厂试验电压值的 85% 执行。

3）对于运行中的属于非标准系列产品的出厂试验电压不明且未全部更换绕组的变压器，其交流耐压试验电压值应按过去的试验电压值执行，但不得低于表 2-7 中的值。

表2-7　　出厂试验电压不明且未更换绕组的变压器的交流耐压试验电压值　　　　　　kV

绕组额定电压	0.5及以下	2	3	6	10	15	20	35	60
试验电压	2	8	13	19	26	34	41	64	105

4）出厂试验电压与表2-6中的标准不同的变压器，其交流耐压试验电压应为出厂试验电压的85%，但除干式变压器外均不得低于表2-6中的相应值。

（3）交流耐压试验的分析。在进行变压器交流耐压试验时，对所出现的现象应根据具体情况进行具体分析。一般在规定的持续时间内，被试变压器不发生击穿为合格，反之为不合格。被试变压器是否被击穿，可按以下情况进行分析。

1）根据试验时接入的表计进行分析。一般情况下，电流表指示值突然上升或突然下降都意味着被试变压器被击穿。但当被试变压器的容抗 X_C 与试验变压器的漏抗 X_L 之比等于2时，虽然被试变压器被击穿，但是电流表的指示值并不会发生变化，因为此时回路电抗没有变化；而当 X_C 与 X_L 之比小于2时，虽然被试变压器被击穿，但是电流表的指示值反而下降，这是因为此时回路电抗增大。当采用串并联补偿法，或被试变压器容量较大而试验变压器容量不够时，就有可能出现上述异常现象。当采用电压互感器或电容分压器实测高压端部电压，被试变压器被击穿时，其电流表指示值会突然下降，低压侧的电压表也能指示出来。

①仪表有指示但不跳动。在交流耐压试验中，若仪表有指示但不跳动，且被试变压器无放电声音，则说明被试变压器承受住了所施加的交流高压。

②从放电或击穿的声音分析、判断

a. 清脆响亮的"当""当"放电声。在升压阶段或持续时间阶段，被试变压器发出清脆响亮的"当""当"放电声，这种声音很像金属物撞击油箱的声音，这往往是由于油隙距离不够或电场畸变所造成的油隙一类绝缘结构被击穿所致。这种情况往往伴有放电声，电流表指示值突变。当重复进行试验时，放电电压下降得并不明显。

b. 较小的"当""当"放电声。在试验中，被试变压器发出清脆的"当""当"放电声，但比前一种声音小，且电流表指针摆动不大，在重复试验时放电现象就消失了。这种情况是何种原因导致的呢？

变压器油中往往有气泡，在电场力的作用下，气泡可能被拉成一条长度一定的狭窄气隙通道，而气泡的耐电强度比油低，很可能气隙通道先被击穿，导致变压器油被击穿。如果变压器油中气泡不多，气隙通道放电后缩短了，这时气泡被击穿后，变压器油可能不会被击穿。这种局部击穿所出现的放电声是轻微、断续的，电流表的指示值也不会变化。由气泡所引起的贯穿性或局部性放电，在重复试验中可能会消失，因为在放电之后，气泡容易从上部逸走。

c. 炒豆般放电声。在加压过程中，变压器内部有炒豆般的放电声，而电流表的指示值还很稳定，这可能是悬浮的金属件对地放电所致。在变压器的制造过程中，铁芯可能没有与夹件通过金属片连接，使铁芯在电场中悬浮，由于静电感应的作用，在一定的电压下，铁芯对接地的夹件开始放电。这种情况也可能是接线中低压绕组的悬浮电位引起的放电。

2）根据被试变压器状况进行分析。在试验过程中，如果被试变压器发出击穿声或断续放电声、冒烟、产生气体、产生焦臭味、燃烧等，一般都是不允许的。当查明这种情况确实来自被试变压器绝缘部分（如在绝缘中发现贯穿性小孔、开裂等缺陷）时，则认为该被试变压器存在问题或早已被击穿。除此之外，若在试验过程中出现局部放电，则应根据有关规定进行判断并处理。

当被试变压器由有机绝缘材料制造时，试验后可立即触摸其表面。如果出现全部或局部发热现象，则认为绝缘不良，需要先处理（如烘烤）再进行试验。对于组合绝缘设备或有机绝缘材料，在交流耐压试验前后其绝缘电阻不应下降30%，否则就认为不合格。对于纯瓷绝缘或表面以瓷绝缘为主的设备，因为它们易受当时气候条件的影响，可酌情处理。

在试验过程中，若空气湿度、温度或表面脏污等的影响仅引起表面滑闪放电或空气放电，则不应认为不合格，可经过清洁、干燥后再进行试验。若并非由于外界因素影响，而是由于瓷件表面釉层绝缘损伤、老化等引起的放电，则认为不合格。

3）综合分析、判断。应当指出的是，因为变压器是有绕组的设备，即使进行了交流耐压试验，也往往不能检查出匝间、层间等缺陷，所以必须汇同其他试验项目的结果进行综合分析、判断。

2.5.2 互感器试验

1. 电流互感器试验

（1）测量绕组绝缘电阻。测量绕组绝缘电阻的主要目的是检查其是否有整体受潮或劣化的现象。对于电容型电流互感器来说，测量其末屏的绝缘电阻以发现绝缘是否受潮的方法灵敏度较高。这是由于电容型电流互感器一般由十层以上的电容器串联，如果进水受潮，水分一般不易渗入电容器层间或使电容层普遍受潮，因此，主绝缘试验往往不能有效地检查出电容型电流互感器是否进水受潮。但是，水的密度大于变压器油,水往往聚在套管和电流互感器外层(末层)或底部(末屏与法兰间)而使末屏对地绝缘水平大大降低,因此,进行末屏对地绝缘电阻的测试能有效地检查出电容型试品进水受潮的缺陷。

测量时采用 2 500 V 兆欧表。测量一次对二次及地和二次绕组之间及地。我国生产的电流互感器绕组绝缘电阻不应低于表 2-8 所列的极限值。

表 2-8　　　　20 ℃时各电压等级电流互感器绝缘电阻极限值

电压等级/kV	绝缘电阻/MΩ
0.5	120
3~10	450
20~35	600
60~220	1 200

注1:测得的末屏对地绝缘电阻一般不低于 1 000 MΩ。
注2:绕组绝缘电阻不应低于出厂值的 60%,与历次数据比较,不应有显著变化。

(2) 交流耐压试验。电流互感器的交流耐压试验通常采用外施工频电压的方法。试验的具体部位如下。

1) 一次绕组对二次绕组及地。试验时,一次绕组短接高压端子,所有二次绕组短接后与铁芯、外壳一起接地。对于电容型电流互感器,末屏也应接地。电流互感器交流耐压试验的接线如图 2-106 所示。

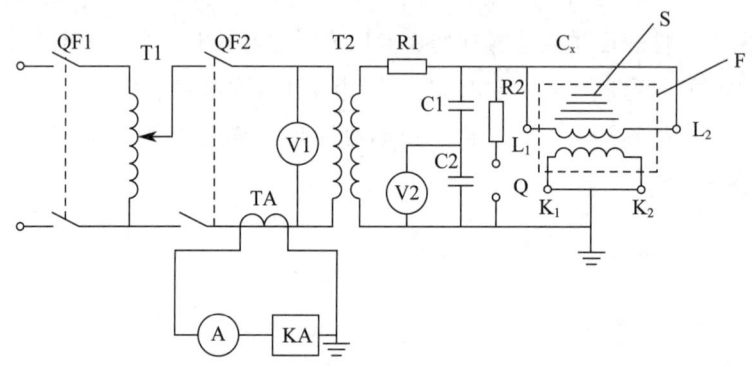

图 2-106　电流互感器交流耐压试验的接线

QF1、QF2—电源断路器　T1—调压器　T2—试验变压器　TA—测量和保护电流互感器
A—电流表　V1、V2—电压表　R1—保护电阻　C1、C2—电容分压器　R2—阻尼电阻　Q—保护球隙
C_x—被试电流互感器　L_1、L_2—被试电流互感器高压端子　K_1、K_2—被试电流互感器低压端子
S—被试电流互感器末屏　F—被试电流互感器外壳

电源经断路器 QF1、QF2 和调压器 T1 加至试验变压器 T2 低压侧，升压后加至被试电流互感器 C_x 的高压端子（按电容分压器 C1、C2 和高内阻电压表 V2 测出的电压升至试验电压）。在达到试验电压值的 75% 以前，升压速度不加限制；在达到试验电压值的 75% 以后，以每秒 2% 的速度升压，一直升到试验电压。施加的试验电压为出厂值的 85%。出厂值不明的见表 2-9。

表 2-9　　　　　　　　电流互感器的交流耐压试验电压　　　　　　　　kV

电压等级	3	6	10	15	20	35	66
试验电压	15	21	30	38	47	72	120

注：末屏对地时，试验电压也为 2 kV。

2）二次绕组之间及地。试验时，二次绕组均短接，其中一个接试验变压器高压输出端，另一个接地。试验电压为 2 kV。

2. 电磁式电压互感器试验

（1）测量绕组绝缘电阻。测量绕组绝缘电阻的主要目的同前。测量时一次绕组用 2 500 V 兆欧表，二次绕组用 1 000 V 或 2 500 V 兆欧表，且非被测绕组应接地。测量时还应考虑空气湿度、套管表面脏污对绕组绝缘电阻的影响，必要时应将套管表面屏蔽，以消除表面泄漏的影响。温度的变化对绝缘电阻影响很大，测量时应记下准确温度，以便比较。为了减小温度的影响，最好在绕组温度稳定后再进行测试。

《规程》中未对绝缘电阻做出规定，试验结果可采用比较法进行综合分析、判断。通常一次绕组的绝缘电阻不低于出厂值或以往测量值的 60%～70%，二次绕组的绝缘电阻不低于 10 MΩ。另外，当电压互感器吊芯时，应用 2 500 V 兆欧表测量铁芯夹紧螺栓的绝缘电阻，其值《规程》也未做规定，通常应不低于 10 MΩ。

（2）交流耐压试验。电磁式电压互感器的交流耐压试验有两种加压方式。

一种是外施工频试验电压，适用于额定电压为 35 kV 及以下的全绝缘电压互感器的交流耐压试验。试验接线和方法与电流互感器的交流耐压试验相同。

另一种是针对 110 kV 及以上的串级式或分级绝缘式电压互感器，《规程》推荐采用倍频感应耐压的方法，如图 2-107 与图 2-108 所示。这是因为 110 kV 及以上的电压互感器多为分级绝缘，其一次绕组末端的绝缘水平很低（约为 5 kV），不能与首端承受同一试验电压，而应采用感应耐压的加压方式。即把电压互感器一次绕组末端接地，从某一个二次绕组加压，在一次绕组感应出所需的试验电压。这种加压方式一方面使绝缘中的电压分布同实际运行一致;另一方面使一次绕组首尾两端的电压比额定电压高,绕组电位也比正常运行时高。因此,交流耐压试验可同时检查电压互感器一次绕组的纵绝缘,从而检查出是否有由于电压互感器中电磁线圈质量不良如露铜、漆膜脱落、打结等原因造成的纵绝缘缺陷。

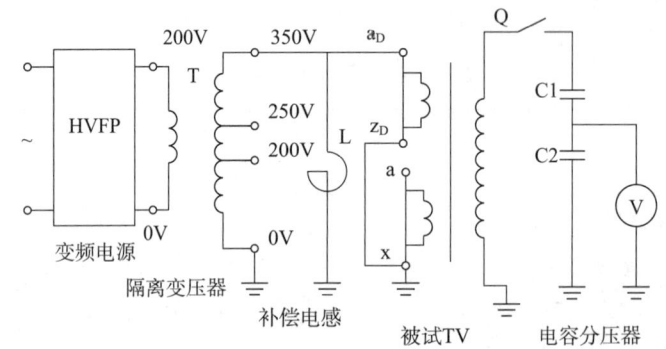

图 2-107 电磁式电压互感器倍频感应耐压试验的接线

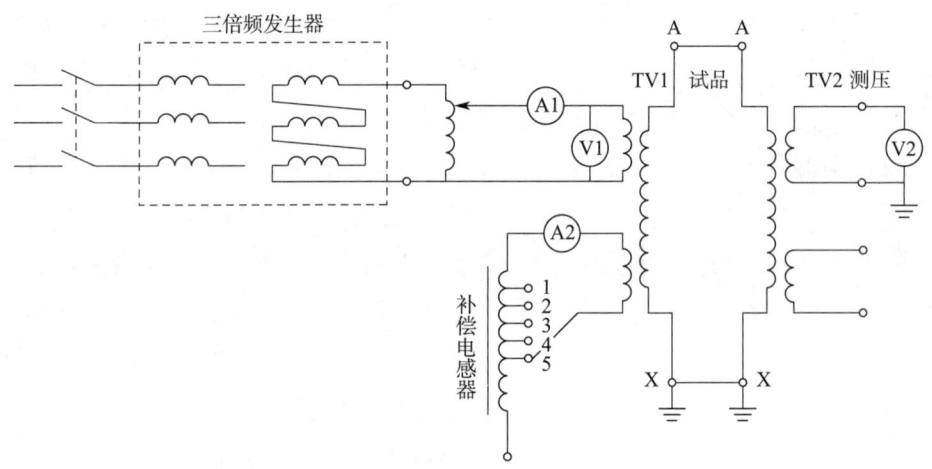

图 2-108 电压互感器三倍频感应耐压试验的接线

在试验过程中应注意有无击穿或其他异常现象,在试验后应检查绝缘有无损伤。检查感应耐压试验是否对被试电压互感器造成损伤的方法是,在耐压试验前后对被试电压互感器进行绝缘电阻、空载电流和空载损耗测量,对于油浸式电压互感器来说还可进行绝缘油的色谱分析。如果上述测量和分析结果无明显差别,则说明感应耐压试验未对被试电压互感器造成损伤。

电磁式电压互感器交流耐压的城轨试验标准:一次绕组按出厂值的85%进行,出厂值不明的，10 kV 等级试验电压为 30 kV，35 kV 等级试验电压为 72 kV；二次绕组之间及末屏对地为 2 kV。

2.5.3 断路器试验

1. SF₆ 断路器试验

（1）检测 SF₆ 气体的水分含量。检测 SF₆ 气体的水分含量（湿度）是 SF₆ 断路器的主要测量项目。这是因为如果 SF₆ 气体含有水分，一方面会引起化学腐蚀，另一方面会对绝缘造成损害。具体检测方法有重量法、电解法和露点法，其中重量法是 IEC（国际电工委员会）推荐的仲裁方法。

在我国，一般根据电解法的测量原理设计微量水分测量仪，《规程》也推荐这种方法。其原理是将待测的 SF₆ 气样导入电解池中，气样中的水分即被吸收并电解，当吸收和电解过程达到平衡时，电解电流正比于气样中的水分含量，这样可通过测量电解电流得到 SF₆ 气样的水分含量。电解电流 I（单位为 μA）与气样的水分含量 U 之间的关系如下：

$$I = \frac{QpT_0 FU \times 10^{-4}}{3p_0 TV_0}$$

式中　Q——气样流量，mL/min；

p——环境压力，Pa；

T_0——标准状态下的环境温度，273 K；

F——法拉第常数，96 485 C/mol；

U——气样的水分含量（体积分数），$\times 10^{-6}$；

p_0——标准状态下的环境压力，101 325 Pa；

T——环境温度，K；

V_0——标准状态下气样的摩尔体积，22.4 L/mol。

从计算公式看出，当气样的流量和环境压力、环境温度不变时，电解电流与气样的水分含量成正比。如果将电流表的刻度按体积分数刻成，则可以直接读出气样的水分含量。国内常用的微量水分测量仪参数见表 2-10。其中，USI-1A 型微量水分测量仪气路系统如图 2-109 所示。

SF₆ 断路器设备运行中 SF₆ 气体的水分含量限值见表 2-11。

（2）测量绝缘电阻。测量辅助回路和控制回路的绝缘电阻，是为了检查其绝缘是否受潮。测量时采用 500 V 或 1 000 V 兆欧表，绝缘电阻应不低于 2 MΩ。

表2-10　　国内常用的微量水分测量仪参数

仪表型号	量程	响应时间	测量精度	生产厂家
USI-1A	$0\sim1\,000\times10^{-6}$	≤5 min 达到试验含水量变化的63%	±5%	成都分析仪器厂
USI-21	$0\sim3\,000\times10^{-6}$			北京分析仪器厂
DWS-Ⅱ	$0\sim1\,000\times10^{-6}$			上海唐山仪表厂

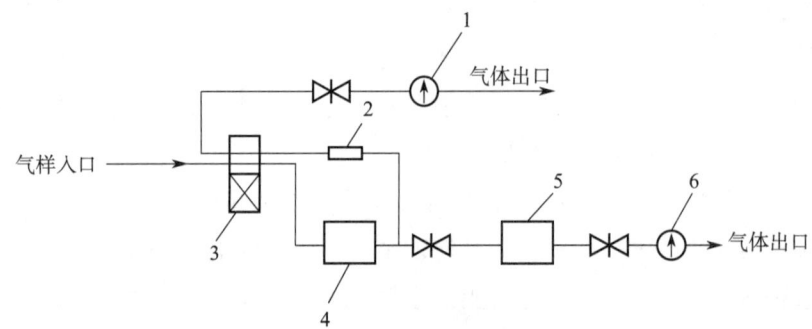

图2-109　USI-1A型微量水分测试仪气路系统
1—旁路流量计　2—连通管　3—控制阀　4—干燥器　5—电解池　6—测量流量计

表2-11　　SF_6气体的水分含量限值

运行条件		断路器气室	其他气室
水分含量	交接试验时	150×10^{-6}	500×10^{-6}
	运行时最高允许值	300×10^{-6}	500×10^{-6}

（3）测量导电回路电阻。由于导电回路接触好坏是断路器能否安全运行的一个重要条件，因此在预防性试验中也需要测量其直流电阻。

1）方法。电压降法的原理是当在被测回路中通以直流电流时，则在回路接触电阻上产生电压降，测量出通过回路的电流及被测回路上的电压降，即可根据欧姆定律计算出接触的直流电阻。测量导电回路电阻的接线如图2-110所示。

2）测量仪表。采用LY-100型微欧仪时，试验标准：敞开式SF_6断路器的测量值应不大于制造厂规定值的120%；对于GIS中的SF_6断路器，应按照制造厂规定。

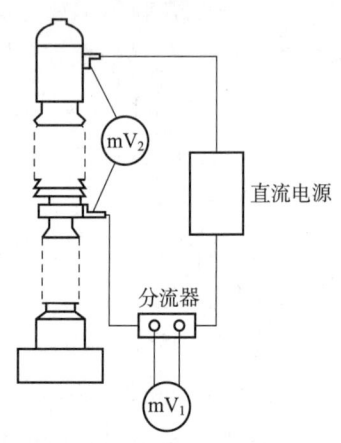

图2-110　测量导电回路电阻的接线

(4) 机械特性试验

1) 时间测量

①分（合）闸时间。分（合）闸时间是指从断路器接到分（合）闸控制信号（线圈上电）开始到断路器动触头与静触头第一次分开（合上）为止的时间。

②相内同期。同相断口间，分闸、合闸时间最大值与最小值之差。

③相间同期。U、V、W 三相间，各相中合闸时间最大值之差为合闸相间同期，分闸时间最小值之差为分闸相间同期。

④弹跳时间。弹跳时间是指断路器动触头与静触头从第一次分开（或合上）开始到最后稳定分开（或合上）为止的时间。

2) 速度及行程测量

①刚分（刚合）速度。刚分（刚合）速度是指断路器动触头与静触头接触时的某一指定时间内，或某一指定距离内的平均速度。

②开距和超程。开距是指断路器从分状态开始到动触头与静触头刚接触的这一段距离。超程是指断路器从合状态开始到动触头与静触头刚分开的这一段距离。

③分（合）闸瞬时速度。分（合）闸瞬时速度是指断路器动触头运动时某一小段的平均速度。该小段的长度取决于速度传感器的分辨率，因而每个小段的平均速度反映了断路器动触头的瞬时速度。

④分（合）闸最大速度。分（合）闸最大速度是指分（合）闸瞬时速度中的最大值。一般来说，该值出现在断路器刚分开或合上的这一段，这一点可以从速度行程曲线中判断。

⑤分（合）闸平均速度。分（合）闸平均速度是指断路器动触头在分（合）闸过程中，10%行程到90%行程与此段行程对应的时间之比，同时仪器提供自定义功能。

⑥行程时间曲线。行程时间曲线是指断路器动触头运动过程中每一个时间单元对应的行程关系曲线。

2. 高压断路器柜试验

(1) 测量绝缘电阻

1) 测量辅助回路和控制回路的绝缘电阻。辅助回路和控制回路包括：直接操作断路器进行手动（按钮）分闸、合闸或通过继电保护与自动装置实行自动跳闸、重合闸的回路；指示断路器分闸、合闸位置的信号回路；防止断路器发生跳跃的闭锁控制回路；分、合闸转换断路器的连接回路。这些回路和绝缘的状态是影响断路器正确动作的关键，所以应定期测量其绝缘电阻。测量时采用 1 000 V 兆欧表，测得的绝缘电阻应

不低于 2 MΩ。

2）测量 12 kV 及以上高压断路器柜的绝缘电阻。测量目的主要是检查高压断路器柜外绝缘的绝缘状况，或内绝缘有无严重绝缘缺陷。在高压断路器柜进行交流耐压试验前后均应分别进行测量，测量时应采用 2 500 V 兆欧表，测得的绝缘电阻应符合制造厂规定。

（2）测量导电回路电阻。测量断路器、隔离开关及隔离插头的导电回路电阻主要是为了检查接头接触是否良好。这是因为在高压断路器柜的多发事故中，接头发热事故率很高，尤其是手车柜的隔离插头，有的由于质量问题导致接触电阻变大，在工作电流下严重发热，可能引发事故。测量导电回路电阻时采用直流压降法，电流值不小于 100 A。在运行中，测量值应不大于制造厂规定的 1.5 倍。

（3）交流耐压试验。交流耐压试验是检查高压断路器柜绝缘缺陷最直接、最有效的试验项目。

试验电压的施加方式是合闸时各相对地及相间，分闸时各相断口间。相间、相对地及断口间试验电压值相同，为出厂值的 80%。

2.5.4　电力电缆线路试验

橡塑绝缘电力电缆包括聚氯乙烯绝缘电力电缆、交联聚乙烯绝缘电力电缆和乙丙橡胶绝缘电力电缆。其中，交联聚乙烯电力电缆具有电气性能和耐热性能良好、传输容量大、结构轻便、易于弯曲、附件接头简单、安装敷设方便、不受高度落差限制等优点，因此应用广泛。

1. 测量绝缘电阻

对于 0.6/1 kV 电缆用 1 000 V 兆欧表，0.6/1 kV 以上电缆用 2 500 V 兆欧表，其中 6/6 kV 及以上电缆也可用 5 000 V 兆欧表。对于重要电缆，其测量周期为 1 年；对于一般电缆，3.6/6 kV 及以上者为 3 年，3.6/6 kV 以下者为 5 年。

2. 主绝缘耐压试验

（1）直流耐压试验。仅对新做终端或接头的电缆进行耐压试验，因为此时进行试验对发现接头内部的缺陷还是很有效的。直流泄漏电流测量回路（测 W 相）与电缆结构图如图 2 – 111 所示。交联聚乙烯电缆直流耐压试验电压见表 2 – 12。

对试验结果的要求：在试验电压作用下，5 min 内不击穿；耐压 5 min 时的泄漏电流应不大于耐压 1 min 时的泄漏电流。

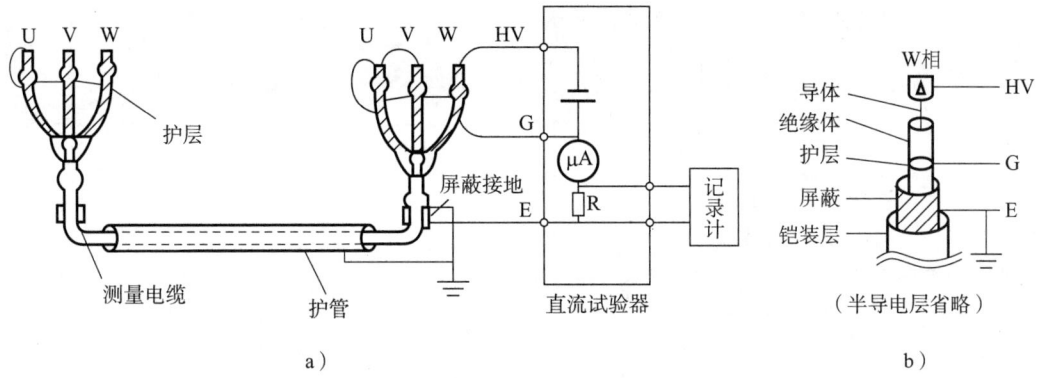

图 2-111 直流泄漏电流测量回路（测 W 相）与电缆结构
a）测量回路　b）电缆结构

表 2-12　　　　　　交联聚乙烯电缆直流耐压试验电压　　　　　　kV

电缆额定电压 U_0/U	1.8/3	3.6/6	6/6	6/10	8.7/10	21/35	26/35	48/66	64/110	127/220
直流试验电压	11	18	25	25	37	63	78	144	192	305

（2）交流耐压试验

1）电缆变频交流耐压试验。橡塑绝缘电力电缆优先采用 20～300Hz 交流耐压试验。近几年，国内一般采用高压电抗器与电缆电容通过变频电源调节频率，在 20～300Hz 频率范围内使 $X_L = X_C$，以达到谐振状态进行交流耐压试验。

以满足 8.7/10kV-300mm² 橡塑电缆 3km 及 26/35kV-300mm² 橡塑电缆 1km 交流耐压试验的 HVFRF 型自动调频串联谐振试验系统为例，其试验接线分别如图 2-112 和图 2-113 所示。

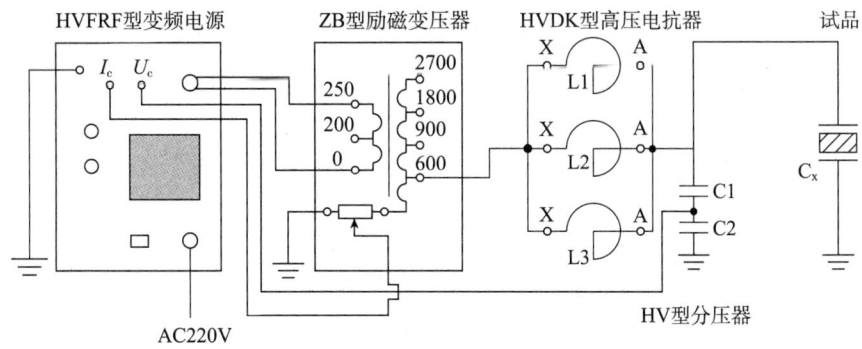

图 2-112　3km 交流耐压试验接线

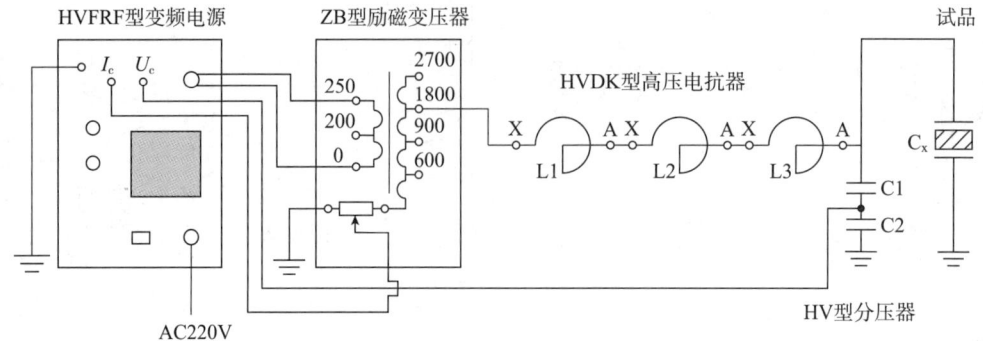

图 2-113　1 km 交流耐压试验接线

2) 电缆超低频交流耐压试验。超低频耐压试验实际上是工频耐压试验的一种替代方法。在对大型发电机、电缆等试品进行工频耐压试验时,由于它们的绝缘层具有较大的电容,因此需要大容量的试验变压器或谐振变压器,而这些设备不但笨重、造价高,而且使用十分不便。为了解决这一矛盾,电力部门降低了试验频率,从而降低了试验电源的容量。国内外多年的理论和实践证明,用 0.1 Hz 超低频耐压试验替代工频耐压试验,不但效果相同,而且设备的体积大为缩小、质量大为减轻,理论上容量约为工频的五百分之一,操作简单,优点更多。我国电力部门已委托武汉高压研究所起草了《35 kV 及以下交联聚乙烯绝缘电力电缆超低频(0.1 Hz)耐压试验规范》行业标准。

橡塑电缆超低频交流试验城轨标准见表 2-13。

表 2-13　　　　　　　　橡塑电缆超低频交流试验城轨标准

额定电压 U_0/U	试验电压 $2.1U_0$	试验时间
26/35 kV	54.6 kV	5 min
8.7/10 kV	18.27 kV	5 min

2.5.5　金属氧化物避雷器试验

1. 测量绝缘电阻

(1) 目的。测量金属氧化物避雷器的绝缘电阻,可以初步了解其内部是否受潮、熔丝是否断掉,以及时发现缺陷。

(2) 判断标准。《规程》规定,测量金属氧化物避雷器绝缘电阻采用 2 500 V 及以上的兆欧表。对于 35 kV 以上者,其测量值应不低于 2 500 MΩ;对于 35 kV 及以下者,其测量值应不低于 1 000 MΩ。

2. 测量直流为 1 mA 时的临界动作电压 U_{1mA}

（1）目的。测量金属氧化物避雷器的 U_{1mA}，主要是为了检查其阀片是否受潮，确定其动作性能是否符合要求。

（2）测量接线。测量金属氧化物避雷器的 U_{1mA} 时通常采用单相半波整流电路，如图 2-114 所示。图中各元件参数随被试金属氧化物避雷器电压不同而异。

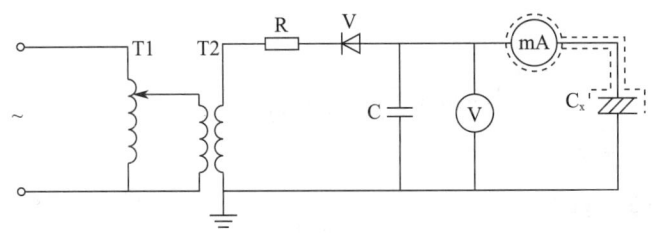

图 2-114 测量金属氧化物避雷器 U_{1mA} 的接线
T1—单相调压器 T2—试验变压器 R—保护电阻 V—硅堆
C—滤波电容器（容量为 0.01~0.1 μF） C_x—金属氧化物避雷器

（3）测量中应注意的问题

1）准确读取 U_{1mA}。当泄漏电流大于 200 μA 以后，随着电压的升高，电流急剧增大，因此应缓慢升压。当电流达到 1 mA 时，准确地读取相应的电压 U_{1mA}。

2）防止表面泄漏电流的影响。测量前应将瓷套表面擦拭干净，测量电流的导线应使用屏蔽线。

3）注意温度的影响。通常金属氧化物避雷器阀片的 U_{1mA} 的温度系数为 0.05%~0.17%，即温度每增高 10 ℃，U_{1mA} 约降低 1%，必要时可进行换算。

4）注意湿度的影响。相对湿度也会对测量结果产生影响，为了便于分析，测量时应记录相对湿度。

（4）判断标准。发电厂、变电所的避雷器在每年雷雨季前都要进行测量。《规程》规定，U_{1mA} 实测值与初始值或制造厂规定值比较，变化应不大于 ±5%。

3. 测量 $0.75U_{1mA}$ 直流电压下的泄漏电流

（1）目的。$0.75U_{1mA}$ 一般大于最大工作相电压（峰值），在此电压下主要检测长期允许工作电流是否符合规定。泄漏电流与金属氧化物避雷器的使用寿命有直接关系，一般在同一温度下泄漏电流与使用寿命成反比。

（2）测量接线。测量接线同 U_{1mA}。测量时，应先测 U_{1mA}，然后再在 $0.75U_{1mA}$ 下读

取相应的电流值。

(3) 判断标准。根据《规程》规定，$0.75U_{1mA}$下的泄漏电流应不大于 50 μA。

技能要求

35 kV 进线断路器控制回路排故

操作条件

1. 实训目的

通过专业实训，使学员了解 35 kV 进线断路器装置的结构，熟悉二次回路，能准确判断故障，能排除故障。

2. 实训设备及工具

实训设备及工具见表 2-14。

表 2-14　　　　　　　　实训设备及工具

序号	名称	规格	单位	数量	备注
1	35 kV 进线断路器柜	35 kV	台	1	连接成系统
2	常用工器具	—	套	1	—
3	万用表	—	块	1	
4	安全用具	—	件	若干	
5	35 kV 进线断路器图样（西门子）	—	套	1	

3. 实训要求

(1) 做好校验前的准备工作。

(2) 按规定的步骤进行故障校验。

(3) 完成各项故障排查及检查项目。

操作步骤

步骤 1　检查设备

(1) 根据所给出的图样（见附图），熟悉 35 kV 进线断路器控制回路。

(2) 熟练操作 35 kV 进线断路器合闸回路与分闸（跳闸）回路，并成功实现 35 kV 进线断路器的合闸和分闸。

步骤 2 查找故障

(1) 35 kV 进线断路器就地无法合闸。故障现象是 35 kV 进线断路器设备处于合闸状态，进行分闸操作时，断路器无法分闸。检查内容如下。

1) 检查 S90（近控/远控）断路器是否处于近控位。
2) 检查控制回路是否有电。
3) 检查辅助触点是否正常。
4) 检查线路是否有开路的情况。
5) 检查回路中各触点是否导通。

(2) 35 kV 进线断路器就地无法分闸。故障现象是 35 kV 进线断路器设备处于分闸状态，进行合闸操作时，断路器无法合闸。检查内容如下。

1) 检查 S90（近控/远控）断路器是否处于近控位。
2) 检查控制回路是否有电。
3) 检查合闸逻辑条件是否满足。
4) 检查辅助触点是否正常。

步骤 3 分析并排除故障

(1) 观察故障现象。
(2) 逐渐缩小故障范围。
(3) 确定故障点后进行故障处理。
(4) 检修完成后进行合闸/分闸试验。
(5) 重复以上过程，直至断路器完全修复。
(6) 故障排除后，送上控制电源，在冷备用状态下对 35 kV 断路器进行一次分闸/合闸试验。

思考题

1. 简述直流断路器电流增量保护的主要参数，并阐明这些参数在现实运行中的重要意义。

2. 简述直流断路器电流上升率保护原理。

3. 直流断路器电缆温升保护动作跳闸后是否能够直接测试合闸？如果测试合闸失败请分析原因。

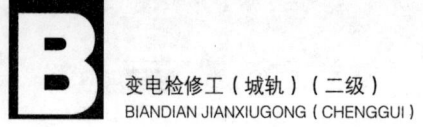

4. 简述电流框架保护和电压框架保护的采样点。
5. 简述测量绕组直流电阻的目的。
6. 简述绝缘电阻的测量原理。
7. 简述橡塑绝缘电力电缆直流耐压试验结果的要求。

第 3 章

综合素质

- 3.1 上海地铁企业文化
- 3.2 技师论文
- 3.3 计算机
- 3.4 Technicians English（技师英语）

知识要求

3.1 上海地铁企业文化

学习目标

了解企业文化的定义和内容
了解企业文化与企业竞争力之间的关系
了解上海地铁管理体制历经的变化、企业文化建设的基本原则
掌握上海地铁企业文化的基本理念

3.1.1 企业文化基础知识

1. 企业文化的定义

广义的企业文化是指企业所创造的具有自身特点的物质文化和精神文化,由企业的组织结构、技术特点、经营思想、人员状况及内外环境共同影响形成。

狭义的企业文化包括企业的使命、愿景、价值观、文化传统、风俗习惯、规章制度、礼仪和庆典、文化网络等多方面的内容,其中使命、愿景、价值观是核心组成部分。

2. 企业文化的内容

(1) 经营哲学。经营哲学又称企业哲学,是一个企业特有的从事生产经营和管理活动的方法论原则,是指导企业行为的基础。一个企业在激烈的市场竞争环境中面临

各种矛盾和多种选择，因而要求企业有一个科学的方法论来指导工作，有一套逻辑思维的程序来决定自己的行为，这就是经营哲学。

（2）企业价值观。企业价值观是指企业职工对企业的存在意义、经营目的、经营宗旨的价值评价和追求的整体化、个性化的群体意识，是企业全体职工共同的价值准则。

（3）企业精神。企业精神是指企业基于自身特定的性质、任务、宗旨、发展方向以及时代要求，经过精心培养而形成的企业成员群体的精神风貌。企业精神要通过企业全体职工有意识的实践活动体现出来。

（4）企业道德。企业道德是指调整本企业与其他企业之间、企业与顾客之间、企业内部职工之间关系的行为规范的总和。它从伦理关系的角度，以善与恶、公与私、荣与辱、诚实与虚伪等道德范畴为标准来评价和规范企业。

（5）团体意识。团体意识是指团体成员的集体观念。团体意识是企业内部凝聚力形成的重要心理因素。

（6）企业形象。企业形象是指企业通过外部特征和经营实力表现出来的、被公众所认同的企业总体印象。由外部特征表现出来的企业形象称为表层形象，如招牌、门面、广告、商标、服饰、营业环境等，这些都给人以直观的感觉，容易形成印象；通过经营实力表现出来的形象称为深层形象，它是企业内部要素的集中体现，如人员素质、生产经营能力、管理水平、资本实力、产品质量等。

（7）企业制度。企业制度是指在生产经营实践活动中所形成的，对人的行为带有强制性，并能保障一定权利的各种规定。从企业文化的层次结构看，企业制度属于中间层次，它是精神文化的表现形式，是物质文化实现的保证。

3. 企业文化与企业竞争力

（1）企业文化是企业竞争力的核心要素。企业竞争力反映在三个层面：第一层面是产品层面，包括企业产品生产及质量控制能力、服务能力、成本控制能力、营销能力、技术发展能力等；第二层面是制度层面，包括各经营管理要素组成的结构平台，企业内外人、事、物、环境、资源关系，企业运行机制，企业规模，企业产权制度等；第三层面是核心层面，包括企业文化、企业形象、企业创新能力、企业特色、财务状况、发展目标等。

企业要做到最优秀、最具竞争力，必须在企业文化上下功夫。技术可以学，制度可以制定，但企业文化却是很难移植和模仿的。未来企业竞争的根本必然是企业文化的竞争，企业文化已经成为企业竞争力的核心要素。

（2）企业文化是企业竞争力的源泉。文化本身就是一种生产力。文化既是一定的生产力、生产组织方式的反映，又与一定的生产力、生产组织方式相适应。

企业经营战略是建立在一系列假设、前提与信念的基础之上的。在基本假设正确的前提下，许多企业仍难以实施其制定的战略，主要原因往往是企业文化与企业经营战略不协调。企业文化对企业经营战略有着重要作用。一方面，企业文化的核心引导着企业经营战略的定位。现代企业的经营战略是在符合企业价值观等企业文化核心要素的总体经营思想、路线和方针的指导下产生的。另一方面，企业文化引导着企业经营战略的实施。企业经营战略需要企业全体员工共同自觉地贯彻执行，否则再完美的战略也只是纸上谈兵。企业文化正是以其所营造的价值取向、经营观念和行为方式潜移默化地引导企业员工贯彻、执行企业既定的战略，保证战略目标的实现。

良好的企业文化有助于形成一种有利于员工创造性发挥，鼓励员工具有创新意识、运用创新思维、精通创新之道、敢于创新竞争和尝试风险的企业文化环境。良好的企业文化氛围不仅有助于新思想的产生，而且能使这些新思想迅速而有效地运用到实际中去。知识经济时代的创新特征是团队创新，企业文化可内化为团队精神，将个体创新的分力整合为团队创新的合力。从这个意义上讲，企业文化是企业创新能力的原动力。

3.1.2 上海地铁企业文化的发展与建设

1. 上海地铁管理体制历经的变化

从 20 世纪 80 年代中期上海市地铁公司成立到 2004 年上海申通集团有限公司与上海地铁建设有限公司重组合并，上海地铁管理体制发生过数次变化。

1988 年 2 月，上海市地铁工程建设指挥部成立，统筹领导和协调上海地铁 1 号线的工程建设。

1991 年 8 月，上海市地铁运营管理处成立，负责上海地铁的运营管理。

1992 年 10 月，上海市地铁总公司成立，负责上海地铁的项目融资、工程建设、运营管理、经营开发管理。

1998 年，为使上海地铁工程建设管理从上海市地铁总公司管理体系中分离出来，由社会资本合股组建成立了上海城市轨道交通建设有限公司。

2000 年 4 月，上海市人民政府再次对上海地铁管理体制进行改制，提出"投资、建设、运营、监管"四分开的管理模式，撤销了上海市地铁总公司、上海城市轨道交通建设有限公司等，组建了上海申通集团有限公司、上海地铁建设有限公司、上海地铁运营有限公司，而后又成立了上海现代轨道交通股份有限公司。上海申通集团有限公司负责上海地铁投融资管理，上海地铁建设有限公司负责工程建设管理，上海地铁运营有限公司和上海现代轨道交通股份有限公司负责运营管理。

2004年6月，经上海市人民政府批准，上海申通集团有限公司和上海地铁建设有限公司重组合并，成立新的上海申通集团有限公司。

2005年7月，上海地铁运营有限公司从上海城市交通管理局划转至上海申通集团有限公司。

2007年，上海现代轨道交通股份有限公司划转至上海申通集团有限公司，上海申通集团有限公司更名为上海申通地铁集团有限公司（以下简称集团）。

2. 上海地铁企业文化发展的思想基础

随着我国改革发展的推进，加强社会主义文化建设、弘扬先进文化思想、践行社会主义核心价值观的重大意义越来越被广大市民和地铁员工所认识，企业文化建设的作用、意义也得到了社会的广泛认同。在文化发展的大背景下，上海地铁企业文化建设乘势而行，逐步推进。特别是上海申通地铁集团有限公司成立后，上海地铁的管理体系发生了根本变化，投资、建设、运营、资产经营开发、设计的一体化管理促进了上海地铁企业文化建设的全面统筹规划，促使上海地铁以更高的站位确定其企业文化建设的战略目标。上海地铁企业文化的精髓及文化建设的优秀品质得到了很好的传承，这些宝贵财富为当今上海地铁企业文化建设发展打下了坚实的基础。

3. 上海地铁企业文化建设的指导思想、基本原则和目标

（1）指导思想。高举中国特色社会主义伟大旗帜，坚持以马克思列宁主义、毛泽东思想、邓小平理论、"三个代表"重要思想、科学发展观、习近平新时代中国特色社会主义思想为指导，紧密团结在以习近平同志为核心的党中央周围，深入贯彻学习党的十九大和习近平总书记系列重要讲话精神，紧紧围绕"五位一体"总体布局和"四个全面"战略布局，牢固树立和贯彻落实创新、协调、绿色、开放、共享的发展理念，准确把握企业文化建设的时代主题和历史使命，以社会主义核心价值观为引领，以推动城市创新驱动发展、经济转型升级为根本，以促进企业改革发展和员工全面发展为己任，遵循企业文化发展规律，内铸精神、外塑形象，不断增强企业活力和竞争力，为上海继续当好改革开放排头兵、创新发展先行者，迈向卓越的全球城市，实现"两个一百年"奋斗目标和中华民族伟大复兴的中国梦贡献力量。

（2）基本原则。上海地铁企业文化具有鲜明的社会性、民生性、人文性、宣传性等特点。根据这些特点，开展企业文化建设要坚持"四个结合"的原则。

1）企业文化建设要与企业发展愿景相结合。企业文化是企业的经营管理文化。要围绕企业的使命、目标倡导企业的核心价值观，把企业的发展愿景、目标融合在企业文化建设之中，用企业文化来引导、宣传和践行企业发展愿景，使企业文化成为广大员工共同追求的思想基础。开展企业文化建设要围绕企业的中心工作，把企业价值观和企业精神渗透到企业的制度和规范中，让广大员工更加自觉地执行各项规章制度，进一步加强企业管理。

2）企业文化建设要与精神文明建设相结合。企业文化建设与精神文明建设相辅相成。社会主义精神文明是企业文化的灵魂，企业文化建设为精神文明建设提供了有效的载体，丰富了精神文明建设的内容和形式。要坚持以科学理论武装人、高尚情操鼓舞人、先进文化熏陶人、真切情感关爱人，培养员工良好的文化素养，引导员工恪守社会公德、职业道德和家庭美德，不断增强思想政治工作的说服力和感染力，提升员工的整体素质。

3）企业文化建设要与继承、创新相结合。先进的企业文化是在长期积累和培育中逐步形成的。企业经历了整合、发展、提高的过程，企业文化也相应地得到了继承、融合和创新发展。在企业核心价值观等的指导下，企业文化借鉴国内外优秀企业的经验，在融合中不断发展创新、不断发展升华。

4）企业文化建设要与城市发展、市民参与相结合。上海地铁是申城国际大都市的公共服务窗口，具有非常强的公众性、社会性和互动性。上海地铁企业文化是整个社会文化的组成部分，社会关注度高、市民参与性强，需要接受广大市民乘客的检阅和监督。开展企业文化建设，要融入时代发展的步伐，把社会发展的时代特征和先进文化思想理念融入其中。努力建设受市民乘客欢迎的、体现时代进步的企业文化。

（3）目标。上海地铁企业文化建设目标是基本形成具有时代特征、上海特点、地铁特色的企业文化体系，实现企业与员工、社会、自然和谐共同发展，为实现上海轨道交通远景网络目标打下坚实的思想文化基础。

1）上海地铁企业文化建设成为行业品牌。大力培育各类先进典型，形成学先进、争先进的氛围，实现企业文化建设和精神文明建设有机融合、相互促进，推出1~2个具有全市影响力的上海地铁先进典型或服务品牌；培育一批新的全国劳动模范、全国五一劳动奖章（奖状）获得者、上海市（部级）劳动模范先进集体和先进个人；保持交通运输部和上海市文明行业殊荣，争创部级企业文化建设先进单位；上海地铁企业文化建设得到社会的广泛认同。

2）班组建设在全国同行中名列前茅。围绕员工思想文化建设重点和服务管理工作难点，突出企业管理和人文建设的和谐发展，夯实班组建设基础。通过学习引导、文化倡导、思想疏导，基本实现文明班组全覆盖，25%的班组成为"工人先锋号"班组，15%以上的班组成为集团层面及以上的学习型班组、优秀班组。

3）社会公益宣传成为全市服务窗口的标杆。坚持承担社会责任的意识，充分运用地铁的宣传媒介平台和窗口服务的资源优势，传播先进文化，引导社会文明，展示城市魅力，确保地铁公益宣传不低于广告总量的15%、地铁车站展示先进文化阵地总量逾70座（处）、地铁公益宣传景观达到3处，使上海地铁成为全市窗口行业社会公益宣传的标杆。

4）地铁志愿者成为倡导城市文明的典范。坚持地铁志愿者"服务社会、倡导文明"的目标，员工志愿者服务的年参与率达到90%以上。地铁志愿者管理实现网络化、信息化，运用网络进行报名、培训、服务时间考勤、服务质量评定、服务情况统计。力争上海地铁志愿者的参与人数、管理规范、服务成效、社会影响等在全市志愿者队伍中均名列前茅。

4. 上海地铁企业文化的基本理念

（1）共同使命——申城地铁，通向都市新生活。构建科技、人文、绿色的申城轨道交通网络，提供安全、高效、便捷的人性化轨道交通服务，拓展都市空间，引导都市布局，提升都市功能，创造全新的都市出行、消费、居住模式。依托轨道交通网络化管理平台，完善建设模式，提升运营效能，输出技术管理，形成一流的网络综合集成能力，实现企业和员工的共同成长。

（2）核心价值观——社会责任第一、安全质量第一、团队协作第一

1）社会责任第一。始终把社会效益放在首位，确保运营畅通有序、市民出行安全便捷，努力为社会提供优质服务；始终坚持以人为本、服务社会的理念，主动发挥地铁文明引领城市文明的先导作用，把地铁建成展示社会先进文化的实践基地；高度重视人与自然的和谐发展，注重生态环境保护，为建设资源节约型、环境友好型社会做出不懈努力。

2）安全质量第一。按照"管建并举"的指导思想，坚持以管理为重、以安全运营为本，强化安全质量意识，树立脚踏实地、一丝不苟的科学态度，严格规范制度和操作程序，广泛采用高新技术和先进管理手段，努力向社会和公众提供优质的工程和优良的服务，确保运营安全、资金安全、施工安全和队伍安全。

3）团队协作第一。大力倡导培育集团内部单位之间的团队合作精神，依靠集体的智慧和力量攻克轨道交通基本网络管理过程中的困难；大力倡导培育集团和其他行业、周边地区的同创联建精神，恪守诚信，坚持公平、公正、公开，与工作伙伴和协作单

位建立良好的合作关系，主动服务，实现互利共赢。

(3) 经营理念——以人为本、精细管理、以诚取信、和谐共赢

1) 以人为本。坚持服务至上、乘客为先的理念，尽最大努力满足乘客的需要，从设计建设到运营服务管理，牢固树立以人为本、服务乘客的意识，方便乘客的出行，提高乘客出行的舒适度和满意度。坚持员工是企业主人、员工是企业第一资源的理念，畅通管理层与员工沟通的渠道，激发员工的主体意识，点燃员工的工作热情，培育员工对企业的忠诚度，开发员工队伍的巨大潜能。将以人为本的理念贯彻到各项具体工作中，渗透到管理、服务的各个环节上。

2) 精细管理。坚持细节决定成败的理念，牢固树立精细管理的意识，把握好每个管理环节，控制住每个管理细节，精益求精，追求卓越。大力推行标准化作业法，以严谨的管理作风杜绝各类事故隐患，保障上海轨道交通工程管理、运营管理、资产管理和资金管理的安全高效。通过精细管理，力争做到服务高质量、管理高水平、工作高效率、队伍高素质。

3) 以诚取信。确立"诚信是企业发展的生命"这一理念，严守诚信，保证企业在社会公众面前的良好形象，促进企业健康发展，提供快速准时的安全运营服务。坚守向社会和公众做出的庄重承诺，每个地铁人自觉践行诺言，真诚地对待同事、合作伙伴和服务对象，以真诚的态度和行为取得社会各方的信任和支持，把对人民群众的真情体现在建设和运营管理的全过程中，树立轨道交通行业诚实守信的形象。

4) 和谐共赢。确立荣辱与共、协同发展的理念，正确处理国家、企业与员工的利益关系，营造和谐共赢的环境和氛围，促进企业、员工共同发展。建立企业与协作单位之间和谐共赢的关系，共同推进上海轨道交通事业的发展。建立企业与社会、广大人民群众之间和谐共赢的关系，共同为建设和谐社会和惠及百姓的轨道交通事业做出贡献。

(4) 企业精神——敬业、奉献、求实、创新

1) 敬业，让员工在地铁事业中实现人生价值。

2) 奉献，使乘客在乘坐地铁时感受温馨服务。

3) 求实，让平安在地铁管理中体现民本理念。

4) 创新，使地铁在城市发展中永葆生机活力。

(5) 行为准则——严字当头、爱岗敬业、忠于职守

1) 严字当头。严格履行职责，自觉且出色地做好本职工作，与同事相互信任、相互帮助，发生问题时勇于承担责任，从自身查找原因，自觉遵守法律法规、集团各项

规章制度和职业道德。

2）爱岗敬业。热爱自己的工作，勤奋好学，兢兢业业，以认真负责的态度、孜孜不倦的精神全身心投入工作并乐在其中，在工作中实现个人价值，与企业共同发展。

3）忠于职守。养成对工作的责任感和对事业的高度忠诚，自觉遵守职业操守和职业规范，学习并掌握新技术、新工艺，对每一项工作不仅做到合格、规范，而且注重细节，追求卓越。

3.1.3 上海地铁企业文化的氛围营造

1. CIS 形象识别标识

集团统一建立了 CIS（企业识别系统）。企业识别系统由标志、标准字、标准色三要素组成。其中，标志是由"上海地铁"英文单词 Shanghai Metro 的首字母"S"和"M"组成的圆形图案（该标志经社会征集确定），代表地铁环城行驶、四通八达；标准字"上海地铁"采用综艺体变形字，代表地铁交通快速、便捷和地铁事业发展的速度感；标准色由红、黑、白三种颜色组成（标志为红色、标准字为黑色、底色为白色），红色象征上海地铁事业朝气蓬勃和蒸蒸日上，黑色象征上海地铁企业肩负历史重任的坚定信念和追求，白色象征地铁员工将以智慧、才华和拼搏精神描绘辉煌灿烂的企业宏图。

2. 司旗

集团司旗如图 3-1 所示。其白底上有红色"申通地铁集团"综艺变体字和红色标志。

图 3-1 集团司旗

3. 司歌

《地铁之歌》

穿越时空的长廊，我在追逐美丽的梦想。
踏着都市的节奏，我在感受便捷的流畅。
是谁创造了奇迹，是谁创造了奇迹，让我飞驰在彩虹的桥梁。
穿越不夜的长廊，我在收获多彩的希望。
触摸网络的情怀，我在伸展轻轻的翅膀。
是谁创造了神话，是谁创造了神话，让我体验着心灵的翱翔。
啊，地铁地铁，我奉献的乐章，弹奏我的追求，我的理想；
啊，地铁地铁，我心弦的激昂，是我生命的旋律飞扬。

4. 吉祥物

为了进一步展现上海城市形象和提升上海地铁功能，集团深入践行"申城地铁，通向都市新生活"的主旨，开展了地铁吉祥物设计方案公开征集活动。通过征集和专家评审，富有创意、动感和视觉美感的吉祥物"畅畅"成为上海地铁的对外形象代言人，在企业文化建设和对外宣传活动中发挥了不可替代的作用。上海地铁吉祥物"畅畅"已经成为上海地铁文化的象征，被广大市民所熟知和喜爱。"畅畅"的形象是一个象征未来的小机器人，圆润的流线型设计动感十足，微笑的眼睛透露亲切感，现代化的装备科技感十足。"畅畅"是上海地铁人的形象化身，微笑自信的表情诠释出上海地铁积极进取、无限开拓的品牌形象。

5. 职业装

上海地铁职业装以红色为主色调，象征生命、活力、热情，也代表上海轨道交通积极向上、蓬勃发展的前景。

上海地铁职业装的设计体现了舒适、简洁、职业、时尚的特点。春秋装以绛红色与深灰色调和，给人热情温暖的感觉；冬装为黑色，寓意深沉、稳重、安全；夏装则以粉红色与中灰色调和，符合上海都市浪漫的时尚气息。作为主色调的绛红色体现温雅，粉红色体现柔和，灰色则体现朴素、安定和含蓄，总体色彩给人以温馨和谐的感觉。

为了便于识别，窗口服务人员的职业装上还增加了小配饰，在胸前与手臂上配有上海轨道交通标志徽章，其以轨道交通基本网络线路的标志色组合成背景色。同时，窗口服务人员胸前都配有工号牌，根据数字和字母，乘客能够简便地识别其工作的线路、岗位等。

6. 服务承诺

上海地铁实行"五项服务承诺"。第一，窗口服务实行首问责任制，讲普通话，使用"十字文明用语"（您好、请、谢谢、对不起、再见）。第二，首末班次列车正点运行。第三，列车延误15分钟以上，办理退票并致歉。第四，地铁服务热线（021-64370000）全年无休，全天24小时为市民服务，乘客投诉3个工作日内必须回复。第五，革命伤残军（警）人、烈士家属、离休干部、盲人凭证免费乘坐地铁，对残障人士提供特殊服务。

3.2 技师论文

学习目标

了解撰写技师论文的意义和目的

了解技师总结和技师论文的区别

掌握技师论文基本体例格式、层次编排格式和写作要求

了解技师论文答辩的一般程序和评审标准

掌握答辩技巧、注意事项和答辩后总结要点

3.2.1 撰写技师论文的意义

1. 撰写技师论文是鉴定部门检查、考核申请者的综合课目

技师论文是职业资格鉴定技师（二级）综合能力必须通过的重点考核项目，也是全面考查、衡量技师申请者综合能力的重要环节之一。申请者必须自己独立撰写技师论文，在论文答辩合格后，才能取得技师（二级）职业资格证书。

2. 撰写技师论文是由"工""匠"转变为"师"的一个必要台阶

从高级工到技师是一个全新的转变过程，是一个知识和技能积累由量变到质变的过程，即由"工""匠"转变成为"师"的过程。"工""匠"主要以自己实际操作为主，以解决现场技术问题为辅，一般只管操作，不管培训；而"师"是以传授知识技能、答疑解惑为主。表达乃是"师"的基本功，能说、能写是作为"师"的基本技能。只能做、不能说，或只能做、不能写，都很难担当起"师"的重任。技师是以解决现场技术问题、解决技术关键、传授知识技能和培训为主，以自己实际操作为辅的，因此要具备把自己的所思所想通过语言和文字表达出来的能力。"工""匠"和"师"之

间还是有很大区别的,要想跨上这个台阶,需要付出努力,更需要再学习、再拼搏。

3.2.2 撰写技师论文的目的

1. 考核综合能力

撰写技师论文的基本目的是对技师申请者进行一次较为全面的实际综合工作能力考核和检查,着重考核和检查技师申请者能否灵活运用知识创造性地解决实际生产中的技术问题和技术难题。

2. 提高创新能力

撰写技师论文可以促进、提高技师申请者在实际生产中的创新意识和创新精神,使其掌握更多、更好的创新方法,开拓创新思路,提高创新能力。

3. 培养科研能力

撰写技师论文可以培养技师申请者的科学研究能力,使其初步掌握科研的基本程序和基本方法,学会调查研究,学会检索和整理资料并提炼有价值的信息,学会提出问题、分析问题和解决问题的科学方法,并会用书面形式将创新成果完整、准确地表达出来。

4. 用好综合知识

撰写技师论文可以培养技师申请者用好、用活综合知识的能力。撰写技师论文的过程是专业知识的运用过程,是学习、再学习及深化的过程,是理论和实际相结合的过程,同时是技师申请者充分利用自己所掌握的综合知识,全面分析、研究生产技术上的实际问题,并寻找最佳解决办法的过程。

3.2.3 技师论文的基本体例格式

1. 技师论文的封面格式

×××技师论文
(上空四行,三号仿宋字,居中)

×××××职业文章 (二号黑体字,居中)

文章类型:××××××××(注明是技师论文)

文章题目:×××××××××××××

(上空两行,前空四字,四号宋体字)

姓名：

职业：

准考证号：

工作单位：

年 月 日

（所有行距为单倍行距）

2. 技师论文的体例格式

标题（二号黑体字，居中）

单位、姓名（四号宋体字，居中）

摘要：（正文摘要，四号楷体字，行间距固定值22磅）

关键词：（四号楷体字，行间距固定值22磅）

（技师论文正文，四号宋体字，行间距固定值22磅，3 000字以上）

注释：（小四号宋体字，单倍行距）

参考文献（小四号宋体字，单倍行距）

3.2.4 技师论文的层次编排格式

技师论文的层次编排有三种方法：传统编排法、国际标准编排法和混合编排法。在撰写技师论文时，三种方法都可以用，但常用的是传统编排法或混合编排法。一般用于国际、国内发表和交流的技术论文要用国际标准编排法。

1. 传统编排法

第一章×××
第二章××× ｝居中标题，大多数不设篇，从章开始。
第三章×××

一、×××
（一）××× ｝占行标题，可设"（一）"层，但大多数不设。在"一"前可不空格。
1. ×××

（1）××××××
1）或①×××××× ｝不占行标题。

绪言（或绪论）一般放在章前，与章同层次，当内容较多时可编为第一章。

附录与参考文献一般放在末章后，与章同层次。如果参考文献分别放在每章之后，则与节同层次。

2. 国际标准编排法

0　引言

1. ×××
1.1 ××× ｝顶格，占行标题。大多数设3层即可，即不设1.1.1.1。
1.1.1 ××× 引言或绪论也可不编"0"号，当内容较多时，也可编为"1"号。
1.1.1.1 ××× 此后的序号递加1，在1.1.1.1标题后空格接排。

（1）××××××
a. ×××××× ｝不占行标题，空一格接正文。

附录与参考文献一般放在最后，与"1"同层次。参考文献也可在"1""2"……后设置。

3. 混合编排法

混合编排法的篇、章设置同传统编排法，篇、章以下设置同国际标准编排法，大部分只设章而不设篇；附录和参考文献设置同前两种编排法。

3.2.5　技师论文基本要素的写作要求

1. 摘要

（1）摘要的定义。摘要是技师论文的重要组成部分之一，它是以提供技师论文内容梗概为目的，不加评论和补充解释，简明、确切地记述技师论文中重要内容的精练短文。摘要通常放在标题之后，位于技师论文开端。如果技师论文能够正式发表，那么技师论文的摘要会被文献检索系统所收集。

联合国教科文组织规定全世界公开发表的科技论文不管用什么文字写成，都必须附有一篇短小、精悍的摘要。为了方便国际学术交流，国内发行的技术期刊除了要求有中文摘要外，也要求有英文摘要，并要求英文摘要与中文摘要相对应。目前，对技师论文的考核还没有英文摘要方面的要求。

摘要一般不分段，不列图表，也不引用参考文献。

(2) 摘要的主要作用

1) 便于快速了解技师论文的内容。在确定技师论文选题前，可以在网上有关资料库里进行检索，查看相关技师论文的摘要，这样无须花费太多时间，既可了解相关的第一手资料，又可了解在相关领域中有多少人在做研究及进展如何。通过查看技师论文的摘要，可以大致了解技师论文的研究内容，看出技师论文的水平及创新之处，进而决定是否有必要花时间提取原文进行阅读。

2) 为数据库检索提供方便。著名的世界检索数据库 SCI（科学引文索引）、EI（工程索引）等都以摘要的形式收录论文。只要技师论文摘要写得好，发表之后也有可能被著名的世界检索数据库收录，或者被读者引用。

因此，技师论文的摘要十分重要，通常被看成是技师论文的"名片"。

(3) 摘要的四要素。技师论文摘要的四要素包括目的、方法、结果和结论。

1) 目的。摘要的目的部分应简要说明研究、创新的目的，说明提出问题的缘由，表明研究、创新的范围及重要性。目的是研制、创新、攻关、革新、改造等工作的前提，也可以理解为工作的背景，即要提出、解决什么问题。摘要的目的部分不宜多写，一般只需要一两句话即可，通常放在技师论文摘要的开始。因此，在许多技师论文的摘要中，常常可以看到"为了……"这种目的状语的标准写法。

2) 方法。摘要的方法部分主要应说明改进、创新及解决问题所用的基本设计、基本方法，即说明具体解决问题过程中使用了什么材料、工具、夹具、刀具、设备和方法，如何进行分组对比，改进、创新及解决问题的范围，数据的精确程度以及是如何取得的。改进、创新及解决问题的方法是技师论文内容的主要组成部分，也是技师论文摘要的主要内容。

3) 结果。摘要的结果部分应列出改进、创新及解决问题的主要成果和数据，说明其价值及局限性。叙述要具体、准确，并需给出结果的可信值。结果包括小改革、小制作，电气、电子、集成电路的改造、改进，工艺路线、工艺方法的调整，工装、夹具、设备的改造、改进，操作方法的改进、创新等解决具体问题的结果，也包括节能降耗、提高效益方面的结果。结果同样是技师论文的主要组成部分，也是技师论文摘要的主要内容。

4) 结论。摘要的结论部分是一个简要的总结，指出所用方法的特点、优点、适用范围、所得到的启发等。同时，结论中应该简要说明技师论文已经取得成果的应用价值，是否值得在同行和相关行业中进行推荐或推广。需要注意的是，摘要的结论只需突出技师论文中的创新内容，用几句话来概述即可。技师论文的结论必须是事实，要用事实和数据来表述。因此，在结论中不可使用过分夸张的语言，尤其要避免使用"……在……方面已取得了重大成果"或"……在……方面取得了巨大突破"等语句。一般来说，不要在结论中进行自我评价，更不要进行自我吹捧。

（4）摘要的类型。摘要一般分为三类：报道性摘要、指示性摘要、报道性和指示性摘要。

报道性摘要主要介绍技师论文改进、创新及解决问题的主要方法、成果等，对技师论文的提示比较全面。指示性摘要只是简要地叙述技师论文的成果（数据、结论），对改进、创新及解决问题的方法、过程等均不涉及，通常用于创新内容较少的技师论文。报道性和指示性摘要介于上述两者之间，以报道性摘要的形式表达技师论文中信息价值较高的部分，而以指示性摘要的形式表述其余部分。

一般的技师论文都采用报道性摘要的形式。

（5）摘要的写作要点

1）摘要一般应在技师论文定稿之后再撰写。

2）摘要的主要内容应从技师论文中直接摘录出来。

3）摘要应是技师论文的主要内容、观点、精华和结论的浓缩。

4）摘要应该是经过提炼的、直接陈述的、不带自评的。

（6）摘要的写作要求及注意事项

1）摘要的写作要求

①摘要的长度。中文摘要字数一般为300字左右。

②摘要的内容。摘要的内容应包括目的、方法、结果和结论四个方面，重点是要写出解决问题的具体结果，特别是创新之处。

2）摘要的注意事项

①摘要应包含技师论文正文中的要点。

②摘要中的内容应在正文中出现过，而不是对正文进行补充和修改。

③摘要中不要写本职业、本行业、本专业、本领域已成常识的内容，尽量删掉选题的背景信息。

④不要在摘要中简单地重复技师论文的标题。

⑤不要在摘要中标榜自己的研究成果。

⑥用第三人称进行叙述，不要用"本文""作者""文章"等词做摘要的主语。

⑦使用规范化的名词、术语。

⑧尽量少用、不用在计算机键盘上不能直接打出的特殊字符。

⑨尽量避免使用图、表和化学结构式。

⑩对于为同行所熟悉的缩略语，应在标题、摘要或关键词中至少出现一次全称；对于那些为大众所熟悉的缩写词，如 CAD 等可直接使用。

⑪完成摘要初稿之后，还必须对摘要进行逐字推敲、反复修改，认真检查其语法、文字、词句、标点符号等有无错误。

(7) 摘要的写作示例。摘要的写作示例如下：

为了提高×××复合冲裁模具的使用寿命和工作可靠性，调整在正常使用条件下的合理间隙是十分重要的［1］。×××复合冲裁模具间隙的大小是影响产品质量和模具冲裁刃好坏的主要因素［2］。

论文则在×××复合冲裁模具不同冲裁间隙下，对产品进行了冲裁和调试研究［3］。结果表明：冲裁间隙是控制产品质量、影响模具使用寿命的主要因素，并得到冲裁间隙与模具使用寿命图表的验证［4］。

在以上摘要示例中，［1］是目的，［2］是结论，［3］是方法，［4］是结果。

2. 关键词

关键词一般位于摘要之下、技师论文正文之上。

(1) 关键词的意义

1) 关键词是技师论文的标引与检索标志，是表达技师论文主题概念的自然语言词汇。

2) 关键词应该直接从技师论文的标题、摘要和正文中选出来。

3) 关键词是直接反映技师论文主题内容信息的词、词组和术语。

(2) 关键词的词类。技师论文中适合作为关键词的一般都是名词，这类名词在技师论文中有两种：叙词和自由词。

1) 叙词。叙词是指已经被收入《汉语主题词表》中，可用于标引技师论文主题内容的词，即经过规范化的词或词组。

2) 自由词。自由词是指直接从技师论文的标题、摘要、层次标题或技师论文其他内容中抽出来，能反映该篇论文主题内容的自然词汇（词或词组）。

(3) 关键词的标引。关键词的标引质量是影响技师论文检索效率的重要因素之一。标引是检索的前提，没有正确的标引也就不可能有正确的检索。

这里可参考国家标准《学位论文编写规则》（GB/T 7713.3—2006）的规定："每

篇论文应该选取 3~8 个关键词，用显著的字符另起一行，排在摘要的下方。关键词应体现论文特色，具有语义性，在论文中有明确的出处。并应尽量采用《汉语主题词表》或各专业主题词表提供的规范词。"但是，《汉语主题词表》等有一定的更新周期，如果出现下列几种情况，就可以采用自由词作为关键词进行标引。

1）《汉语主题词表》中明显漏选的词。

2）表达新学科、新理论、新技术、新材料等新出现的概念及内容。

3）词表中未收入的地区、人物、文献、产品等名称及重要数据名称。

4）某些概念、内容采用组配，其结果出现多义时，被标引的概念、内容也可用自由词。

5）自由词尽可能地选自其他词表或较权威的参考书和工具书，应是在本职业、本工种、本专业领域的文献、技师论文中经常出现的名词、术语，选用的自由词最好文字简练、词义明确、实用性强，并严格遵守一词一义的原则。

（4）关键词的提炼步骤和示例

1）关键词的提炼步骤

①对技师论文进行主题分析，厘清技师论文的主题概念和中心内容。

②尽可能地从标题、摘要、层次标题和技师正文重要段落中抽出关键词。

③对所选取的词进行排序，对照《汉语主题词表》，找出哪些词可以直接作为叙词进行标引，哪些词可以规范化为叙词。无法规范化为叙词的词只要是表达主题概念所必需的，都可以作为自由词进行标引。

2）关键词的提炼示例

①从技师论文的主题中提炼。例如，在技师论文《巧车 45°分型面的橡胶模》中，主题是"45°分型面""橡胶模"，那么"45°分型面"及"橡胶模"就必须作为关键词。

②从技师论文的方法中提炼。例如，在技师论文《巧车 45°分型面的橡胶模》中，完成研究的方法是"上、下模圆弧 R 槽车削"，因此，"R 槽车削"应作为关键词；在找正方法方面采用了"平行四边形"，解决了 45°分型面的橡胶模上、下两模在合模后 R 槽轴线要完全重合的问题，因此"平行四边形"也应作为关键词。

③从技师论文的难点中提炼。例如，技师论文《巧车 45°分型面的橡胶模》的难点是 45°分型面的橡胶模上、下两模在合模后 R 槽轴线应能完全重合，因此，"R 槽轴线"和"完全重合"也应作为关键词。

3. 引言

引言相当于正文的引子，是技师论文正文的先导文字部分，又称前言、导言、导论、绪论或概述，是技师论文的序幕和开场白。

（1）引言的作用

1）简要交代技师论文的研究背景。

2）简要指明技师论文的研究范围。

3）简要说明技师论文的研究目的。

4）起引出正文的作用。

（2）引言的要求

1）篇幅自由，可长可短，长则几百字，短则几十个字。

2）开门见山，具有定向的引导作用。

3）突出重点，不需要面面俱到。

（3）引言的注意事项

1）不要把引言写成摘要。

2）不要把引言与结论混淆。

3）不要把引言与正文混淆。

4）引言中不应出现图表，不要介绍基本理论和基本方法。

（4）引言的示例

1）开门见山型。技师论文《小专利大作用》的引言采用了开门见山的写法，引用并分析如下。

许多车工都遇到过没有车孔刀用的情况，特别是没有挖槽刀时，基本上都要自己费时、费力去手工磨出较为理想的车刀（提出了现实的问题），运用时又往往不够理想。虽然现在机夹式内孔刀具的品种和规格较多，但如果要加工某个特殊形状的内孔，却不一定能找到适合的刀具（提出了传统产品的不足之处）。本人就该难题结合多年实践经验，谈谈运用自己发明的专利刀具来解决问题的方法（创新产品的成果和意义）。

2）突出重点型。技师论文《车窗锁片45°倒角装夹方法的改进》的引言就重点突出、单刀直入，引用并分析如下。

某工程车的车窗锁片体积小、厚度小，在加工三处45°倒角时，装夹极不方便（提出了技术问题），若采用常规的单件加工方法，不但费力费时，而且质量稳定性和加工进度很难保证。为了抢占市场，提高产品质量和生产率，需要改进装夹方法。

4. 正文

（1）正文的作用

1）技师论文的主体。正文是技师论文的主体，所占篇幅最大，约占技师论文80%

的篇幅。

2）技师论文的展示平台。正文是展示技师申请者学术理论水平、技术水平、操作技能水平、科研和创新能力的书面平台。技师申请者应把自己实际成果中最有亮点的部分充分地展示给参与答辩的高级考评员，因为技师论文的写作、答辩实际上就是一场综合性较量，谁的综合技能水平出众，谁就能够在较量中出线、胜出。因此，技师申请者应尽最大努力发挥出自己的最高水平。

（2）正文的任务

正文的任务包括提出问题、分析问题和解决问题。

（3）正文的写作要求

1）突出论点，不蔓不枝。一篇技师论文的论点只能是一个，不能是多个。技师论文应围绕一个论点，用有限的笔墨将技术问题和道理讲清楚、说明白。

2）尊重事实，强调科学。尊重事实是指在技师论文写作中要坚持实事求是的原则，不弄虚作假，不提供有技术性错误的数据、文字、表格、图样、公式和方法。强调科学就是强调技师申请者在解决技术问题时，要正确地运用科学的研究方法。

3）充分论证，表述完整。在技师论文写作中，仅有论点、论据是不够的，只有把论点、论据有机地联系在一起，用论据去说明论点，才能够写成一篇水平比较高的技师论文。这个说明、说理的过程就是论证。技师论文的论证过程不仅要说明"怎么做"，而且要说明"为什么这样做"，这能反映技师申请者分析问题的能力和思考问题的深度，也是技师申请者展示才华的关键环节，是衡量技师论文质量好坏、技师申请者写作水平高低的重要指标。技师论文常用的论证基本方法见表3-1。

表3-1　　　　　　　　　　论证基本方法

论证方式	定义	基本方法
一般实例证明	通过列举一个或几个事物之间的共同特性来证明论点的方法	①列举经过科学实验验证过的客观事实 ②列举大家可以理解的事例 ③大量运用图表
实例因果证明	通过分析事物发生、发展和消亡的客观原因和结果的必然性来证明论点的方法	①从原因到结果进行推理，以事实的因果关系证明 ②从事实的结果到原因进行分析论述
实例比较证明	通过列举正反两种对立实例或对同类的几个事实加以对比来证明论点的方法	①对相同条件下同类事物中的对立两极进行比较 ②对同一事物在不同条件下所得到的结果进行比较 （表达上可以用文字，也可用图表）

续表

论证方式	定义	基本方法
引证证明	引用前人或他人的论点作为论据的方法	①应用经典著作中的公式、公理、定理 ②引用权威人士的话 ③引用前人或他人的研究成果 ④引用作者自己发表过的已被证明且未被驳倒、推翻的论点和论据

5. 结论

结论是技师论文的总结部分，是技师论文研究、解决问题的结果归纳，也可以是启示或下一步的研究方向。

（1）结论的写作要求

1）前后呼应。在技师论文写作中，需要注意引言与结论要前后呼应。

2）简要精练。结论性的语言既要表述完整，又要简明扼要，即不要展开讨论、不要重复阐述。

（2）结论的写作示例

1）技师论文《扩大国产数控折弯机的加工范围》的结论体现了前后呼应。

国产数控折弯机的修改方案经多年实践检验，不但符合折弯机国产化的需求，还满足出口要求，并有效地扩大了该设备的使用范围。

2）技师论文《车削大导程非标准螺纹的方法》的结论体现了简要精练。

通过加工实践证明，普通机床经过改造，完全能够完成大导程非标准螺纹加工。加工的螺纹套筒及齿轮轴五线螺纹副完全符合设计图样及新品研制的使用要求，组件经装机试验运行性能良好。

6. 致谢

技术创新往往不是一个人完成的，在完成的过程中可能得到他人的帮助。技师论文的写作也可能得到他人的指导。因此，对于在技师论文写作中给予指导或帮助的人或单位，应向其表示感谢。

致谢一般单独写成一段，并放在结论之后。但致谢不是技师论文的必要组成部分，也就是说，在技师论文中可以不包含致谢。

7. 参考文献

参考文献又称参考书目，用于罗列在撰写技师论文过程中所查阅、参考过的重要书籍、杂志、技术标准、技术规范，是技师论文的重要组成部分，一般放在技师论文的最后。对于一篇完整的技师论文,参考文献是不可缺少的,这一点一定要引起技师申请者的重视。

(1) 参考文献的作用

1) 通过参考文献,考评员既可以了解技师申请者的科学态度,又可以了解技师申请者的起点和深度。

2) 著录参考文献能方便地把技师申请者的知识成果与前人的知识成果区分开,表明了技师申请者对他人知识成果和劳动的尊重。

3) 是否著录参考文献可作为审查技师论文是否符合规范的一个重要依据。

(2) 参考文献的著录要求

1) 著录主要的、有代表性的论文、著作等,一般可列 3~8 篇。

2) 重点著录已经公开发表、公开出版的资料。

3) 一定要采用规范化的著录格式。

(3) 参考文献的著录格式和标识代号

1) 参考文献的著录格式规范

[序号] 主要责任者. 文献题名(书名)[文献类型标识]. 版本. 出版地:出版者,出版年.

2) 参考文献类型的标识代号见表 3-2。

表 3-2 参考文献类型的标识代号

参考文献类型	普通图书	汇编	报纸	期刊	标准	专利
标识代号	M	G	N	J	S	P

(4) 参考文献的著录示例

[1] 中华人民共和国人力资源和社会保障部. 国家职业技能标准:变电设备检修工[S]. 北京:中国劳动社会保障出版社,2019.

[2] 贾恒旦. 员工职业规范指导手册[M]. 北京:机械工业出版社,2009.

3.2.6 技师总结与技师论文的区别

技师总结与技师论文在内容和形式上有相同点,也有不同点。

1. 两者的相同点

(1) 两者均为技术性文章。

（2）两者阐述的内容基本相同，都是反映技术研究、技术攻关、技术革新、技术创新等方面的情况，都描述事实。

2. 两者的不同点

（1）技师总结侧重于叙述技术研究、技术攻关、技术革新、技术创新的事实和结果，而技师论文则侧重于解释技术性问题，并从技术分析的角度进行学术性探讨。

（2）在内容角度上，技师总结是以叙述课题的操作程序、工艺方法、改造流程及总结经验教训为主，而技师论文则以叙述、论证其中的创新性部分为主。

（3）在文体上，技师总结属于说明性文体，而技师论文则属于论述性文体。

3.2.7 技师论文答辩

1. 技师论文答辩的一般程序

（1）提交技师论文。技师申请者必须在技师论文答辩会举行的前一周，将技师论文一式三份，交给技师论文答辩委员会。技师论文答辩委员会的主答辩高级考评员会在规定的时间里仔细研读技师论文，并拟订要提出的 3~5 个问题，然后再举行技师论文答辩会。

（2）自述技师论文。在技师论文答辩会上，一般先由技师申请者用 8~10 min 简述技师论文的核心内容以及选择该选题的原因，并较详细地介绍技师论文的主要论点、创新点及解决问题的要点。

（3）答辩委员提出问题。先由主答辩高级考评员向技师申请者提问，一般提 3~5 个问题，再由其他答辩委员提问。

（4）技师申请者回答问题。主答辩高级考评员提问后，部分技师论文答辩会规定技师申请者可以独立准备 15~20 min 再回到答辩现场回答问题；而大部分技师论文答辩会则规定主答辩高级考评员提出问题后，技师申请者要当场立即做出回答（没有准备时间），即随问随答。答辩形式既可以是一问一答，也可以是主答辩高级考评员一次性提出问题，技师申请者在听清问题并记录下来后再按顺序逐一回答。根据技师申请者回答问题的具体情况，主答辩高级考评员和其他答辩委员可以随时插问或提出新的问题。技师论文答辩时间一般控制为 15~20 min。

（5）答辩结束。技师申请者在回答完所有问题后，听到主答辩高级考评员宣布答辩结束即可离场。答辩委员根据每一位技师申请者提交的技师论文的价值、撰写质量和答辩情况，按技师论文评审标准及细则、技师论文答辩评分细则进行各自的评定，再召开技师论文答辩委员工作会议，确定所有技师申请者论文和答辩的成绩。

2. 技师论文评审标准及细则

技师论文评审标准及细则见表3-3。

表3-3　　　　　　　　　　技师论文评审标准及细则

序号	考核内容		配分（分）	评分标准	得分（分）
1	选题	创新	是否具有新颖、独到的解决方法或见解	15	有新颖、独到的解决方法，得15分；有比较独到的见解或方法，得8分	
2		实用	是否紧扣本企业、本职业（工种）的实际生产，是否具有实用性	20	实用价值高或技术难度大，得20分；实用价值较高或技术难度较大，得15分；具有一定的实用价值，得8分	
3		先进	是否具有先进性	5	没有先进性，不得分	
4		推广	是否能够推广应用	5	没有推广价值，不得分	
5	内容	结构	结构是否合理，论点是否明确，层次是否清楚	15	结构严谨、论点明确、层次分明，得15分；结构比较严谨、论点比较明确、层次比较分明，得10分；结构基本合理、论点基本正确，得5分	
6		论证	论证是否具有科学性，论据是否详实	16	论证科学，论据详实，令人信服，得16分；论证比较科学，论据比较详实，有一定说服力，得8分	
7		规范	论文格式是否规范	5	完全符合规范，得5分；基本符合规范，得3分	
8		语言	语言表述是否正确	8	语句结构完整，表述正确，没有语病，读起来顺口，得8分；有2～5处语病，得6分；有6～10处语病，得3分	
9		图表	是否合理运用图表	6	图表与论文的内容融为一体，得6分；两者缺少一项，得3分	
10		可读	是否简易通俗、深入浅出、富有文采、引人入胜	5	可读性强，得5分；可读性较强，得3分；有可读性，得1分	
11	加分项		具有下面三种情况之一者，可加分： （1）这个项目已经取得国家实用新型专利，可加10分 （2）这个项目已经得到省级以上表彰，可加10分；已经得到市级以上表彰，可加6分 （3）这个项目已经为本企业创造经济效益10万元以上，可加10分；已经为本企业创造经济效益5万元以上，可加5分			
12	否定项		具有下面四种情况之一者，被视为不合格： （1）选题内容不符合相关标准，不能反映技师水平 （2）论文观点不正确 （3）论文内容空洞，没有解决生产中的任何实际问题 （4）论文主要内容是抄袭的或者由他人代笔			
	总分					

3. 答辩前的准备

（1）在思想上做好充分准备。技师申请者要十分重视技师论文答辩，要做好充分的思想准备，要明确技师论文答辩的目的，要端正技师论文答辩的态度。要把技师论文的答辩看成是对自己多年来工作、学习、解决技术问题能力的全面检验，是获得技师职业资格的综合考核，以此来树立信心。

（2）事先写好技师论文简介。技师论文简介的内容应包括选题背景及选题意义，撰写目的，解决的生产技术问题或技术关键，在技术上的创新点，对推动所在企业技术创新、技术进步、技术发展的意义，可将上述内容做成PPT（演示文稿），以便在答辩时使用。

（3）全面熟悉技师论文。技师申请者要重点把握论文的主体部分和结论部分，弄懂所引用的基本概念、基本理论和专业理论，反复推敲论文是否有矛盾、错误等，并力争把论文的主体部分背下来，以便在答辩会上能做到脱稿讲解，这样能给考评员留下好的印象。

（4）掌握与技师论文相关的知识。相关的知识主要包括相关职业、工种的专业基础知识和相关的企业管理知识等，主要还是围绕技师论文所涉及的相关领域。

（5）准备好必要的辅助用品。要事先准备好必要的图样、实物、模型、参考资料、专业书、工具书等辅助用品，这些辅助用品有助于提高答辩效果。

（6）进行试答辩。在技师论文答辩前的2~3天，技师申请者最好能在一起轮流试讲，并模拟技师论文答辩的程序进行试答辩，这样可以有效提高自己的临场应对能力，增强参加技师论文答辩的信心。

4. 答辩时容易出现的失误

绝大多数技师申请者都是第一次参加技师论文答辩会，出现各种失误在所难免，只要自己重视，准备充分、到位，并且了解、熟悉已往技师申请者在技师论文答辩中出现失误的原因，就可以有效地防止或减少失误。技师论文答辩时，技师申请者容易出现的失误及其原因如下。

（1）宣讲不够清楚

1）平时锻炼不够。上场出现紧张情绪，宣讲技师论文时显得十分呆板，只会照本宣科，重点不突出，难以使答辩委员立即把握论文的要点和主要内容。

2）准备不够充分。事前准备不充分，对论文内容不够熟悉，把握不住重点，在宣讲技师论文时，要么介绍得太简单，要么讲得天花乱坠、过于复杂，让人很难理解重点。

(2) 记录问题不全面、不准确

1) 记录问题不全面。部分技师申请者在记录主答辩高级考评员提出的问题时出现记不全的现象，影响问题回答效果。

2) 记录问题不准确。部分技师申请者对主答辩高级考评员提出的问题记录得不准确，也没有向主答辩高级考评员核对问题，就自作主张、断章取义地进行回答，导致答非所问。

(3) 回答问题有困难

1) 理论知识基础差。基础理论知识和专业理论知识掌握得不牢，导致对实际技术问题解释不清。

2) 表达能力差。语言表达能力差，知道怎么做却不知道怎么说，导致表达不出意思或表述得不够准确和规范。这主要是准备不充分和平时缺少口才方面的锻炼造成的。

3) 声音太小。回答问题时声音太小，吞吞吐吐，使考评员很难听清楚。这主要是在技师论文答辩时缺少自信心，过于紧张造成的。

4) 准确度低。技师申请者回答问题时或答非所问，或离题太远，或抓不住要点。这主要反映技师申请者在该问题所涉及方面的能力比较薄弱，有待加强。

5. 答辩注意事项

技师申请者若要顺利通过技师论文的答辩，并在答辩时真正发挥出自己应有的水平，除了在答辩前做好充分准备外，还需要了解和掌握答辩要领和答辩技术。

(1) 携带参考资料和辅助用品

1) 参加技师论文答辩会，技师申请者一定要记得携带论文底稿，并带上论文简介的 PPT 和主要参考资料。在部分技师论文答辩会上，主答辩高级考评员提出问题后，允许技师申请者有一定的准备时间。在这种情况下，携带论文底稿和参考资料的作用就十分明显了。即使是提出问题后不给技师申请者一定的准备时间，要求其当场回答问题，也是允许翻看论文底稿和有关参考资料的。答辩时，技师申请者虽然不能完全依赖参考资料，但是当遇到某些内容记不起来时，可通过翻阅参考资料得到帮助。

2) 技师申请者也要携带笔和记录本，以及时记录主答辩高级考评员或其他答辩委员所提出的问题和建议。技师申请者通过做笔记不仅可以缓解答辩时的紧张情绪，还可以更好地理解考评员所提出问题的要点和实质，以便更好地思考。

(2) 树立信心，避免紧张。在技师论文答辩会上，技师申请者一定要有信心，要克服可能出现的紧张、慌乱心理，以自然的心态对待答辩，避免因过度紧张而影响发挥。技师申请者只有树立信心、沉着冷静才能在答辩时有良好的表现，而信心主要来自答辩前的充分准备。

（3）听清问题再回答。在主答辩高级考评员或其他答辩委员提出问题时，技师申请者应集中注意力，认真聆听，及时将问题记录在记录本上，并仔细、反复地推敲问题要点是什么，切忌没有真正明白问题就匆忙回答。如果技师申请者没有听清问题，可以礼貌地请提问的主答辩高级考评员或其他答辩委员重复一遍；如果技师申请者对问题不太理解，也可以礼貌地请提问的主答辩高级考评员或其他答辩委员适当地做些解释，或把自己对问题的理解先说出来，并请教是否理解正确，等得到肯定答复后再回答。只有这样，技师申请者才可能有效地避免答非所问。

（4）回答应简明扼要、层次分明。在理解了主答辩高级考评员或其他答辩委员所提出的问题后，技师申请者要在较短的时间内做出回应。在回答问题时要简明扼要，把要点表述出来。千万不要犹犹豫豫、东扯西拉、答非所问，使人听后不得要领。总之，技师申请者在回答问题时要注意：抓住要点，简明扼要；力求全面、正确；条理清晰，层次分明；吐字清晰，声音适中。

（5）对回答不出的问题不可强辩。若主答辩高级考评员或其他答辩委员对技师申请者的回答不满意，还会进一步提出新的问题，以了解技师申请者是否切实明白和掌握了某个问题。遇到这种情况，技师申请者如果有把握讲清楚就可以直接回答；如果把握不大，可以审慎地试着回答，量力而行，即使回答得不很确切也不要紧，只要跟问题有关，主答辩高级考评员或其他答辩委员就会引导或启发技师申请者切入正题；如果确实是自己没有搞清楚，就应该实事求是地讲明自己对该问题还没有掌握，并表示今后一定会认真地研究，切不可强词夺理。因为主答辩高级考评员或其他答辩委员对该问题可能已做专门的研究，不懂装懂会给大家留下不好的印象。其实技师申请者在答辩会上被某个问题难住并不奇怪，因为主答辩高级考评员和其他答辩委员一般都是本职业、本工种、本专业的专家，他们提出来的技术问题均有一定的水平。当然，技师申请者如果对所有提出的问题都答不上来，一问三不知，那就极不正常了，也就很难过关了。

（6）合理地运用目光和手势。技师论文答辩以口头回答为主。但是，如果技师申请者能主动、合理地运用目光与技师论文答辩委员们进行眼神交流，或者配合手势等肢体语言来解释，效果肯定会更好。

（7）有争议时要适当辩论。当技师论文中的主要观点与主答辩高级考评员的观点相左时，应与之展开适当的辩论。在技师论文答辩中，有时主答辩高级考评员会提出与技师论文中的基本观点不相同甚至相反的观点，然后请技师申请者谈谈看法。此时，技师申请者应适当地为自己的观点进行辩护，阐明自己观点的依据。

如果技师论文的基本观点是经过深思熟虑的，又是言之有理、持之有据、经实践检验过的，就不要因为主答辩高级考评员提出不同看法或见解而随声附和，放弃自己的观点。放弃观点就等于否定自己，也否定了自己辛辛苦苦写成的技师论文。有的主答辩高级考评员提出的与技师论文相左的观点并不一定就是其本人的观点，提出来也许只是想听听技师申请者对这种观点的评价和看法，或者是考察技师申请者的答辩能力或对自己观点的坚持程度。

即使主答辩高级考评员有不同的观点，技师申请者也可以与之展开辩论，不过要注意掌握分寸，并适当地运用辩术。一般来说，应以维护自己的观点为主、反驳对方的观点为辅。要尽可能采用绕着说的办法，委婉地把自己的观点传达给主答辩高级考评员，让其信服。

值得注意的是，在所提出的问题中，有的可能是基础知识性问题，有的可能是专业技术性问题。对于基础知识性问题，技师申请者要做出正确、全面的回答，不具有商讨性。而对于专业技术性问题，是非和正误有时并没有定论，可以持有不同观点，进行互相切磋、商讨。

6. 答辩后反思总结

技师论文答辩结束以后，技师申请者不仅要关心自己的答辩成绩，而且要及时总结本次技师论文答辩的经验教训，这样才有利于自己今后的提高和发展。

（1）认真分析。技师论文答辩结束后，技师申请者应及时、认真地分析技师论文和论文答辩的整体情况，对答辩委员提出的问题和质疑进行仔细研究，弄清楚其中的可取之处，寻找技师论文中的缺陷和不足，进而完善技师论文的内容及结构，并探索自己下一步的学习、研究和发展方向。

（2）反思成败

1）掌握方法方面。技师申请者应反思通过这次技师论文写作，自己学习和掌握了哪些科学研究方法，技师论文写作的"三部曲"（提出问题、分析问题、解决问题）方法是否已经掌握，写作水平是否得到提高及是否还需要进一步加强。

2）答辩表述方面。技师申请者应回顾在技师论文答辩过程中的以下几点：一是介绍技师论文时是否重点突出、图文并茂、宣讲生动；二是回答问题时是否简单明了、层次分明、表述清楚、快速流畅；三是是否正确、合理地运用了目光和肢体语言，有哪些提高又有哪些不足，还需要怎样改进。

7. 技师论文答辩评分细则

技师论文答辩评分细则见表3-4。

表3-4 技师论文答辩评分细则

序号	考核内容		配分(分)	评分标准	得分(分)
1	自述	内容	在规定的时间内,自述论文的重点是否突出	10	自述论文的背景、重点内容清楚,得10分;自述论文的重点内容比较清楚,得6分;能自述论文的重点内容,得3分	
2			自述是否简明扼要	5	自述简明扼要,层次分明,得5分;自述比较简洁,层次分明,得2分	
3			是否脱稿	5	完全脱稿,得5分;部分脱稿,得2分	
4		形式	是否采用PPT	5	采用了PPT,得5分;没有采用,不得分	
5		用具	是否采用挂图、辅助用具	5	采用挂图、辅助用具,得5分;采用其中的一项,得2分;没有采用,不得分	
6	回答问题	主要问题	是否能准确、流利地回答	30	每准确、流利地回答1个主要问题,得10分	
7		次要问题	是否能准确、流利地回答	15	每准确、流利地回答1个次要问题,得5分	
8		思路	思路是否正确	5	思路完全正确,得5分;思路基本正确,得3分	
9		语言	口语表述是否清楚	5	语言清楚,声音洪亮,得5分;语言比较清楚,声音能听到,得2分	
10		理论知识	是否能用理论知识解释问题	10	能用理论知识全面解释问题,得10分;能用理论知识解释部分问题,得5分	
11		简明扼要	是否简明扼要	5	简明扼要,得5分;比较简明扼要,得3分	
12	加分项		具有下面两种情况之一者,可加分: (1)在答辩时,能合理地运用肢体语言回答问题,可加8分 (2)在答辩时,能与答辩委员进行技术交流,可加10分			
13	否定项		具有下面四种情况之一者,被视为不合格: (1)答辩者水平太低,没有达到技师标准 (2)论文观点不正确 (3)主要问题回答错误 (4)论文主要内容抄袭或者由他人代笔			
	总分					

3.3 计算机

学习目标

了解微电子技术

了解计算机工作原理

了解计算机软件系统

了解计算机分类

3.3.1 微电子技术

1. 电子管

电子管（见图3-2）管内被抽成真空状态，有利于电子运动，同时有效降低了灯丝氧化损耗。电子管工作状态稳定，使用寿命长，但体积大，耗电多，易破碎。

图3-2 电子管

2. 晶体管

晶体管（见图3-3）是一种半导体器件，是规范操作计算机、手机和所有其他现代电子电路的基本构建块。

晶体管响应速度快、准确性高，可用于各种各样的数字和模拟系统，具有放大、开关、稳压、信号调制等功能。晶体管可独立包装在一个非常小的区域中，部分集成电路可容纳一亿或更多的晶体管。

图 3-3 晶体管

晶体管主要分为两大类：双极性晶体管（BJT）和场效应晶体管（FET）。晶体管有三个极。双极性晶体管的三个极分别是发射极、基极和集电极；场效应晶体管的三个极分别是源极、栅极和漏极。

晶体管因为有三个极，所以有三种使用方式，分别是发射极接地（又称共射放大、CE 组态）、基极接地（又称共基放大、CB 组态）和集电极接地（又称共集放大、CC 组态、射极跟随器）。

3. 集成电路

集成电路是一种微型电子器件或部件，如图 3-4 所示。它采用一定的工艺对一个电路中所需的晶体管、电阻器、电容器、电感器等元器件进行布线，并制作在一小块或几小块半导体晶片或介质基片上，然后封装在一个管壳内，成为具有所需电路功能的微型结构。集成电路的所有元器件在结构上已组成一个整体。集成电路使电子元器件向微小型化、低功耗化、智能化和高可靠性方向迈进了一大步。

图 3-4 集成电路

集成电路的封装外壳有圆壳式、扁平式、双列直插式等多种形式。集成电路技术包括芯片设计与制造技术，主要体现在加工设备、加工工艺、封装测试、批量生产、设计创新等方面。

4. 超大规模集成电路

较早的超大规模集成电路芯片是 Intel386 芯片。到 2019 年年底，超大规模集成电路芯片的世界格局已从 Intel 一家独大变为 Intel、三星和台积电三足鼎立。三星和台积电都率先开始试产 5 nm 芯片工艺，并计划于 2020 年投入生产。而 Intel 目前还处于 10 nm 芯片的生产阶段。

5. 集成电路的设计和制作

（1）传统集成电路的设计和制作。先由工程技术人员按照集成电路的功能设计并绘制电子线路图，然后把集成电路的电子线路图变成元器件及走线在芯片上的布局图，再将这些图样数字化使其成为在制造芯片的各个层级时要使用的"掩膜"图样。利用上述图样和"掩膜"技术等就可以在半导体材料（如硅晶片）上进行镀膜、光刻、酸洗、烧结等。这些步骤往往要反复多次进行才能得到所需要的产品。集成电路的测试工作都由计算机测试系统自动进行，最后的工序是把合格芯片的引脚焊接出来进行烧结、封装。

（2）使用硬件描述语言（HDL）设计和制作集成电路。用 HDL 设计集成电路时，主要的设计文件是用 HDL 编写的源程序，用以描述硬件电路的功能、信号连接关系及定时关系，编写出相应的逻辑表达式或真值表，大大降低了集成电路的设计难度。该类文件具有便于保存、便于修改、阅读方便等优点。

一般采用自上而下的设计方法。设计者将自上而下分三个层次对系统硬件进行设计。第一层次为行为描述，实质上是对整个系统的数学模型进行描述；第二层次为寄存器传输方式描述，是对寄存器一级数据和控制信号传输情况进行描述；第三层次为逻辑综合，是对最低层的逻辑电路行为进行描述。在设计过程中，一般进行相应的三级仿真，即行为层次仿真、寄存器传输层次仿真和逻辑门级层次仿真。最后由生产线全自动生产出所要求的芯片。

6. 可编程逻辑器件

可编程逻辑器件（PLD）是一类通用性很强的大规模集成电路芯片。人们可以利用生产商所提供的编程语言（类似于计算机高级语言）按自己的需要输入、输出逻辑关系，写出相应的程序，通过专用的开发和调试设备进行程序的修改和调试，调试完成后把逻辑关系输入并固定到 PLD 中（即烧结芯片），就完成一块用户专用的集成电路芯片。

PLD的主要特点是规模大、体积小、加密性好、可靠性高,有利于电子设计的自动化。

7. 数字信号处理器

数字信号处理器(DSP)是一种具有特殊结构的微处理器。

DSP有各种各样的型号,专门用来处理复杂的图形、图像、视频和音频等数字化信息。人们熟悉的DVD(数字通用光碟)设备、EVD(新一代高密度数字激光视盘)设备、数码相机、数码摄像机等都要用到DSP。DSP系统以数字信号处理为基础,与其他以现代数字技术为基础的系统或设备相互兼容。采用DSP系统接口与采用模拟系统接口相比,在编程、调试、控制、升级等方面都方便得多。

8. 微电子技术的发展前景

微电子技术的应用已渗透到现代社会的各个领域,成为衡量一个国家综合国力的重要标志。集成电路作为微电子技术的核心,其集成度也越来越高。

3.3.2 计算机工作原理

1. 计算机的基本组成

数学家冯·诺依曼提出的计算机结构沿袭至今,这种结构的计算机体系由五大部分组成,即运算器、控制器、存储器、输入设备和输出设备。

(1)运算器。运算器完成各类运算功能。

(2)控制器。计算机的一切操作、所有部件之间的联系都受控制器的控制。微型计算机把运算器和控制器制作在同一个芯片里,这个芯片称为"中央处理单元",又称"CPU"。

(3)存储器。存储器分为主存和辅存。

1)主存。主存又称内存,由许多存储单元组成。每个存储单元各有一个编码,称为"地址码"。地址码便于计算机"寻址",由小到大顺序增加。存储单元里的二进制信息称为"内容",它是由0和1排列组合而成的有序二进制数字串,被定义成程序或数据。计算机输入、输出的数据都先经过内存,计算结果也先存放在内存中。

2)辅存。辅存又称外存,常用的有软盘存储器、硬盘存储器和光盘存储器。外存作为存放信息的后备设备,无法被计算机直接读取。必须先将外存(如硬盘)上的信息调入内存后方可供计算机使用。信息处理完毕必须及时将内存信息存放到外存,因为关机后内存中的信息会丢失。与内存相比,外存的读写速度要慢得多。

(4）输入、输出设备。输入、输出设备是计算机和用户之间进行信息交换的装置。人们约定：人机交互信息时，以计算机为主体，计算机从外界获取信息称为"输入"，计算机向外界传送信息称为"输出"；而在计算机内部，内存从外部设备获得信息称为"读"，内存向外部设备输出信息称为"写"；再进一步，CPU 从内存获取信息称为"读"，CPU 向内存输出信息称为"写"。

2. 计算机总线

总线是计算机各种功能部件之间传送信息的公共通信干线，是由导线组成的传输线束。按照计算机传输的信息种类，计算机总线可以划分为数据总线、地址总线和控制总线，分别用来传输数据、数据地址和控制信号。总线也是一种内部结构，它是 CPU、内存、输入设备、输出设备传递信息的公用通道。微型计算机是靠总线来连接各个功能部件的。主机的各个功能部件通过总线互相连接，外部设备通过相应的接口再与总线相连，从而形成了微型计算机的硬件系统。

总线按功能和规范可分为五大类型。

（1）数据总线。数据总线用于在 CPU 与内存之间传送需要处理或储存的数据。

（2）地址总线。地址总线用来指定在内存中储存数据的地址。

（3）控制总线。控制总线将微处理器控制单元的信号传送到周边设备。

（4）扩展总线。扩展总线可连接扩展槽和计算机。

（5）局部总线。局部总线可取代较高速数据传输的扩展总线。

3. 计算机外部设备

外部设备对数据和信息起着传输、转送和存储的作用，是计算机系统中的重要组成部分。计算机常用外部设备大致可分为以下三类：人机交互设备，如键盘、鼠标、显示器、打印机、绘图仪、语言合成器等；计算机信息存储设备，如磁盘、光盘、磁带等；计算机通信设备，如两台计算机之间可利用电话线、调制解调器进行通信。下面主要介绍几种常用的人机交互设备。

（1）键盘。键盘属于计算机硬件的一部分，它是输入指令和操作计算机的主要设备之一，中文汉字、英文字母、数字符号及标点符号就是通过键盘输入计算机的。

（2）鼠标。鼠标是计算机的基本控制输入设备，由于 Windows 系统具有的图形特性需要移动鼠标至屏幕上的指定位置再单击，因此鼠标比键盘更容易使用。

（3）显示器。显示器是一种输出设备，它通过 15 针 D 型接头接受 R（红）、G（绿）、B（蓝）信号和场同步信号来达到显示的目的。显示器要兼容多种显示模式、行频、场频和带宽，如常见的 SVGA（超级视频图形阵列）显示器的行频范围是

31.5～38 kHz。

（4）打印机。打印机是把计算机里的文档和图片打印出来的输出设备，针式打印机、喷墨打印机和激光打印机这三种较为常用。

3.3.3　计算机软件系统

计算机软件总体上分为系统软件和应用软件两大类。

1. 系统软件

系统软件负责管理计算机系统中各种独立的硬件，使其可以协调工作。

一般来讲，系统软件包括操作系统和一系列基本的工具，主要包括以下四类：各种服务性程序，如诊断程序、排错程序、练习程序等；语言程序，如汇编程序、编译程序、解释程序等；操作系统；数据库管理系统。

2. 应用软件

应用软件是指为了某种特定的用途而被开发的软件。它可以是一个特定的程序，如一个图像浏览器；也可以是一组功能联系紧密、互相协作的程序集合，如微软的 Office 软件。较常见的应用软件包括文字处理软件如 WPS 等，信息管理软件如 ERP（企业资源计划）等，辅助设计软件如 AutoCAD，实时控制软件如电子教室等。

3.3.4　计算机分类

计算机及其相关技术的迅速发展带动计算机类型不断分化，形成了各种不同种类的计算机。计算机按结构原理可分为模拟计算机、数字计算机和混合式计算机，按用途可分为专用计算机和通用计算机，按运算速度、字长、存储容量等综合性能指标可分为巨型机、大型机、中型机、小型机、微型机。

1. 高性能计算机

高性能计算机又称超级计算机、巨型机。目前，国际上对高性能计算机最为权威的测评是世界计算机排名（TOP500），通过测评的计算机是目前世界上运算速度和处理能力堪称一流的计算机。

2. 微型计算机

大规模集成电路及超大规模集成电路的发展是微型计算机得以产生的前提。通过集成电路技术可将计算机的核心部件运算器和控制器集成在一块大规模或超大规模集成电路芯片上，即制成 CPU。CPU 是微型计算机的核心部件，是微型计算机的心脏。目前，微型计算机已广泛应用于办公、学习、娱乐等领域，是发展最快、应用最广泛的计算机。人们日常使用的台式计算机（见图3-5）、笔记本计算机、掌上型计算机等都是微型计算机。

图3-5 微型计算机——台式计算机

3. 工作站

工作站是一种高档的微型计算机，通常配有高分辨率的大屏幕显示器、大容量的内存储器和外存储器，主要面向专业应用领域，具备强大的数据运算与图形、图像处理能力，如图3-6所示。工作站主要是为满足工程设计、动画制作、科学研究、软件开发、金融管理、信息服务、模拟仿真等专业领域需求而设计开发的同性能微型计算机。

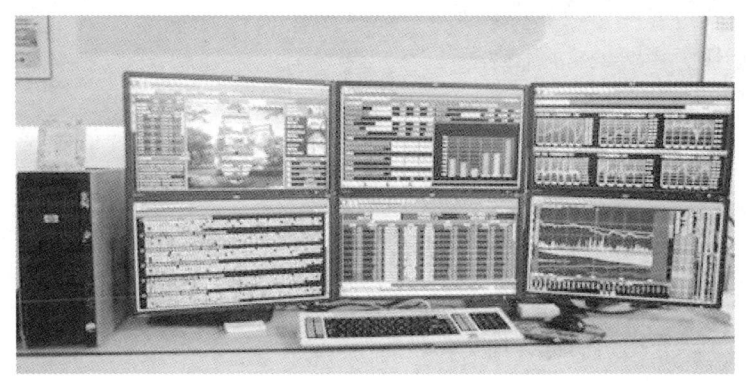

图3-6 工作站

需要指出的是，这里所说的工作站不同于计算机网络系统中的工作站。在计算机网络系统中，工作站指的是网络中的任何一台普通微型计算机或终端，是网络中的任一用户节点。

4. 嵌入式计算机

嵌入式计算机（见图3-7）是指嵌入对象体系中，实现对象体系智能化控制的专用计算机。嵌入式计算机是以应用为中心、以计算机技术为基础，其软硬件可裁剪，适用于应用系统对功能、可靠性、成本、体积、功耗有严格要求的专用计算机。它一般由嵌入式微处理器、外围硬件设备、嵌入式操作系统及用户的应用程序四部分组成，用于实现对其他设备的控制、监视、管理等功能。人们日常生活中使用的电冰箱、全自动洗衣机、空调、电饭煲、数码产品等都采用了嵌入式计算机技术。

图3-7 嵌入式计算机

3.4 Technicians English（技师英语）

学习目标

掌握日常基础英语中的常用表达

熟悉客运服务英语的常用表达

掌握维保专业英语中的词汇、短语、缩写等

3.4.1 Daily English（日常基础英语）

1. Introduction（介绍）

（1）Words and Phrases（词汇和短语）

introduce　　*v.* 介绍，引进，提交，创始

introduce myself　　自我介绍

introduce others　　介绍他人

name　　*n.* 名称，名字

welcome　　*n./v.* 欢迎

（2）Sentences（句型）

How are you?　　你好吗？

May I...　请允许我……可以吗？

Nice to see you. / Nice to meet you.　很高兴认识你。

See you later.　再见。

（3）Dialogues（对话）

1）Dialogue 1

A：I'd like to introduce my friend to you. This is Linda.

我想介绍我的朋友给你认识。这是琳达。

B：Nice to meet you, Linda. I'm Mike.

很高兴认识你，琳达。我叫麦克。

C：Nice to meet you, too. How are you today?

我也很高兴认识你。你今天过得好吗？

B：I am fine, thank you. See you later.

很好，谢谢。回头见。

C：See you.

再见。

2）Dialogue 2

A：May I know your name, please?

请问你叫什么名字？

B：I am Jack.

我叫杰克。

A：I am Leo.

我叫利奥。

B：Nice to meet you.

很高兴认识你。

A：Nice to meet you, too.

我也很高兴认识你。

2. Help（帮助）

（1）Words（词汇）

　　pass　　*v*. 通过，经过，递

　　trouble　　*n*. 麻烦，问题，故障

（2）Sentences（句型）

Could you… 可否……

Sure. /Of course. /Certainly. 当然可以。

Give you a hand. 帮忙。

Here you are. 给你这个。

Can you help me?/Can you do me a favor? 你可以帮我一下吗？

Can I help you?/Do you need any help? 我来帮你吧？你需要帮助吗？

（3）Dialogues（对话）

1）Dialogue 1

A：Can you help me?

你可以帮我一下吗？

B：Sure!

当然可以！

A：Could you pass me that box?

你能把那个箱子递给我吗？

B：Here you are.

给你。

2）Dialogue 2

A：I have a little trouble.

我有一些小麻烦。

B：Let me give you a hand.

我来帮你。

3. Gratitude and Apologies（道谢和道歉）

（1）Sentences（句型）

Thank you. /Thanks. /Thanks a lot. /Thank you very much. 感谢。

You are welcome. /Not at all. /It's my pleasure. 不客气。

Excuse me. /Sorry. /Pardon me. 对不起。

That's all right. /Never mind. /Forget it. /It doesn't matter. 没关系。

（2）Dialogues（对话）

1）Dialogue 1

A：Thank you for your help.

感谢你的帮助。

B：You are welcome.

不客气。

2）Dialogue 2

A：Thank you very much.

非常感谢你。

B：It's my pleasure.

不客气。

3）Dialogue 3

A：I'm so sorry, I'm late.

我很抱歉，我迟到了。

B：Never mind.

没关系。

4）Dialogue 4

A：Sorry, it's all my fault.

对不起，这都是我的错。

B：It doesn't matter.

没关系。

4．Time（时间）

所有的时间都可以用"小时＋分钟"直接读写。

例如：6∶10　six ten

　　　8∶30　eight thirty

　　　2∶40　two forty

如果所表述的时间的分钟部分在半小时以内，可以用"分钟＋past＋小时"来表达。

例如：6∶10　ten past six

　　　4∶20　twenty past four

　　　10∶25　twenty-five past ten

如果所表述的时间的分钟部分在半小时以外，可以用"（相差的）分钟＋to＋（下一）小时"来表达。

例如：10∶35　twenty-five to eleven

5:50　ten to six

9:49　eleven to ten

如果所表述的时间的分钟部分恰好为半小时，可以用"half + past + 小时"来表达。

例如：11:30　half past eleven

2:30　half past two

如果所表述的时间的分钟部分和 15 有关，可以用"quarter"来表达。

例如：9:15　a quarter past nine

3:45　a quarter to four

英语中的 noon 和 midnight 可分别直接表示白天和夜晚的 12 点。

例如：It's noon. 现在是中午 12 点。

It's midnight. 现在是凌晨零点。

另外可以用 a.m. 和 p.m. 来表示上午和下午。

例如：It's thirteen past six a.m. 现在是上午 6 点 13 分。

It's four o'clock p.m. 现在是下午 4 点。

5. Days and Dates（星期和日期）

（1）Words（词汇）

1）星期的表达

Monday　*n.* 星期一

Tuesday　*n.* 星期二

Wednesday　*n.* 星期三

Thursday　*n.* 星期四

Friday　*n.* 星期五

Saturday　*n.* 星期六

Sunday　*n.* 星期日

2）月份的表达

January　*n.* 一月

February　*n.* 二月

March　*n.* 三月

April　*n.* 四月

May　*n.* 五月

June　*n.* 六月

July   *n.* 七月

August   *n.* 八月

September   *n.* 九月

October   *n.* 十月

November   *n.* 十一月

December   *n.* 十二月

注意：年/月/日翻译为英语时顺序是月/日/年，并且要用逗号分隔日和年。

例如：2002 年 1 月 17 日   January 17, 2002

（2）Dialogues（对话）

A：What time is it now?

现在是几点？

B：It's ten o'clock.

现在是 10 点。

A：What day is today?

今天是星期几？

B：It's Wednesday.

今天是星期三。

A：What's the date today?

今天是几号？

B：It's July 15th.

今天是 7 月 15 日。

3.4.2　Passenger Service English（客运服务英语）

1. Words and Phrases（词汇和短语）

arrive   *v.* 到达

cancel   *v.* 取消，撤销

change   *n.* 零钱

clear   *v.* 清除，清空

computer   *n.* 计算机

crew   *n.* 乘务人员（多指船员或者飞机乘务人员）

delay   *v.* 延期；耽搁

destination　*n.* 目的地

dispatcher　*n.* 调度员

driver　*n.* 驾驶员

gate　*n.* 闸机

service　*n.* 服务

automatic vending machine（AVM）　自动售票机

emergency exit　紧急出口

mind the gap　小心台阶间跨度

security check　安检

service center　服务中心

station master　站长

2. Sentences（句型）

(1) Sorry sir, the train was delayed. Please wait a moment.

对不起先生，这班地铁被延误了。请稍等片刻。

(2) Please wait in the waiting area.

请在候车区内候车。

(3) Please stand in line, let passengers get off first.

请排队上车，先下后上。

(4) No smoking, please.

请不要吸烟。

(5) Please line up.

请按顺序排队。

(6) Get through the gate one by one, please.

请依次通过闸机。

(7) How can I change to Line 2, please?

请问在哪里换乘2号线？

(8) I want to go to the World Expo Museum, which line should I take?

我想去世博会博物馆，该乘地铁几号线？

(9) You can take Line ××, and then get off at ×××Station.

您可以乘坐××号线，到×××下车。

3.4.3 Maintenance Professional English（维保专业英语）

1. Words and Phrases（词汇和短语）

cab　　*n.* 司机室

check　　*v.* 检查，核查

control　　*v.* 控制

exit　　*n.* 安全出口

fan　　*n.* 风扇

fault　　*n.* 故障，缺点

load　　*n.* 负荷，负载

machine　　*n.* 机器

pantograph　　*n.* 受电弓

re-railing　　*n.* 复轨

spring　　*n.* 弹簧

a six-car train　　一列6节编组的列车

automatic train control（ATC）　　列车自动控制

automatic train operation（ATO）　　列车自动运行

automatic train protection（ATP）　　列车自动防护

automatic train supervision（ATS）　　列车自动监控

earthing protection　　接地保护

emergency braking　　紧急制动

fire alarm system（FAS）　　火灾报警系统

global position system（GPS）　　全球定位系统

No Entry　　禁止入内

No Fire　　严禁烟火

No Smoking　　禁止吸烟

overhead line system　　接触网

platform screen door　　屏蔽门

rolling stock　　机车车辆

third rail　　第三轨

2. Reading（阅读）

Electricity

Of all the forms of energy, electricity is the most useful. Electricity gives us light and heat. It also gives us power to run machines. Electricity makes radio communication possible.

Where does electricity come from? It comes from thermal power stations. It also comes from water power stations and nuclear power stations.

Electricity is convenient to use. With a switch, we can turn electricity on or off easily. When the switch is on, the circuit is open and electricity goes through. When the switch is off, the circuit is closed and electricity doesn't go through.

With the development of our socialist construction, we will need more and more electric power. We will build more stations to meet the needs of the four modernizations of our country.

思考题

1. 简述计算机系统的组成。
2. 简述计算机的分类。
3. 简述微电子技术的分类。
4. 申通地铁的共同使命是什么？
5. 申通地铁的企业精神和员工行为准则是什么？
6. 用英语表达时间时有哪些注意点？

操作技能考核模拟试卷

注 意 事 项

1. 考生根据操作技能考核通知单所列的试题，做好考试准备。
2. 请考生仔细阅读试题单中具体考核内容和要求，并按要求完成操作。
3. 操作技能考核时要遵守考场纪律，服从考场管理人员指挥，以保证考核安全顺利进行。

注：操作技能鉴定试题评分表及答案是考评员对考生考核过程及考核结果的评分记录表，也是评分依据。

变电检修工（城轨）（二级）操作技能考核通知单

姓名：

准考证号：

考核日期：

试题1

试题代码：1.1.1。

试题名称：整流变断路器拒合故障处理及分析。

考核时间：45 min。

配分：50 分。

试题2

试题代码：1.2.7。

试题名称：施耐德 ATS 故障排除及安装与设置。

考核时间：45 min。

配分：50 分。

试题 3

试题代码:2.1.4。

试题名称:1 500 V 馈线断路器带测合闸不成功校验。

考核时间:45 min。

配分:50 分。

试题 4

试题代码:2.2.3。

试题名称:测量变压器直流电阻。

考核时间:45 min。

配分:50 分。

变电检修工（城轨）（二级）操作技能鉴定试题单

试题代码：1.1.1。

试题名称：整流变断路器拒合故障处理及分析。

考核时间：45 min。

1. **背景资料**

某牵引变电站，整流器组设备在由冷备用改为运行的操作过程中，每次操作整流变断路器前必须先在该断路器柜上按故障复位按钮，否则整流变断路器拒合。

2. **操作条件**

（1）牵引变电站一座。

（2）牵引变电站图样一套。

（3）整流变断路器合闸回路故障。

3. **操作内容**

（1）根据故障现象从图样中正确找出原因。

（2）在答题卷上修改图样中的错误并分析故障现象。

（3）现场修复故障并完成整流器组送电。

（4）写出1#整流器组由冷备用改运行的操作票。

4. **操作要求**

（1）故障排查或修复操作不得影响其他供电设备运行。

（2）修复后完成送电。

（3）安全生产。

变电检修工（城轨）（二级）操作技能鉴定试题评分表

考生姓名：　　　　　　　　准考证号：

试题代码及名称		1.1.1　整流变断路器拒合故障处理及分析		考核时间				45 min	
评价要素	配分（分）	等级	评分细则	评定等级					得分（分）
				A	B	C	D	E	
1	正确找出故障原因	10	A	完全正确						
			B	错1处						
			C	错2处						
			D	错3处及以上						
			E	未找出或分析错误						
2	改正图样中的错误	10	A	完全正确						
			B	错1处						
			C	错2处						
			D	错3处及以上						
			E	未答题						
3	修复故障	10	A	完全正确						
			B	错1处						
			C	错2处						
			D	错3处及以上						
			E	未答题						
4	写出倒闸操作票	10	A	完全正确						
			B	错1处						
			C	—						
			D	—						
			E	错2处及以上或未答题						

续表

试题代码及名称			1.1.1 整流变断路器拒合故障处理及分析			考核时间			45 min	
评价要素		配分（分）	等级	评分细则		评定等级				得分（分）
						A	B	C	D	E	
5	安全生产	10	A	完全正确						
			B	—						
			C	—						
			D	—						
			E	未遵守安全规章						
合计配分		50		合计得分						

考评员（签名）：

等级	A（优）	B（良）	C（尚可）	D（较差）	E（差或未答题）
比值	1.0	0.8	0.6	0.2	0

"评价要素"得分 = 配分 × 等级比值。

变电检修工（城轨）（二级）操作技能鉴定试题单

试题代码：1.2.7。

试题名称：施耐德 ATS[①] 故障排除及安装与设置。

考核时间：45 min。

1. 操作条件

（1）施耐德 ATS 面板无显示、无法操作。

（2）ATS 电动机构无法切换到位。

（3）工器具一套。

2. 操作内容

（1）请在 ATS 面板或操作机构上确认并判断故障情况。

（2）更换 ATS 面板或操作机构。

（3）对 ATS 面板数据进行设定。

（4）进行一次操作，确认 ATS 正常投入运行。

3. 操作要求

（1）正确判断故障现象。

（2）正确更换 ATS 面板或操作机构。

（3）正确更改 ATS 各项参数。

（4）安全生产。

---

① ATS 是指自动转换开关。

变电检修工（城轨）（二级）操作技能鉴定试题评分表

考生姓名： 准考证号：

试题代码及名称			1.2.7 施耐德 ATS 故障排除及安装与设置		考核时间					45 min
评价要素	配分（分）	等级	评分细则		评定等级					得分（分）
					A	B	C	D	E	
1	故障查找与排除	15	A	完全正确						
			B	错1个步骤						
			C	错2个步骤						
			D	错3个步骤及以上						
			E	未答题						
2	更换 ATS 面板或操作机构	10	A	完全正确						
			B	错1个步骤						
			C	错2个步骤						
			D	错3个步骤及以上						
			E	未答题						
3	更改 ATS 各项参数	10	A	完全正确						
			B	错1个步骤						
			C	错2个步骤						
			D	错3个步骤及以上						
			E	未答题						
4	对 ATS 进行操作，检验设备工作状况	10	A	完全正确						
			B	错1个步骤						
			C	错2个步骤						
			D	错3个步骤及以上						
			E	未答题						

续表

试题代码及名称			1.2.7 施耐德 ATS 故障排除及安装与设置						考核时间	45 min
评价要素		配分（分）	等级	评分细则	评定等级					得分（分）
					A	B	C	D	E	
5	安全生产	5	A	完全正确						
			B	—						
			C	—						
			D	—						
			E	未遵守安全规章						
合计配分		50		合计得分						

考评员（签名）：

等级	A（优）	B（良）	C（尚可）	D（较差）	E（差或未答题）
比值	1.0	0.8	0.6	0.2	0

"评价要素"得分 = 配分 × 等级比值。

变电检修工（城轨）（二级）操作技能鉴定试题单

试题代码：2.1.4。

试题名称：1 500 V 馈线断路器带测合闸不成功校验。

考核时间：45 min。

1. 操作条件

（1）1 500 kV 馈线断路器带测合闸不成功（断路器拒动）。

（2）1 500 kV 二次回路图样一套。

（3）工器具一套。

2. 操作内容

（1）根据故障现象分析故障原因，将具体分析思路写在答题卷上。

（2）通过查找确定故障范围，将具体故障点写在答题卷上。

（3）排除故障，断路器合闸正常，将排除故障的具体措施写在答题卷上。

3. 操作要求

（1）正确排除故障。

（2）完成送电。

（3）安全生产。

变电检修工（城轨）（二级）操作技能鉴定试题评分表

考生姓名：　　　　　　　　　准考证号：

试题代码及名称			2.1.4　1 500 V 馈线断路器带测合闸不成功校验		考核时间				45 min
评价要素	配分（分）	等级	评分细则		评定等级				得分（分）
					A	B	C	D	E	
1	查阅图样，根据现象查找故障，分析故障原因	15	A	完全正确						
			B	错1个步骤						
			C	错2个步骤						
			D	—						
			E	错3个步骤及以上或						
2	正确排除故障并记录故障点	15	A	完全正确						
			B	错1个步骤						
			C	错2个步骤						
			D	错3个步骤及以上						
			E	未答题						
3	排除故障的具体措施	10	A	思路清晰，简明扼要						
			B	错1个步骤						
			C	错2个步骤						
			D	错3个步骤及以上						
			E	未答题						
4	安全生产	10	A	完全正确						
			B	—						
			C	—						
			D	—						
			E	未遵守安全规章						
合计配分		50	合计得分							

考评员（签名）：

等级	A（优）	B（良）	C（尚可）	D（较差）	E（差或未答题）
比值	1.0	0.8	0.6	0.2	0

"评价要素"得分 = 配分 × 等级比值。

变电检修工（城轨）（二级）操作技能鉴定试题单

试题代码：2.2.3。

试题名称：测量变压器直流电阻。

考核时间：45 min。

1. 操作条件

(1) 停用的变压器一台。

(2) 2 500 kV、2 500 MΩ 兆欧表一台。

(3) 快速直流电阻测试仪一台。

(4) 导线若干。

2. 操作内容

(1) 对变压器进行直流电阻测量。

(2) 出具试验报告。

3. 操作要求

(1) 正确测量变压器直流电阻。

(2) 正确出具试验报告。

(3) 安全生产。

变电检修工（城轨）（二级）操作技能鉴定试题评分表

考生姓名：　　　　　　　　准考证号：

试题代码及名称			2.2.3　测量变压器直流电阻		考核时间				45 min
评价要素	配分（分）	等级	评分细则	A	B	C	D	E	得分（分）
1　测试电路连接正确	15	A	完全正确						
		B	错1个步骤						
		C	错2个步骤						
		D	—						
		E	错3个步骤及以上						
2　直流电阻测量正确	15	A	完全正确						
		B	错1个步骤						
		C	错2个步骤						
		D	错3个步骤及以上						
		E	未答题						
3　试验报告填写正确	10	A	完全正确						
		B	错1处						
		C	错2处						
		D	—						
		E	错3处及以上						
4　安全生产	10	A	完全正确						
		B	—						
		C	—						
		D	—						
		E	未遵守安全规章						
合计配分	50		合计得分						

考评员（签名）：

等级	A（优）	B（良）	C（尚可）	D（较差）	E（差或未答题）
比值	1.0	0.8	0.6	0.2	0

"评价要素"得分＝配分×等级比值。

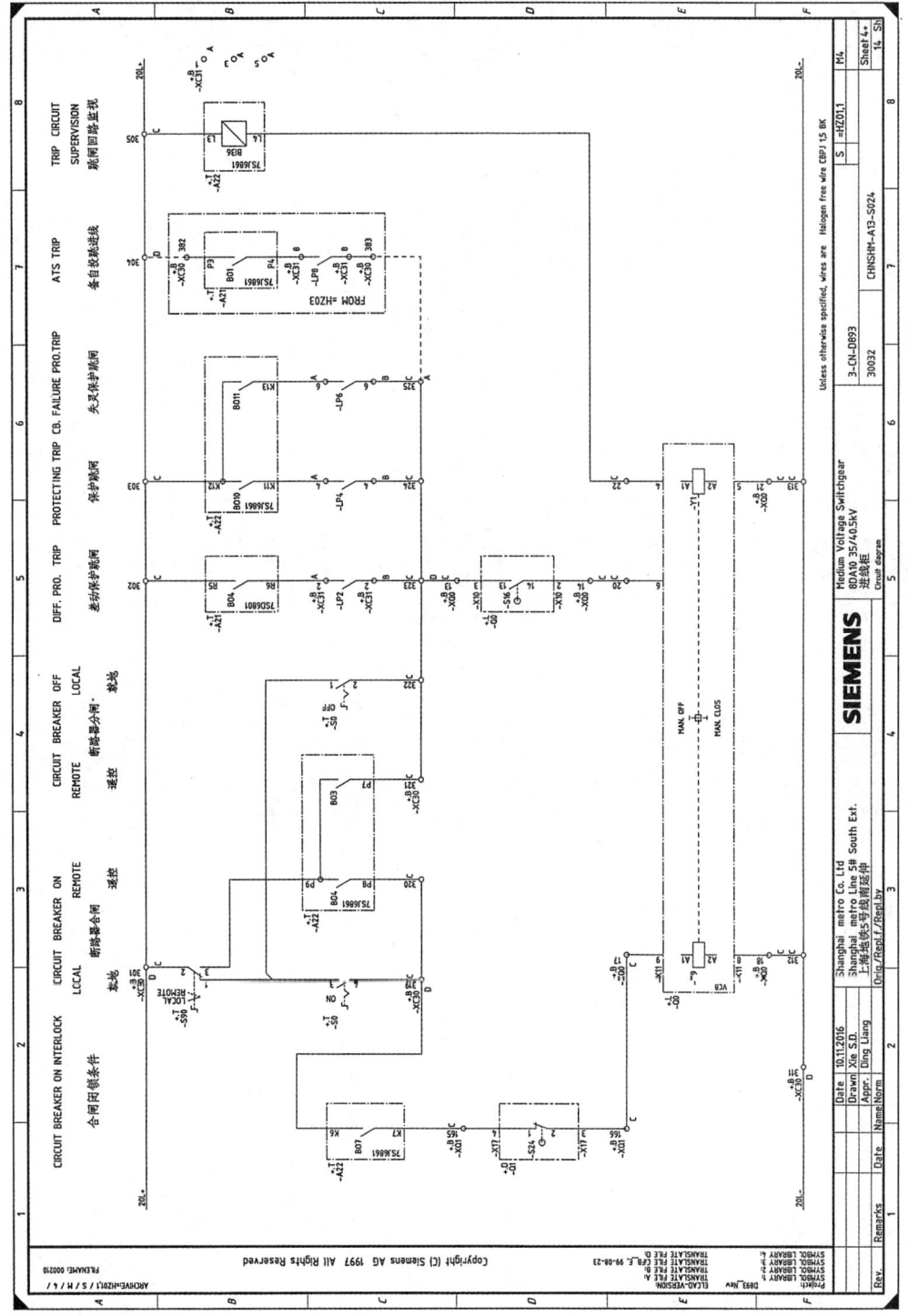

附图 35 kV 进线断路器图样(西门子)